Lebenszeit – Zeit zum Leben

Ein Ratgeber für Menschen mit Krebs

Mit freundlicher Empfehlung überreicht durch

Dr. Andreas Ammon,
Facharzt für Innere
Medizin, Hämatologie
und Internistische
Onkologie,
Rehabilitationswesen

Dr. Dirk Meyer,
Facharzt für Innere
Medizin, Hämatologie
und Internistische
Onkologie

Dr. Andreas Ammon · Dr. Dirk Meyer

Lebenszeit – Zeit zum Leben

Ein Ratgeber für Menschen mit Krebs

ZUCKSCHWERDT

Gestaltung: grafics Christiane Schlimpen, München

Auslieferungen W. Zuckschwerdt Verlag GmbH

Brockhaus Commission
Verlagsauslieferung
Kreidlerstraße 9
D-70806 Kornwestheim

Österreich:
Maudrich Verlag
Spitalgasse 21a
A-1097 Wien

USA:
Scholium International Inc.
151 Cow Neck Road
Port Washington, N. Y. 11050

Bibliografische Information Der Deutschen Bibliothek
Die Deutsche Bibliothek verzeichnet diese Publikation in der Deutschen Nationalbibliografie; detaillierte bibliografische Daten sind im Internet über http://dnb.ddb.de abrufbar.

Printed in Germany by grafik + druck, München.

ISBN 3-88603-842-4

INHALT

Welche Probleme kann meine Krankheit oder die Krebsbehandlung verursachen?

Was passiert nach der Behandlung meiner Krankheit?

Was ist, wenn die Krankheit nicht heilbar ist?

Und was kann ich selbst für mich tun?

Wichtige Adressen

DANKSAGUNG

Dieser Ratgeber hätte ohne die Hilfe vieler guter Geister niemals fertig gestellt werden können. Wir möchten uns deshalb ganz besonders bedanken bei:

- all unseren Patienten, die uns mit Rat und Tat unterstützt haben,
- unseren Praxismitarbeitern, die manchmal kurz vor der Verzweiflung standen,
- Herrn Dr. R. A. Kudielka (München), für sein Engagement zugunsten der ambulanten Onkologie,
- der radiologischen Gemeinschaftspraxis Dres. Krtsch, Klengel, Leinweber und Samse (Göttingen),
- der pulmonologischen Gemeinschaftspraxis Dres. Ulbrich und Hinz (Göttingen),
- der urologischen Praxis Dr. Bode (Göttingen),
- Herrn Professor Dr. Hess, dem Leiter der Abteilung für Strahlentherapie an der Universität Göttingen,
- sowie den Mitarbeitern der Humboldt-Apotheke (Göttingen).

Dr. Andreas Ammon
Dr. Dirk Meyer

EINLEITUNG

Krebs gehört neben den Herz-Kreislauferkrankungen zu den häufigsten Krankheiten in unserer Gesellschaft. Dennoch versuchen die meisten von uns, den Gedanken an Krebs möglichst zu verdrängen, so als könnten sie ihn damit aus ihrem Leben aussperren. Diese Illusion, „mich erwischt das schon nicht, ich bin doch jung und gesund", beginnt spätestens dann zu bröckeln, wenn ein Nachbar oder ein entfernter Verwandter unverhofft erkrankt. Sie bricht vollends zusammen, wenn die eigene Familie oder man selbst von diesem Schicksal heimgesucht wird.

Unwirklich erscheint vor allem demjenigen die schlechte Nachricht, die der Arzt mit der Nennung der Diagnose überbringt, der sich eigentlich gar nicht wirklich krank fühlt. Dieser kleine Knoten in der Brust, diese winzige Spur Blut im Stuhl, die nicht einmal wirklich sichtbar ist, der dunkle Fleck auf meiner Haut, das soll Krebs sein? Was ist denn eigentlich Krebs? Ist das nicht etwas, was man wegschneiden kann und dann ist alles wieder gut, dann geht das Leben genau so weiter wie bisher?

Nach einiger Zeit merkt man jedoch, dass es eben nicht so weiter geht wie bisher. Diese Diagnose kann nicht durch einen kurzen Klinikaufenthalt aus der Welt geschafft werden. Es verändert sich viel mehr als man in den ersten Gesprächen mit seinem Arzt erfassen kann, viel mehr als einem lieb ist. Und so tun sich nach der ersten großen, oftmals noch ungläubig gestellten Frage viele weitere auf, die nicht weniger wichtig sind und die sich recht bald über das medizinische Krankheitsbild hinaus auf viele andere Teilbereiche eines Lebens mit der Diagnose Krebs beziehen.

Wem stellt man diese Fragen? Sicher, der erste und wichtigste Ansprechpartner ist der behandelnde Arzt, aber in den Momenten, in denen man Antworten sucht, ist dieser in der Regel nicht zugegen. Beim nächsten Besprechungstermin hat man oftmals den größten Teil der Fragen schon wieder vergessen oder aber es fehlt die Zeit, sie ihm zu stellen. Genau an dieser Stelle möchten wir mit unserem „Ratgeber für Menschen mit Krebs" eine kleine Hilfestellung leisten.

Uns ist bewusst, dass kein Buch dieser Welt das offene Gespräch mit dem Arzt des Vertrauens ersetzen kann, doch zumindest kann es dieses Gespräch ergänzen und vielleicht ein klein wenig untermauern. Dabei haben wir versucht, keine wissenschaftliche Abhandlung zu diesem Thema zu verfassen, sondern unsere Erfahrungen und unser Wissen aus dem täglichen Umgang als niedergelassene Onkologen mit den Problemen von Krebspatienten in verständlicher Form zu Papier zu bringen. In unserer onkologischen Schwerpunktpraxis in Göttingen, eine von zur Zeit etwa 250 vergleichbaren Schwerpunktpraxen Deutschlands, untersuchen, behandeln und begleiten wir jedes Jahr etwa 2500 Menschen mit Krebs oder Krebsverdacht. All diese Menschen, die seit Bestehen der Praxis gekommen und gegangen sind, haben uns ihre Fragen gestellt. Nicht immer konnten wir alle beantworten, nicht immer war unser Rat hilfreich und nicht immer waren die Antworten so, wie sie erhofft wurden. Dennoch haben uns diese oft schwierigen Gespräche immer wieder vor Augen geführt, wie wichtig es ist, seine Fragen stellen zu können und sich zu trauen, auch einmal das Unfassbare zu hinterfragen, um mit der Diagnose Krebs leben zu können.

Göttingen im Frühjahr 2004

Was ist eigentlich ...?

... Krebs

Krebs als Krankheitsbild

Unser Körper ist vielfältigen Belastungen ausgesetzt. Durch äußere Einflüsse kommt es immer wieder zu Veränderungen und Schäden an seinen Zellen. Häufen sich solche Schäden, führt dies meistens zum Absterben der betroffenen Zellen, die daraufhin zumindest teilweise durch neue und gesunde Zellen ersetzt werden. Im ungünstigsten Fall jedoch kann es passieren, dass geschädigte Zellen nicht sterben, sondern durch zusätzliche Ereignisse im Laufe der Zeit immer weiter entarten und auf diese Weise ihre Fähigkeit verlieren, die Signale des Körpers zu verstehen. Statt zu sterben führen sie ein von den steuernden und regulierenden Mechanismen des Körpers unabhängiges Eigenleben und werden dadurch zu einer **Krebszelle.** Wenn eine solche Zelle nun auch noch damit beginnt, sich ständig zu teilen und Tochterzellen zu bilden, dann ist aus dieser einzelnen Krebszelle eine **Krebserkrankung** entstanden.

Man vermutet, dass unser ganzes Leben lang immer wieder Zellen unseres Körpers zu Krebszellen entarten. Im Normalfall werden sie jedoch von einem gesunden **Immunsystem** erkannt und abgetötet. Diese These ist bis heute nicht bewiesen, obwohl sie erklären könnte, warum Menschen mit krankhaften Veränderungen ihres Immunsystems ein höheres Krebsrisiko haben als Gesunde. Sollte die Vermutung jedoch zutreffen, so wäre neben der Entartung von Zellen vor allem auch das nicht Erkennen dieser Veränderung durch das Abwehrsystems des Körpers eine Grundvoraussetzung für die Krebsentstehung. Da die meisten Patienten mit einer Krebskrankheit jedoch ein durchaus intaktes und funktionsfähiges Immunsystem aufweisen, darf man die Rolle der körpereigenen Abwehr für die Krebsentstehung nicht überbewerten.

Obwohl wir bei den meisten Krebserkrankungen den genauen Mechanismus der Zellentartung nicht kennen, scheint eines heute jedoch sicher zu sein: **Krebs ist eine Erkrankung der Gene!** Bevor eine Krebszelle entstehen kann, müssen zunächst Veränderungen an den Genen gesunder Zellen eintreten und bevor eine einzelne Krebszelle sich zu einer Krebserkrankung entwickeln kann, müssen in der Regel weitere Genveränderungen hinzukommen. Selten führt eine einzige Genveränderung bereits zu einer Krebszelle. Ausgesprochen selten sind krebsauslösende Genveränderungen ererbt. Viel häufiger entstehen sie irgendwann im Laufe des Lebens durch äußere Einflüsse. Dabei

Einige Beispiele für äußere Faktoren, die direkt oder indirekt die Gene unserer Körperzellen schädigen und dadurch zur Krebsentstehung beitragen können:

Strahlung	Höhenstrahlung Ultraviolette Strahlung Röntgenstrahlung
Umweltgifte	Asbest Arsen Benzol Teer Dioxin Benzpyren Pestizide Vinylchlorid
Genussgifte und Nahrungs bestandteile	Zigarettenrauch Alkohol Fettreiche Ernährung Überernährung Nitrosamine (können z. B. beim Grillen oder Braten von Fleisch entstehen)
Viren	Hepatitis-Viren AIDS-Viren Humane-Papilloma-Viren Ebstein-Barr-Virus
Bakterien	Helicobacter pylori (Magenbakterien)
Pilze	Schimmelpilze
Medikamente	Zytostatika Hormone

wirkt sich unsere natürliche Alterung zusätzlich schädlich aus, weil die Reparaturmechanismen unseres Körpers mit den Jahren an Effektivität verlieren. Treten mehrere ungünstige Genveränderungen in einer Zelle gemeinsam auf, ist der Grundstein für die Krebsentstehung gelegt.

Krebs ist eine durch **genetische Veränderungen bedingte Entartung ehemals gesunder Zellen**. Entartete Zellen gehorchen nicht mehr der Regulation des Körpers, sondern vermehren sich fortlaufend unkontrolliert. Hat diese Zellvermehrung ein bestimmtes Ausmaß angenommen, entsteht ein tastbarer Tumor. Einige Tumorarten zeichnen sich dadurch aus, dass ihre Tochterzellen nicht in das angrenzende gesunde Gewebe einwachsen und auch nicht über die Lymph- oder Blutbahnen in andere Organe des Körpers verstreut werden. Sie wachsen lediglich an der Stelle an der sie entstanden sind. Dabei kann der durch die permanente Zellvermehrung entstehende Druck durchaus Nachbarorgane schädigen. Da ein solch lokales Wachstum verhältnismäßig wenig gefährlich ist, werden diese Tumore als **„gutartig"** bezeichnet. Beispiele für gutartige Tumoren sind die Myome der Gebärmutter oder die Polypen des Darms. Während Myome auch über lange Zeit gutartige Tumore bleiben, entwickeln sich die eigentlich gutartigen Darmpolypen allerdings im Laufe von Monaten oder Jahren nicht selten zu bösartigen Darmkrebsen. Dieses Beispiel zeigt, dass „gutartig“ nicht für immer „gutartig“ bleiben muss und aus diesem Grund nicht verharmlost werden darf.

Bei den meisten Krebserkrankungen zeigen die Tumorzellen jedoch eine mehr oder weniger starke Tendenz, den Ort ihrer Entstehung zu verlassen und auch den übrigen Körper zu befallen. Dies geschieht einerseits durch das Einwachsen in benachbartes gesundes Gewebe, andererseits durch den Transport von Tumorzellen über Lymph- und Blutbahnen in entfernte Organe. Diesen Vorgang nennt man **Metastasierung**. Sobald die Tumorzellen an diesem neuen Ort mit ihrer Vermehrung beginnen, entstehen

Die häufigsten Krebserkrankungen sind Karzinome. Hier einige wichtige Beispiele mit den in der Bevölkerung üblichen und den von ihrem Arzt benutzten Bezeichnungen:

Allgemeine Bezeichnung	Medizinische Bezeichnung
Brustkrebs	Mammakarzinom
Eierstockkrebs	Ovarialkarzinom
Gebärmutterkrebs	Endometriumkarzinom
Gebärmutterhalskrebs	Zervixkarzinom
Kehlkopfkrebs	Larynxkarzinom
Lungenkrebs	Bronchialkarzinom
Speiseröhrenkrebs	Ösophaguskarzinom
Magenkrebs	Magenkarzinom
Bauchspeicheldrüsenkrebs	Pankreaskarzinom
Leberkrebs	Hepatozelluläres Karzinom
Darmkrebs	Colonkarzinom
Enddarmkrebs	Rektumkarzinom
Nierenkrebs	Nierenzellkarzinom
Harnblasenkrebs	Urothelkarzinom
Prostatakrebs	Prostatakarzinom

Tochtergeschwülste (Metastasen). Tumorarten, die sich auf diese Weise ausbreiten, werden als **„bösartig"** bezeichnet, da sie durch ihr zerstörerisches Wachstum lebensbedrohlich sind. Wenn wir im Alltag den Begriff Krebs verwenden, meinen wir genau genommen diese bösartige Form der unkontrollierten Zellvermehrung.

Da jede Zelle unseres Körpers entarten und zu einer Krebszelle werden kann, gibt es viele verschiedene Krebserkrankungen. Dabei werden all diejenigen bösartigen Tumore als **Karzinome** bezeichnet, die aus Drüsen-, Haut- oder Schleimhautzellen des Körpers entstanden sind. Karzinome sind die häufigsten Krebserkrankungen in unserer Bevölkerung.

Bösartige Erkrankungen, die aus den verschiedenen Zellen der Blutbildung oder des Immunsystems entstehen, werden als **Leukämien und Lymphome** bezeichnet. Dabei sind Leukämien jene Formen, deren bösartige Zellen bevorzugt in Knochenmark und Blut nachzuweisen sind, während Lymphome zunächst bevorzugt in Lymphknoten, Milz und anderen Organen auftreten. Allerdings sind die Übergänge zwischen vielen Leukämieformen (den sogenannten lymphatischen Leukämien) und den Lymphomen fließend.

Während Karzinome in der Gesamtbevölkerung viel häufiger als Leukämien und Lymphome sind, stellen bestimmte Leukämieformen (akute lymphatische Leukämie) im Kindesalter die häufigsten bösartigen Erkrankungen dar. Die Gruppe der Leukämien und Lymphome wiederum wird in vielfältige Unterformen unterteilt. Diese für Patienten oft verwirrende Komplexität der Unterteilung spiegelt einerseits die große Vielzahl der unterschiedlichen Zellen des blutbildenden Systems wieder, andererseits ist sie für das Verständnis dieser Erkrankungen sowie für die Therapieentscheidungen des Arztes ausgesprochen wichtig.

Eine dritte und seltene Form der bösartigen Erkrankungen sind die **Sarkome**. Diese Tumoren entstehen aus Zellen des Binde- oder Fettgewebes, der Nervenscheiden, der Blut- oder Lymphgefäße oder der Muskulatur (alle gemeinsam als **Weichgewebssarkome** bezeichnet) oder auch aus Knochen und Knorpel (gemeinsam als **Knochensarkome** benannt). Da Sarkome sehr selten sind, gehören sie zu den bisher am wenigsten erforschten Krebserkrankungen.

Weitere Krebsarten, die auf Grund ihrer Ausgangszellen eine gewisse Sonderstellung einnehmen, sind die relativ seltenen **Hirntumoren**, der immer häufiger auftretende **schwarze Hautkrebs (Melanom)** und die **Keimzelltumoren** (z. B. Hodenkrebs), die vor allem jüngere Männer betreffen.

Es gibt eine Vielzahl verschiedener Leukämien und Lymphome! Die hier genannten sind nur einige wenige Beispiele:

Akute Leukämien	Akute lymphatische Leukämie (ALL) Akute myeloische Leukämie (AML)
Chronische Leukämien	Chronisch myeloische Leukämie (CML) Essentielle Thrombozythämie (ET) Polyzythämia Vera (PV) Chronisch lymphatische Leukämie (CLL) Haarzellen Leukämie
Lymphome	Morbus Hodgkin Hochmaligne Non-Hodgkin-Lymphome Niedrigmaligne Non-Hodgkin-Lymphome Plasmozytom

Einige Beispiele für die seltenen Sarkome

Medizinische Bezeichnung	Ausgangsgewebe
Malignes fibröses Histiozytom	Bindegewebe
Rhabdomyosarkom	Muskulatur
Leiomyosarkom	Muskulatur
Angiosarkom	Blutgefäße
Liposarkom	Fettgewebe
Chondrosarkom	Knorpel
Ewing Sarkom	Knochen
Osteosarkom	Knochen

Für den Verlauf und die Behandlung von Krebserkrankungen ist es nicht nur von Bedeutung, ob es sich um ein Karzinom, eine Leukämie, ein Lymphom oder ein Sarkom handelt, sondern vor allem für die Karzinome ist es zusätzlich wichtig, in welchem Organ sie ursprünglich entstanden sind. Deshalb werden Karzinome auch immer nach ihren Ursprungsorganen benannt. Selbst wenn diese Krankheiten sich im Körper ausbreiten und z. B. in die Leber oder den Knochen metastasieren, entsteht daraus kein Leber- oder Knochenkrebs, sondern es bleiben immer Metastasen des Ausgangstumors, also z. B. eines Brustkrebses. Diese Unterscheidung ist von großer Bedeutung, denn Lebermetastasen eines Brustkrebses sind etwas völlig anderes und werden dementsprechend auch anders behandelt, als ein Leberkrebs, dessen Ausgangszellen nicht der Brustdrüse, sondern der Leber selbst entstammen.

Leider sind selbst Tumoren einer Krebsart nicht komplett identisch. So weiß man heutzutage, dass es innerhalb jeder Krebsart wiederum viele verschiedene kleine Unterschiede gibt, die ihrerseits große Auswirkungen auf den Verlauf und die Behandlungsmöglichkeiten der Erkrankung haben können. Folglich kann ein Medikament für die eine Patientin mit Brustkrebs lebensrettend sein, wohingegend es für eine andere Patientin überhaupt nicht hilfreich ist, sondern vielleicht sogar eher schadet. **Somit ist jede Krebserkrankung etwas sehr Individuelles.**

Für alle bösartigen Krebserkrankungen trifft gleichermaßen zu, dass sie unbehandelt die Lebensqualität des betroffenen Menschen dramatisch einschränken und sich letztlich zu einer lebensbeendenden Erkrankung entwickeln. Sogenannte **Spontanheilungen** sind leider sehr selten. Allerdings können heutzutage viele Krebserkrankungen bei frühzeitiger Entdeckung und vor einer Metastasierung durch eine sinnvolle und konsequente Therapie geheilt werden. Einige Krankheiten lassen sich mittlerweile sogar in einem fortgeschrittenen, metastasierten Stadium heilen. Doch selbst wenn eine Heilung nicht mehr möglich ist, ist eine Behandlung, möglichst bei einem ausgebildeten **Spezialisten**, immer besser als nichts oder vielleicht das Falsche zu tun. Denn auch wenn wir nicht heilen können, lindern können wir fast immer, sei es durch Medikamente, durch pflegerische Hilfsmittel oder auch „nur" durch ein gutes Gespräch. Oft können wir auch Lebenszeit gewinnen und zwar **lebenswerte Zeit.**

Krebs als Schicksal

Bei allen medizinischen Fakten, die sich zum Thema Krebs zusammentragen lassen, darf man nicht vergessen, dass eine Krebserkrankung auch noch aus einem ganz anderen Blickwinkel betrachtet werden kann. Hinter jeder Erkrankung steht das Schicksal eines Menschen und seiner Familie. Die Diagnose Krebs verändert das Leben der Betroffenen in erheblichem Maße.

Diese Probleme sind natürlich nicht allein durch das Krankheitsbild Krebs verursacht, sondern liegen zum Teil in unserer modernen **Gesellschaftsstruktur** begründet und betreffen

Eine Krebserkrankung kann viele nicht unerhebliche Problemsituationen mit sich bringen:

- Krankheitssymptome und Beschwerden
- Verunsicherung und Ängste
- Aggressionen und Schuldzuweisungen
- Mangelnde Einsicht in die eigene Situation
- Überforderung und Abwendung von Angehörigen
- Isolation und Einsamkeit
- Verlust des Arbeitsplatzes und Arbeitslosigkeit
- Berufs- und Erwerbsunfähigkeit
- Verlust der Eigenständigkeit
- Hilfe- und Pflegebedürftigkeit

Menschen mit anderen chronischen Krankheiten oft in ähnlicher Weise.

Ebenso sind die heutigen Bedingungen auf dem **Arbeitsmarkt** nicht förderlich für eine Reintegration von Menschen, die an Krebs erkrankt sind oder waren. Kaum ein Arbeitgeber wird einer Anstellung zustimmen, wenn man die Diagnose wahrheitsgemäß angibt. Warum sollte er auch, es gibt genügend junge und (noch) gesunde Bewerber. Auch die Bewilligung der **Rente** ist heute keineswegs mehr solch eine Selbstverständlichkeit, wie sie es früher einmal für Krebspatienten war. Die sogenannte „Heilgewährungsphase" ist in den letzten Jahren auf Grund leerer Rentenkassen immer kürzer geworden. So kommt es nicht selten vor, dass die Diagnose Krebs den **sozialen Abstieg** des Patienten und seiner Familie nach sich zieht. Am Ende dieser Abwärtsspirale steht das Sozialamt, das aber erst zahlt, wenn das gesamte eigene Vermögen verbraucht und selbst das Auto, die letzte Chance auf ein wenig eigene Mobilität, verkauft ist.

Neben der Behandlung von Krebserkrankungen und ihrer Symptome machen die hier skizzierten sozialen und psychologischen Umfeldprobleme einen erheblichen Teil der Betreuungsleistungen einer onkologischen Schwerpunktpraxis aus. Krebs ist eben mehr als eine Krankheit, es ist ein Schicksal, das man annehmen und irgendwie meistern muss. Und das ist leichter, wenn man dabei Hilfestellung bekommt.

Krebs in der Statistik

Leider gibt es in Deutschland bisher kein flächendeckendes **Krebsregister**, so dass jede Statistik zum Thema Krebs entweder nur einen kleinen Teilbereich der Bundesrepublik (z. B. das Saarland oder die ehemalige DDR) wiederspiegelt, oder die zusammengetragenen Daten komplett aus dem Ausland stammen. Man vermutet zwar, dass Häufigkeit und Verteilung von Krebserkrankungen zwischen den modernen Industrieländern vergleichbar sind. Das Beispiel Japan mit seiner gegenüber uns völlig anderen Ernährungsweise zeigt jedoch, dass eben doch nicht alles so gleich ist.

Die in diesem Kapitel wiedergegeben Zahlen zum Thema Krebs stammen aus unterschiedlichen öffentlichen Quellen und Publikationen (Saarländisches Krebsregister, Krebsforschungszentrum Heidelberg, Statistisches Bundesamt, u.a.) und können, bezogen auf die gesamte Bundesrepublik, nur Anhaltszahlen sein.

Wie häufig tritt Krebs auf?

Das Krebsforschungszentrum Heidelberg nennt für Deutschland eine hochgerechnete Zahl von etwa **340.000 Neuerkrankungen** an Krebs im Jahre 1997. Männer scheinen etwas häufiger zu erkranken als Frauen. Laut statistischem Bundesamt sind im Jahre 2001 etwa 213.000 Menschen in der Bundesrepublik an einer Krebserkrankung verstorben.

Welche Krebserkrankungen sind häufig und welche selten?

Geschlecht	Neuerkrankungen pro Jahr und 100.000 Einwohner	
Frauen	Alle Krebsformen	342
	Brustkrebs	111
	Lungenkrebs	42
	Darmkrebs	36
	Leukämie/Lymphome	23
	Gebärmutterkrebs	21
	Eierstockkrebs	14
	Melanom	11
	Gebärmutterhalskrebs	8
	Bauchspeicheldrüsenkrebs	7
	Nierenkrebs	7
	Harnblasenkrebs	7
	Leberkrebs	2
	Krebs im Mund/Rachen	6
	Hirntumoren	5
	Magenkrebs	4
	Speiseröhrenkrebs	2
Männer	Alle Krebsformen	455
	Prostatakrebs	136
	Lungenkrebs	70
	Darmkrebs	56
	Leukämie/Lymphom	37
	Harnblasenkrebs	28
	Melanom	17
	Krebs im Mund/Rachen	15
	Nierenkrebs	13
	Magenkrebs	10
	Bauchspeicheldrüsenkrebs	10
	Hirntumoren	7
	Speiseröhrenkrebs	7
	Leberkrebs	6

(Quelle: Gerundete Daten für die USA im Jahr 1996 aus „Cancer, Principle and Practice of Oncology", 6th Edition, V.T. Devita et al.)

In welchem Alter tritt Krebs auf?

Prinzipiell treten Krebserkrankungen zwar in jedem Lebensalter auf, doch steigt ihre Häufigkeit mit dem Alter deutlich an. Da es in Deutschland kein flächendeckendes Krebsregister gibt und die Meldung einer Krebserkrankung auf Grund des Datenschutzgesetzes nur mit Zustimmung des Patienten erfolgen kann, gibt es keine verlässlichen Zahlen darüber, wie häufig Krebs in welchem Lebensalter bei uns tatsächlich vorkommt. Es lässt sich lediglich berechnen, wie viele Menschen in welchem Lebensalter an einer bösartigen Erkrankung versterben.

Sterbefälle an Krebs pro Jahr und 100.000 Einwohner der betreffenden Altersgruppe

Alter	Männliche Bevölkerung	Weibliche Bevölkerung
0 – 19 J.	15	9
20 – 39 J.	46	54
40 – 59 J.	733	554
60 – 79 J.	4485	2761
80 J. und älter	5268	3093

(Quelle: Gerundete Daten für Deutschland im Jahr 1999, veröffentlicht auf der Homepage des Robert Koch-Institutes, Stand 30.07.2003. http://www.rki.de)

... Krebsvorsorge

Vorbeugung und Vorsorge

Jeder von uns lebt mit dem Risiko, irgendwann einmal eine Krebserkrankung zu entwickeln. Wie hoch dieses individuelle **Krebsrisiko** ist, hängt im wesentlichen von unserer ererbten genetischen Ausstattung sowie von äußere Einflüssen ab. Die von unseren Eltern ererbten Gene beinhalten zwar nur sehr selten Schäden, die direkt eine Krebserkrankung auslösen können. Jedoch können genetische Veränderungen durchaus das Risiko einer Krebsentwicklung nach Schädigungen durch Umwelteinflüsse erhöhen. Insgesamt jedoch sind Krebserkrankungen, die nachweislich auf ererbte genetische Defekte zurückzuführen sind, sehr selten.

Die meisten Krebserkrankungen haben ihre Ursache in Schädigungen, die uns im Laufe unseres Lebens durch äußere Einwirkungen zugefügt werden. Diese Schäden verändern die Gene unserer Körperzellen und werden nicht an unsere Kinder weitervererbt. Aber genau hier liegt für jeden von uns die Möglichkeit **Krebsvorbeugung** zu betreiben, denn leider sind wir an einigen dieser Schäden selbst nicht ganz unschuldig! Das bekannteste Beispiel ist sicherlich das Zigarettenrauchen. Schätzungsweise 80% aller Lungenkrebserkrankungen wären vermeidbar, wenn wir auf Zigarettenkonsum vollständig verzichten würden. Auch der Alkohol, zumindest in hochprozentiger Form und nicht zuletzt in Kombination mit Zigaretten, ist vor allem für Krebserkrankungen im Bereich des Mundes, Rachens und der Speiseröhre verantwortlich. Passionierte Sonnenanbeter wiederum setzen sich einem deutlich erhöhten Hautkrebsrisiko aus. Übergewicht sowie fettreiche und ballaststoffarme Ernährung begünstigen die Entstehung von Darm- und Brustkrebs. Dagegen können pflanzliche Mikronährstoffe in Obst und Gemüse vor Krebserkrankungen schützen.

Während diese Faktoren relativ leicht von jedem selbst beeinflusst werden können, gibt es Umweltschadstoffe, auf die der einzelne wenig Einfluss hat, die jedoch durch konsequente Umweltpolitik gemindert und vielleicht auch ganz vermieden werden könnten. Beispiele hierfür sind die Minderung des Einsatzes von Pestiziden in der Landwirtschaft, die Herabsetzung schädlicher Luftemissionen oder die Verbesserung und Überwachung von Arbeitsschutzvorschriften zum Beispiel beim Umgang mit Benzol, Asbest oder Lösungsmitteln.

Eine wissenschaftlich bisher wenig untersuchte Möglichkeit zur Krebsvorbeugung ist die Vermeidung bzw. der Abbau von Stress. Sicherlich ist nicht jede Form von Stress schädlich. Stress kann durchaus auch unsere Leistungsfähigkeit steigern, doch zuviel Stress (Dysstress) raubt uns die Kraft und setzt die Abwehr unseres Körpers herab.

Wenn auch die Beachtung all dieser Empfehlungen unser persönliches Krebsrisiko in der einen oder anderen Weise vermindern kann, ist letztendlich dennoch niemand wirklich vor einer Krebserkrankung geschützt. Zum einen gibt es Umweltbelastungen, denen wir uns nicht entziehen können (Viren, Bakterien, natürliche Strahlung etc.), zum anderen aber existieren sicherlich noch weitere Faktoren, deren Bedeutung für die Krebsentstehung wir bis heute nicht kennen.

Deshalb ist neben der eigenen Vorbeugung auch die ärztliche **Krebsvorsorge** wichtig. Ziel der Vorsorgeuntersuchung ist es, Veränderungen und Erkrankungen unseres Körpers zu diagnostizieren, die eine Krebsentstehung begünstigen können. Bereits vorhandene bösartige Erkrankungen sollen möglichst frühzeitig erkannt werden. In frühen meist heilbaren Krankheitsstadien wird die Krankheit ohne systematische **Früherkennungs-**

Es gibt verschiedene Möglichkeiten zur aktiven Krebsvorbeugung:

Ernährung	Gewichtsnormalisierung Fette in der Nahrung deutlich reduzieren Regelmäßig Obst und Gemüse essen Fleischkonsum einschränken Konsum von Grillfleisch einschränken Konsum von scharf angebratenem Fleisch einschränken Keine verschimmelten Nahrungsmittel essen
Sport	Moderater aber regelmäßiger Sport Kein falscher Ehrgeiz Sport darf nicht in Stress ausarten Hochleistungssport den Jüngeren überlassen
Genussgifte	Zigarettenkonsum vollständig einstellen Alkohol nur in Maßen trinken
Umweltgifte	Inhalation von Schadstoffen vermeiden Hautkontakt mit Schadstoffen vermeiden Sorgsamer Umgang mit Lösungsmitteln
Medikamente und Strahlung	Keine unkritische Einnahme von Hormonen Unnötige Strahlenexposition vermeiden Bei Medikamenten Nutzen und Risiken abwägen
Stress	Unangenehmen Stress abbauen Akzeptieren, dass niemand unersetzlich ist Ruhepunkte für die Seele suchen Ein Hobby ist ein guter Ausgleich Soziale Kontakte pflegen

untersuchung leider nur sehr selten entdeckt, da sie dem Patienten noch keinerlei Beschwerden bereitet. Treten die ersten Symptome auf, liegt oft schon eine Situation vor, in der eine Heilung schwierig oder gar unmöglich ist.

Aber auch die Entdeckung und Behandlung von Erkrankungen, die ihrerseits Krebs begünstigen können, ist ein wichtiger Bestandteil der Vorsorge, denn das Krebsrisiko lässt sich zum Teil deutlich senken, wenn diese Krankheiten adäquat behandelt werden, bevor sie entarten können. Das bekannteste Beispiel für eine solche medizinische Krebsvorbeugung ist die konsequente Abtragung von gutartigen Darmpolypen. Große Studien haben gezeigt, dass sich auf diese Weise die Anzahl neuer Darmkrebserkrankungen dramatisch verringern lässt, was nicht verwundert, da etwa 80 – 90% aller Krebserkrankungen des Darms aus zuvor gutartigen Polypen entstehen.

Doch obwohl der Wert der ärztlichen Krebsvorsorge außer Frage steht, werden in Zeiten knapper Finanzen leider nicht alle medizinisch sinnvollen Vorsorgemaßnahmen von den Kassen bezahlt. Selbst die Umsetzung von Studienergebnissen in den Alltag deutscher Vorsorgeuntersuchungen ist ungeheuer schwierig, da oftmals selbsternannte Experten im vorauseilenden Gehorsam mehr an die Sparvorgaben gesetzlicher Krankenkassen als an das Wohl der Patienten denken. Die besten Beispiele hierfür sind die immer noch ungenügende Umsetzung vorsorglicher Darmspiegelungen, die immer wieder diskutierte Vorsorge-Mammographie oder die nicht vorgesehene Bestimmung von Laborwerten wie dem PSA (einem wichtigen Laborwert für das Prostatakarzinom).

Es gibt verschiedene gutartige Krankheiten, die Krebs auslösen können:

Krankheit	Risiko für
Darmpolypen	Dickdarmkrebs
Chronisch entzündliche Darmerkrankungen	Dickdarmkrebs
Bakterienbefall des Magens	Magenlymphom, Magenkrebs
Chronische Virusentzündung der Leber	Leberkrebs
Chronische Speiseröhrenentzündung	Speiseröhrenkrebs
Virusentzündungen des Gebärmutterhalses	Gebärmutterhalskrebs
Bestimmte Hauterkrankungen	Hautkrebs
Bestimmte Veränderungen der Blutbildung	Leukämie

Die gesetzlichen Krankenkassen übernehmen in der Regel bei Frauen einmal jährlich die Kosten für folgende Vorsorgeleistungen:

Ab dem 20. Lebensjahr

- Früherkennung von Krebserkrankungen des weiblichen Genitales

Ab dem 30. Lebensjahr

- Früherkennung von Hautkrebserkrankungen
- Früherkennung von Brustkrebserkrankungen

Ab dem 50. Lebensjahr

- Früherkennung von Dickdarmkrebs

Spezielle Krebsvorsorge bei der Frau

Leider werden nicht alle sinnvollen Vorsorgeuntersuchungen von den Krankenkassen bezahlt. So beinhaltet zum Beispiel die Krebsfrüherkennung der Haut lediglich die gezielte Befragung sowie die genaue Betrachtung der Haut des gesamten Körpers.

Mitte 2003 startete in Bayern ein bishin einzigartiges Modellprojekt, in dem einige gesetzliche Krankenkassen Frauen im Alter zwischen 50 und 69 Jahren zusätzlich zu den oben genannten Leistungen eine kostenfreie Vorsorgemammographie innerhalb von 2 Jahre anbieten. Da die Diskussion über Vorsorgemammographien zur Zeit allerdings überall geführt wird, ist zu hoffen, dass die Krankenkassen in Zukunft auch in

Die Krebsfrüherkennung des weiblichen Genitales beinhaltet:

Bei Kassenpatientinnen

- Gezielte Befragung
- Gynäkologische Tastuntersuchung
- Spiegelung des Gebärmutterhalses
- Abstrichentnahme vom Gebärmutterhals
- Untersuchung des Abstrichmaterials

Zusätzlich empfehlenswert wäre

- Laboruntersuchungen
- Vaginalsonographie (Ultraschall Untersuchung des kleinen Beckens durch die Scheide)
- Ggf. Ultraschall des Bauchraumes

Die Krebsfrüherkennung der weiblichen Brust beinhaltet:

Bei Kassenpatientinnen

- Gezielte Befragung
- Abtasten der Brustdrüsen u. Achselhöhlen
- Abtasten der Achsellymphknoten
- Anleitung zur Selbstuntersuchung

Zusätzlich empfehlenswert wäre

- Laboruntersuchungen
- Sonographie Brustdrüsen
- Ab 40. Lebensjahr Mammographie
- Ggf. Kernspintomographie der Brust

Die Krebsfrüherkennung des Dickdarms ist bei Männern und Frauen identisch. Sie beinhaltet für Patienten der gesetzlichen Krankenkassen:

Ab dem 50. Lebensjahr:

- Gezielte Befragung
- Beratung
- Abtasten des Enddarms
- Einmal jährliche Untersuchung des Stuhls auf Blut

Ab dem 56. Lebensjahr (Patient muss sich entscheiden!):

- Entweder: Eine Vorsorge-Darmspiegelung, die nach frühestens 10 Jahren einmal wiederholt werden kann
- Oder: Alle 2 Jahre eine Stuhluntersuchung auf Blut.

anderen Bundesländern und für weitere Altersgruppen diese Untersuchung auf die eine oder andere Weise einführen werden.

Bei dieser Art von Vorsorgeempfehlung ist es besonders schwer, eine medizinische Logik zu entdecken. Zwar ist die Einführung zweier Vorsorge-Darmspiegelungen innerhalb von 10 Jahren schon ein gewisser Fortschritt gegenüber der zuvor geübten Weigerung der gesetzlichen Kassen, diese Untersuchung in der Vorsorge überhaupt zu bezahlen. Wünschenswert wäre es jedoch, Vorsorge-Darmspiegelungen ab dem 45. Lebensjahr etwa alle 3 bis 5 Jahre anzubieten und zusätzlich ab dem 45. Lebensjahr eine jährliche Untersuchung des Stuhls auf Blut durchzuführen.

Völlig unverständlich ist, dass Kassenpatienten zwar zwischen dem 50. und 55. Lebensjahr einmal jährlich ihren Stuhlgang auf Blutbeimengungen untersuchen lassen können, nach dem 55. Lebensjahr, wenn sie sich gegen eine Darmspiegelung entschieden haben, jedoch nur noch alle 2 Jahre. Und das, obwohl die Häufigkeit des Dickdarmkrebses nach dem 55. Lebensjahr noch zunimmt. Noch grotesker ist die Situation allerdings für diejenigen Menschen, die sich für die Darmspiegelung im Rahmen der Vorsorge entschieden haben. Bei diesen sind Blutuntersuchungen im Stuhl überhaupt nicht mehr vorgesehen! Das bedeutet, dass diejenigen, die sich im 56. und erneut z. B. im 66. Lebensjahr für eine vorsorgliche Darmspiegelung entschieden haben, für den Rest ihres Lebens von der kassenfinanzierten Darmkrebs-Vorsorge ausgeschlossen sind. Sie haben weder Anspruch auf eine erneute vorsorgliche Darmspiegelung noch auf eine Untersuchung des Stuhls auf Blut.

Die gesetzlichen Krankenkassen übernehmen in der Regel einmal jährlich die Kosten für folgende Vorsorgeleistungen:

Ab dem 45. Lebensjahr

- Früherkennung von Prostatakrebs
- Früherkennung von Krebs des äußeren Genitale
- Früherkennung von Hautkrebserkrankungen

Ab dem 50. Lebensjahr

- Früherkennung von Dickdarmkrebs

Spezielle Krebsvorsorge beim Mann

Schwer nachvollziehbar ist, dass Frauen bereits ab dem 30. Lebensjahr eine Hautkrebsvorsorge, Männer diese aber erst ab dem 45. Lebensjahr erstattet bekommen.

Für die Vorsorgeuntersuchungen der Haut und speziell des Dickdarmes gelten die kritischen Anmerkungen, die bei den „Krebsvorsorgeuntersuchungen für Frauen“ gemacht wurden, in gleicher Weise auch für die Vorsorge bei Männern.

Leider ist Krebsvorsorge in Deutschland immer noch ein Stiefkind, das niemand (und schon gar nicht die gesetzlichen Krankenkassen) adäquat bezahlen will und das auch leider

Die Krebsfrüherkennung der Prostata und des äußeren Genitale beinhaltet:

Bei Kassenpatienten	Zusätzlich empfehlenswert wäre
▪ Gezielte Befragung ▪ Manuelle Untersuchung des äußeren Genitale ▪ Abtasten der Prostata durch den Enddarm ▪ Abtasten der Leistenlymphknoten	▪ Laboruntersuchungen (v.a. PSA) ▪ Ultraschall der Prostata ▪ Ggf. Ultraschall des Bauchraumes

von den meisten Mitbürgern noch nicht ernst genug genommen wird. Dabei gehen Männer in aller Regel noch weniger gewissenhaft mit ihrer Gesundheit um als Frauen, was sich unter anderem darin zeigt, dass Vorsorgeleistungen von Männern deutlich seltener wahrgenommen werden als von Frauen.

Hilft die Vorsorge wirklich?

Grundsätzlich gilt, je früher eine Krebserkrankung erkannt wird, um so eher ist deren Heilung möglich.

Insbesondere für einige der häufigen Krebserkrankungen gibt es inzwischen gute Hinweise dafür, dass sowohl die Zahl der Neuerkrankungen als auch die Todesfälle an Krebs durch konsequente Vorbeugung und Vorsorge gesenkt werden können.

Hierfür einige Beispiele:

- ➢ Etwa 80% aller Bronchialkarzinome gehen direkt auf das Zigarettenrauchen zurück. Durch Aufklärungsmaßnahmen hat sich in den letzten 20 Jahren die Zahl der Raucher etwas verringert. Parallel dazu sind die Anzahl der Neuerkrankungen sowie die Zahl der Todesfälle an Lungenkrebs zurückgegangen.
- ➢ In einer großen schwedischen Studie konnte gezeigt werden, dass die Sterblichkeit an Brustkrebs durch eine jährliche Vorsorge-Mammographie um ca. 30% gesenkt wird.
- ➢ Seit langem ist auf Grund mehrerer Untersuchungen bekannt, dass die vorsorgliche Darmspiegelung mit konsequenter Abtragung dabei auffallender Polypen die Darmkrebshäufigkeit um bis zu 80% verringern kann.

Diese Zahlen sprechen für sich und zeigen, dass sowohl die individuelle Vorbeugung als auch die ärztliche Vorsorge mehr als nur eine Beruhigung unseres Gewissens sind. Deshalb der eindringliche Appell:

> Nehmen Sie Vorbeugung und Vorsorge sehr ernst! Gehen Sie jährlich zu einer Vorsorgeuntersuchung und besprechen sie mit ihrem Arzt, welche Untersuchungen in ihrer persönlichen Situation sinnvoll sind. Denken Sie vor allem daran, dass der Leistungskatalog der gesetzlichen Krankenkassen nicht das Maß aller Dinge ist!

... Krebsdiagnostik

Die körperliche Untersuchung

Trotz aller modernen technischen Möglichkeiten der Medizin sind die Befragung des Patienten und seine körperliche Untersuchung durch den Arzt unverzichtbare Schritte auf dem Weg zu einer korrekten Diagnose geblieben. Dies gilt insbesondere auch in der Krebsmedizin (**Onkologie**). Deshalb wird Ihnen Ihr Arzt zunächst einmal zuhören und durch gezielte Fragen wichtige Informationen sammeln, bevor er über weitere Schritte entscheidet. Anschließend folgt die körperliche Untersuchung, die nicht selten bereits wichtige Hinweise liefert.

Eine solche Untersuchung beinhaltet folgende Schritte:

➢ **Ansehen**

Ihr Arzt wird sich ihren Körper und insbesondere die Bereiche, die ihnen Beschwerden bereiten, ansehen. Dabei lassen sich zum Beispiel Bewegungs- und Gangstörungen, Hautveränderungen wie Wunden, Farbabweichungen oder Haarverlust sowie Schwellungen oder Deformierungen von Körperteilen feststellen.

Insbesondere bei Hautkrebserkrankungen liefert eine genaue Inspektion, die oft auch mit einer Lupe oder einem Mikroskop erfolgt, wichtige erste Hinweise.

Während Krebserkrankungen der Leber und Gallenwege oft eine Gelbverfärbung der Haut und der Augen verursachen, kann eine Hautblässe auf Blutarmut hindeuten, die bei vielen bösartigen Krankheiten auftritt.

Örtlich begrenzte Rötungen, nicht selten verbunden mit Schwellung und Erwärmung, lassen sich bei Tumoren finden, die mit entzündlichen Veränderungen einhergehen. Eine solche Entzündungsreaktion in Tumoren gibt es zum Beispiel beim Brustkrebs.

Offene Wunden bedingt durch eine bösartige Erkrankung, die auftreten, wenn Krebszellen durch die Haut nach außen wachsen, sieht man heutzutage nur noch selten, da der Arztbesuch in der Regel nicht mehr so lange hinausgeschoben wird, wie das früher leider manchmal der Fall war.

Schwellungen von Körperbereichen lassen sich nicht selten bei Lymphomen und Leukämien, aber auch gelegentlich bei Krebserkrankungen, die relativ dicht unter der Haut wachsen, bereits mit bloßem Auge erkennen. Dieses kann zum Beispiel bei Brustkrebserkrankungen der Fall sein.

Gangunsicherheit kann wiederum auf einen Befall des zentralen Nervensystems hinweisen, während Bewegungsstörungen auch durch Veränderungen an Knochen, Gelenken oder Weichteilen zustande kommen können.

➢ **Abhören**

Das Abhören des Brustkorbes mit dem Stethoskop liefert wichtige Informationen über krankhafte Veränderungen an Lunge, Rippenfell und Herz.

Insbesondere bei Lungenkrebs oder bei Metastasen in der Lunge oder der Pleurahöhle (haarfeiner Spalt zwischen Rippenfell und Lungenfell) kann das Abhören bereits erste Hinweise ergeben.

Das Abhören des Bauchraumes dagegen erlaubt Aussagen über die Funktionsfähigkeit des Darmes, die beispielsweise beim Vorliegen eines Darmkrebses gestört sein kann

➢ **Abtasten**

Schwellungen, Verhärtungen und Schmerzpunkte lassen sich durch Tasten oder Klopfen recht gut lokalisieren. So ist zum Beispiel das Abtasten der Brust eine wichtige Untersuchung in der Brustkrebsdiagnostik. Das Abtasten der Lymphknoten bei einem Verdacht auf Lymphom oder Leukämie erlaubt wertvolle Aussagen.

Das Betasten des Bauchraumes liefert uns nicht nur Hinweise über die Größe von Leber und Milz sondern informiert uns über deren Konsistenz und

erlaubt den Nachweis von Verhärtungen in diesen Organen und im übrigen Bauchraum. Selbst das für den Patienten oft unangenehme Austasten des Enddarmes hat in der Diagnostik des Enddarmkrebses immer noch eine große Bedeutung. Ebenso ist die manuelle („mit den Händen") gynäkologische Untersuchung für die Beurteilung der weiblichen Genitalorgane wichtig.
Letztlich ist auch die Frage bedeutsam, an welchen Stellen des Körpers durch Tasten oder Klopfen eine Schmerzsymptomatik ausgelöst werden kann, denn so lässt sich eine weitergehende Diagnostik dann sehr gezielt einsetzen.

➢ Messen
Die ersten wichtigen Messungen, die bereits bei jeder Erstuntersuchung erhoben werden, betreffen:
Größe, Gewicht und Blutdruck.

Während sich an der Größe im Verlauf einer Krebserkrankung nur selten etwas verändert, muss das Gewicht auch im weiteren Verlauf regelmäßig kontrolliert werden, da das Fortschreiten einer bösartigen Erkrankung sehr häufig mit einem Gewichtsverlust einhergeht. Andererseits kann es im Rahmen einer Krebserkrankungen zu Wasseransammlungen in der Brust- oder Bauchhöhle kommen oder durch Störungen des Lymph- oder Blutflusses vermehrt Gewebeflüssigkeit gebildet werden. In diesen Fällen kommt es zu einem Anstieg des Körpergewichtes. Ein bekanntes Beispiel für eine Flüssigkeitsansammlung im Gewebe ist das Lymphödem des Armes bei Patientinnen mit Brustkrebs.

Labordiagnostik

Der nächste wichtige Schritt in der Krebsdiagnostik sind die verschiedenen Laboruntersuchungen. Dazu wird dem Körper Material entnommen, das direkt in der Arztpraxis oder in einem spezialisierten Labor untersucht wird.

Am häufigsten wird die Labordiagnostik an Blutproben durchgeführt, da Blut leicht abzunehmen ist und viele verschiedene Substanzen beinhaltet, deren Messungen Aufschlüsse über das Vorliegen von bestimmten Erkrankungen geben können.

Folgende Proben sind für Laboruntersuchungen gebräuchlich:

- Blut
- Urin
- Stuhl
- Knochenmark
- Nervenwasser
- Krankhafte Flüssigkeitsansammlungen z. B. in Brust- oder Bauchhöhle (Ergussflüssigkeiten)
- Gewebeproben

Was kann alles im Blut bestimmt werden?

➢ Die Blutsenkung
Die Senkung des Blutes beschreibt, wie schnell die roten Blutkörperchen in einem aufrecht stehenden Röhrchen durch die Schwerkraft auf den Boden des Röhrchens absinken. Bei einem gesunden Menschen geschieht dies nur sehr langsam. Bei vielen verschiedenen Krankheiten ist dieses Absinken jedoch beschleunigt, was man als **erhöhte Blutsenkung** bezeichnet. Dabei sagt uns die Höhe dieser Senkungsgeschwindigkeit nur sehr wenig darüber aus, welche Krankheit die Veränderung verursacht.

➢ Das Blutbild
Blut besteht aus der Blutflüssigkeit, in der Salze, Eiweiße und Fette gelöst sind, und drei verschiedenen Arten von Blutzellen, nämlich den roten und den weißen Blutkörperchen sowie den Blutplättchen.

Die weißen Blutkörperchen wiederum bestehen aus verschiedenen Unterformen, wie den Lymphozyten, Granulozyten oder Monozyten.

Es gibt drei verschiedene Arten von Blutzellen:

Bezeichnung	Medizinische Bezeichnung	Aufgabe
Rote Blutkörperchen	Erythrozyten	Sauerstofftransport
Blutplättchen	Thrombozyten	Blutgerinnung
Weiße Blutkörperchen	Leukozyten	Körpereigene Abwehr

Das Blutbild zeigt uns, wie viele dieser Zellen sich in unserem Blut befinden. Mit einem **kleinen Blutbild** kann man nur die Zahl der roten und weißen Zellen, der Blutplättchen und die Menge des roten Blutfarbstoffes in den Erythrozyten bestimmen. Für viele Fragestellungen reicht diese Untersuchung völlig aus. Während einer Chemo- oder Strahlentherapie muss es regelmäßig kontrolliert werden. Zur Bestimmung der genauen Verteilung der verschiedenen Unterformen der weißen Blutkörperchen muss jedoch ein so genanntes **großes Blutbild** durchgeführt werden.

➢ **Tumormarker**

Tumormarker sind Substanzen, die von einigen bösartigen Zellen produziert und in das Blut abgegeben werden. Leider ist ein Anstieg dieser Substanzen im Blut oft erst nachweisbar, wenn die Krankheit weit fortgeschritten ist. Der Stellenwert von Tumormarkern wird in der Krebsdiagnostik dadurch eingeschränkt, dass nicht jeder Mensch mit einer Krebserkrankung solche Substanzen produziert und auch bei gutartigen Krankheiten Tumormarker im Blut erhöht sein können. Deshalb besitzen nur wenige Tumormarker eine Bedeutung für die Diagnosestellung von Krebserkrankungen.

Bei den meisten anderen Krebserkrankungen werden Tumormarker vor allem zur Beurteilung des Krankheitsverlaufs bestimmt. So spricht ein kontinuierlicher Anstieg dieser Blutwerte für eine Verschlechterung der Krankheit und hat Konsequenzen für das weitere Therapiekonzept. Nur sehr selten rechtfertigt allerdings allein der Tumormarkerverlauf eine Therapieentscheidung.

➢ **Sonstige Blutuntersuchungen**

Es gibt eine Vielzahl weiterer Untersuchungen, die im Blut erfolgen können. Zu den häufig durchgeführten Messungen gehören zum Beispiel die Konzentrationsbestimmungen verschiedener Salze (z. B. Natrium, Kalium oder Kalzium), oder die Untersu-

Tumormarker, die für die Diagnose von Krebs eine Bedeutung haben:

Tumormarker	Krebserkrankung
PSA	Prostatakrebs
AFP	Hodenkrebs
β-HCG	Hodenkrebs

Beispiele für Tumormarker, die in der Verlaufskontrolle einer bekannten Krebserkrankung genutzt werden können:

Tumormarker	Krebserkrankung
CEA	Darmkrebs, Brustkrebs, Magenkrebs, u.a.
CA 19-9	Bauchspeicheldrüsenkrebs, Darmkrebs, Magenkrebs
CA 15-3	Brustkrebs
MCA	Brustkrebs
CA 125	Eierstockkrebs, Gebärmutterkrebs
NSE	Lungenkrebs, Hirntumore
SCC	Lungenkrebs, Speiseröhrenkrebs, Krebs des Mund- oder Rachenraumes, Gebärmutterhalskrebs
PSA	Prostatakrebs
TPA	Harnblasenkrebs
AFP	Leberkrebs, Hodenkrebs
β-HCG	Hodenkrebs

chung von Leber- und Nierenwerten. Die verschiedenen Eiweiße des Blutes lassen sich genauso analysieren wie seine Gerinnungsfähigkeit oder sein Gehalt an Abwehrstoffen gegen ganz bestimmte Viren oder Bakterien. So lassen sich auch noch nach vielen Jahren durchgemachte Infektionskrankheiten nachweisen.
Für Krebserkrankungen gibt es solch spezifische Untersuchungen zwar nicht, dennoch liefern verschiedene Laborparameter dem Arzt wichtige Informationen vor allem über den Verlauf eines Krebsleidens. Aus diesem Grund sind Blutuntersuchungen nicht nur bei Krebsverdacht, sondern vor allem bei einer gesicherten Krebserkrankung immer wieder wichtig.

Urinuntersuchungen

Urinuntersuchungen haben in der Krebsdiagnostik nur einen sehr eingeschränkten Stellenwert. Besteht der Verdacht auf eine Krebserkrankung der Harnblase, der Harnwege oder der Nieren, wird der Urin auf Blutbeimengungen untersucht. Dagegen besitzt die Untersuchung des Urins auf ausgeschiedene Krebszellen bei den oben erwähnten Tumorerkrankungen eine nur geringe Aussagekraft.

Bei einigen seltenen hormonproduzierenden Tumoren kann die Urindiagnostik eingesetzt werden, um die Menge des über die Nieren ausgeschiedenen Hormons zu bestimmen.

Stuhluntersuchungen

Die wichtigste Stuhluntersuchung in der Krebsdiagnostik ist der Nachweis von geringen, nicht sichtbaren Blutbeimengungen zum Stuhlgang, was als „Hämoccult"-Untersuchung bezeichnet wird. Blutbeimengungen zum Stuhl können ein Hinweis auf Krebserkrankungen im gesamten Magen-Darm-Trakt sein. Allerdings können auch gutartige Erkrankungen (zum Beispiel Entzündungen oder Polypen), harmloses Nasenbluten oder sogar etwas zu heftiges Zähneputzen zu kleinsten Blutbeimengungen im Stuhl führen. Ein positiver Hämoccult-Test beweist also noch keine Krebserkrankung. Bei nachgewiesener Blutbeimengung (egal ob sichtbar oder unsichtbar) sollten jedoch immer weitere abklärende Untersuchungen erfolgen (z.B. Magenspiegelung, Darmspiegelung).

Untersuchungen von Punktaten

Man kann aus den verschiedenen Organen unseres Körpers und aus krankhaften Flüssigkeitsansammlungen (z.B. Ergüsse in Bauch- oder Brusthöhle) recht gefahrlos Proben zur Untersuchung entnehmen. Da dieses oftmals durch Punktion („Hineinstechen") mit einer Hohlnadel (Kanüle) erfolgt, werden solche Proben vielfach auch als Punktate bezeichnet. Diese Proben werden in den meisten Fällen nach spezieller Färbung unter dem Mikroskop auf das Vorhandensein von Krebszellen untersucht. Vor allem in flüssigen Punktaten können aber auch viele andere Stoffe nachgewiesen werden, die sonst nur im Blut zu finden sind, wie zum Beispiel Eiweiße, Enzyme oder Tumormarker.

Ultraschall

Ultraschalluntersuchungen werden auch als **Sonographie** bezeichnet. Bei dieser Methode werden **Schallwellen** oberhalb unseres Hörbereiches genutzt. Nach Aufsetzen eines den Schall erzeugenden Gerätes (Schallkopf) auf die Haut werden die Schallwellen in die Tiefe des Körpers geleitet. Die verschiedenen Gewebe und Organe werfen den Schall unterschiedlich stark zurück (Reflektion). Dieser reflektierte Schallanteil wird vom Schallkopf registriert und von einem Computer zu einem Bild unseres Körperinneren umgewandelt, das auf einem Monitor betrachtet werden kann. Damit möglichst viel Schall in den Körper eindringen kann, ist bei dieser Untersuchung ein Kontaktgel zwischen Schallkopf und Haut erforderlich.

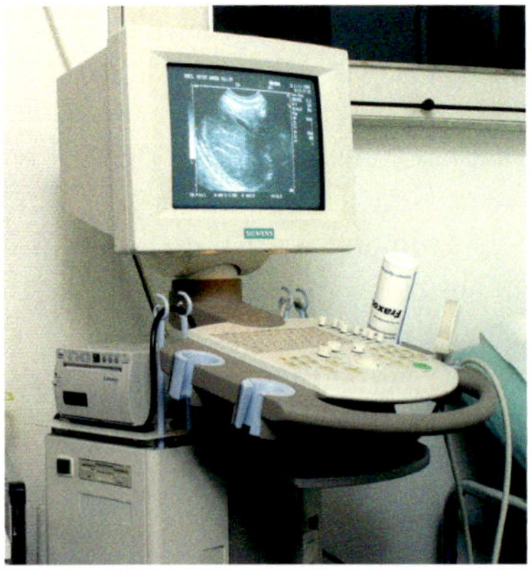

Abb. 1.1: Ein typisches Ultraschall-gerät

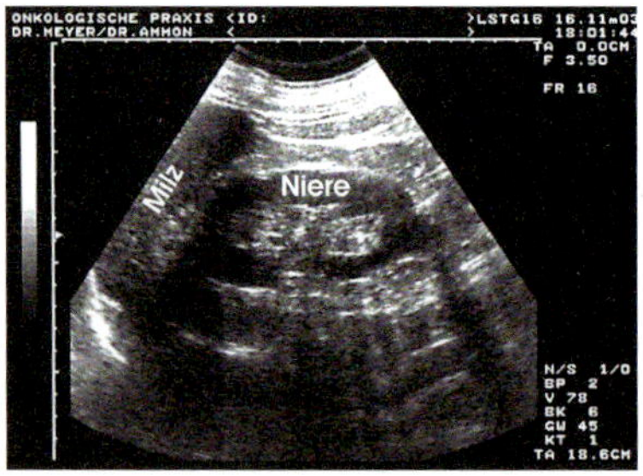

Abb. 1.2: Eine Niere im Ultraschall

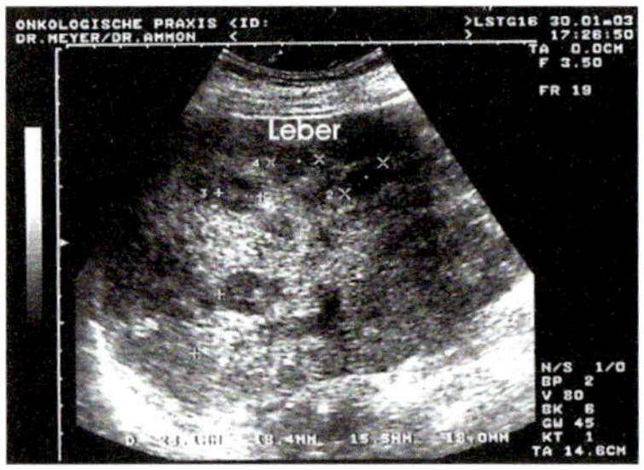

Abb. 1.3: Lebermetastasen im Ultraschall

Im Gegensatz zu manch anderen medizinischen Methoden hat die Ultraschalluntersuchung kaum schädliche Effekte. Da sie zudem eine ziemlich gute Darstellung des Körperinneren erlaubt und keine hohen Kosten verursacht, ist sie eine sehr weit verbreitete Untersuchungsmethode. In der Krebsdiagnostik erlaubt sie, Tumorherde ab einem Durchmesser von 0,5–1 cm zu erkennen, sofern sich diese in ihrem Reflektionsverhalten von dem umgebenden gesunden Gewebe unterscheiden.

Ultraschalluntersuchungen können auch vom Körperinneren aus erfolgen, was dann ganz allgemein als **„Endosonographie"** bezeichnet wird. Ein Routineverfahren ist vor allem die von den Gynäkologen durchgeführte **Vaginalsonographie**, bei der ein Ultraschallstab in die Scheide eingeführt wird. Auf diese Weise lassen sich alle Organe des kleinen Beckens deutlich besser erkennen und beurteilen als bei der Schalluntersuchung durch die Bauchdecke des Unterbauches.

In ähnlicher Weise kann die Sonographie auch vom Enddarm aus erfolgen, wobei insbesondere die Prostata, die Schleimhaut des Enddarms und die Lymphknoten des kleinen Beckens besser darstellbar sind als von außen.

Weniger häufig erfolgen in der Onkologie Ultraschalluntersuchungen von der Speiseröhre oder dem Magen aus, bei denen der Schallkopf wie ein Endoskop geschluckt werden muss. Diese Untersuchungen werden viel häufiger von Herzspezialisten durchgeführt. In der Krebsdiagnostik können sie helfen, die Schleimhaut von Speiseröhre und Magen zu beurteilen. Dies kann gelegentlich vor der Operation eines Speiseröhren- oder Magenkrebses wichtig sein. Auch vergrößerte Lymphknoten dieser Region lassen sich so recht gut darstellen.

Generell kann man sagen, dass bei den meisten Ultraschalluntersuchungen normale Lymphknoten schlecht oder gar nicht zu erkennen sind. Vergrößerte Lymphknoten (ab etwa 1 cm Durchmesser) lassen sich dagegen relativ sicher nachweisen.

In der Krebsdiagnostik sind folgende Ultraschalluntersuchungen von großer Bedeutung:

Ultraschalluntersuchung von	Gut beurteilbar	Schlecht beurteilbar
Bauchraum	Leber Milz Nieren Bauchspeicheldrüse Lymphknoten Große Gefäße Bauchfellerguss	Magen Dünndarm Dickdarm Normales Bauchfell
Kleines Becken	Harnblase Prostata Gebärmutter Eierstöcke Lymphknoten Große Gefäße	Enddarm
Hals	Schilddrüse Lymphknoten Große Gefäße	Nebenschilddrüsen
Brust und Achselhöhle	Brustdrüsengewebe Lymphknoten Große Gefäße	
Brustkorb	Herz Herzbeutelerguss Lymphknoten Große Gefäße Rippenfellerguss	Lunge Normales Rippenfell Normales Lungenfell

Röntgendiagnostik

Bei der Röntgendiagnostik wird **energiereiche elektromagnetische Strahlung** (sogenannte **Röntgenstrahlung**) eingesetzt, um ein Abbild des Körperinneren zu erzeugen. Die von einer Röntgenröhre erzeugte Strahlung wird beim Durchdringen unseres Körpers von den unterschiedlichen Geweben und Organen verschieden stark zurückgehalten (absorbiert). Derjenige Teil, der den Körper auf der anderen Seite wieder verlässt, kann entweder direkt auf einen für diese Strahlung empfindlichen Film (Röntgenfilm) gelenkt werden, um so in einem fotographischen Verfahren ein Bild unserer inneren Organe zu erzeugen, oder aber von einem **Röntgendetektor** analysiert werden **(digitale Röntgentechnik)**. Der Detektor wiederum gibt seine Messwerte an einen Computer weiter, der seinerseits das gewünschte Bild errechnet und auf einem Monitor oder über einen Drucker auf Papier darstellt.

Da Tumorgewebe in vielen Fällen die Röntgenstrahlung stärker oder schwächer als das umgebende gesunde Gewebe absorbiert, eignet sich diese Diagnostik gut für den Nachweis und die Verlaufskontrolle vieler Krebserkrankungen. Leider ist das Röntgen nicht so ungefährlich wie die Ultraschalldiagnostik, denn die

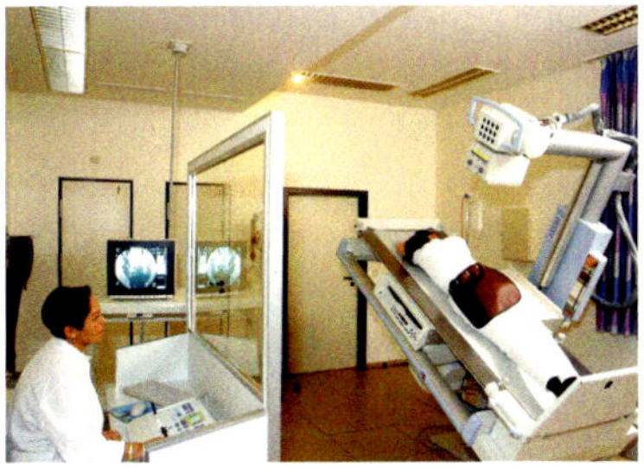

Abb. 1.4: Ein typisches Röntgengerät

vom Körper absorbierte Strahlung kann Schäden an den Zellen und insbesondere an ihren Genen verursachen. Veränderungen der Gene wiederum können zum Entstehen einer neuen Krebserkrankung beitragen. Da die Röntgengeräte in den letzten 20 Jahren immer weiter verbessert wurden, konnte die für die einzelnen Untersuchungen benötigte Strahlendosis deutlich vermindert werden. So ist das Risiko einer Schädigung durch Röntgenaufnahmen extrem gering geworden. Dennoch können Röntgenuntersuchungen nicht beliebig oft wiederholt werden, da sich die Strahlungsmenge summiert und so Schäden häufiger auftreten können.

Im wesentlichen gibt es zwei verschiedene Röntgenverfahren: Zum einen die konventionelle Röntgentechnik, die oben bereits beschrieben wurde, zum anderen die **Computertomographie**. Da die Computertomographie insbesondere in der Krebsdiagnostik einen herausragenden Stellenwert erlangt hat, wird sie weiter unten gesondert beschrieben.

Von den konventionellen Rontgenaufnahmen haben nur die Röntgenuntersuchung des Brustkorbs (Thorax), der Knochen und der weiblichen Brust (Mammographie) noch eine

Verschiedene konventionelle Röntgenaufnahmen:

Röntgenuntersuchung	Gut beurteilbar	Schlecht beurteilbar
Brustkorb	Lunge Herz Rippenfell Lymphknoten Große Gefäße	Schilddrüse Bronchien
Bauch	Darmverschluss Mageneinriss Darmeinriss	Leber Milz Magen Darm Bauchspeicheldrüse
Brust (Mammographie)	Brustdrüsengewebe	
Skelettanteile	Knochen	Knorpel Weichteilgewebe
Schädel	Knochen Nasennebenhöhlen	Gehirn Weichteilgewebe
Nieren (mit Kontrastmittel)	Nierenkelche Nierenbecken Harnwege	Nierenrinde
Magen (mit Kontrastmittel)	Magenpassage Innere Magenwand	Äußere Magenwand
Darm (mit Kontrastmittel)	Manche Darmpolypen Darmverengung Darmverschluss	Äußere Darmwand

große Bedeutung. Die übrigen konventionellen Röntgenverfahren sind weitgehend von anderen Untersuchungsmethoden (zum Beispiel Ultraschall, Computertomographie oder Endoskopie) abgelöst worden, da diese vor allem in der Krebsdiagnostik eine größere Aussagekraft besitzen.

Bei Untersuchungen der Nieren, des Magens oder des Darmes mittels konventioneller Röntgendiagnostik müssen **Röntgen-Kontrastmittel** eingesetzt werden. Für die Nierenuntersuchung wird dieses über die Vene verabreicht, während es beim Magenröntgen getrunken und beim Darm-

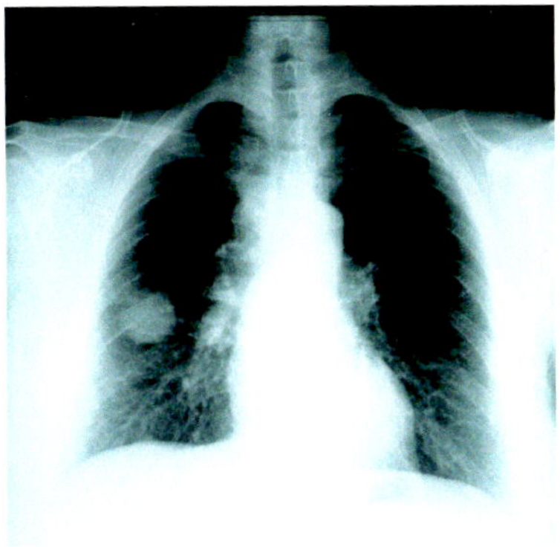

Abb. 1.5: Röntgenbild der Lunge mit einem großen Tumor im rechten Lungenflügel

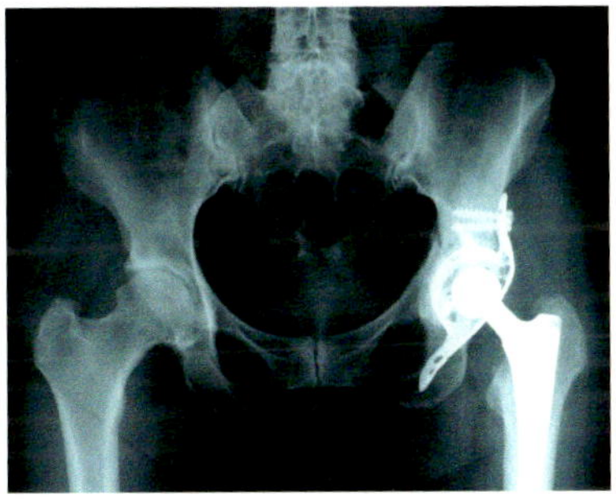

Abb. 1.6: Röntgenbild des Beckens mit künstlicher Hüfte links

röntgen auch mittels eines Einlaufes zugeführt wird. Insbesondere die über die Vene verabreichten Kontrastmittel können in Einzelfällen unangenehme Nebenwirkungen verursachen (Kontrastmittelallergie, Schilddrüsenüberfunktion, Nierenschäden). Da eine bereits geschädigte Niere oder eine erkrankte Schilddrüse sehr empfindlich gegenüber Kontrastmittel reagiert, muss vor der Untersuchung die Funktion dieser Organe überprüft werden.

Computertomographie (CT)

Während in der konventionellen Röntgendiagnostik die Strahlung den Körper als kurzer Blitz nur in eine Richtung durchdringt, werden bei der Computertomographie (abgekürzt **CT**) die Quelle der Röntgenstrahlung sowie der ihr gegenüber liegende Detektor während einer Aufnahme kreis- oder spiralförmig um den Körper herumgeführt. So entstehen Abbildungen von (je nach Einstellung) 1 bis 10 mm dicken **Scheiben unseres Körperinneren**, die sich beliebig nach unten und oben aneinander reihen lassen. Da durch die Drehbewegung ein und dasselbe Organ sozusagen aus unterschiedlichen Blickwinkeln betrachtet wird, sind die gewonnenen Informationen viel präziser als diejenigen der konventionellen Röntgendiagnostik. Die ungeheure Menge an gemessenen Daten wird von einem Computer in Bilder umgerechnet, die unser Körperinneres in Form von dünnen Querschnitten zeigen. Auf diesen Abbildungen lassen sich noch Details erkennen, die auf einem normalen Röntgenbild nicht nachweisbar wären. Um diese Detailgenauigkeit noch weiter zu verbessern, wird bei vielen CT-Untersuchungen Röntgen-Kontrastmittel eingesetzt, das entweder gespritzt oder getrunken wird. Das Gerät zur Herstellung der CT-Bilder wird als Computertomograph bezeichnet.

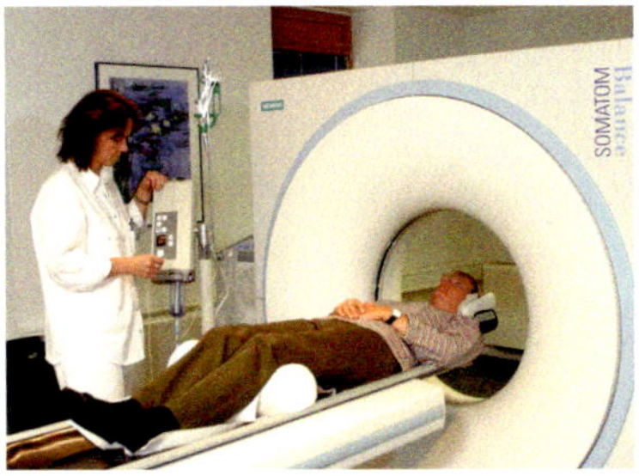

Abb. 1.7: Ein typischer Computertomograph

Nachteilig gegenüber normalen Röntgenaufnahmen sind allerdings die deutlich längeren Untersuchungszeiten sowie die gegenüber einer einzelnen Röntgenaufnahme deutlich höhere Strahlenbelastung dieser Methode. Auch die Kosten liegen höher als beim konventionellen Röntgen.

Dennoch ist die Computertomographie in der Krebsdiagnostik ein unverzichtbares diagnostisches Hilfsmittel geworden. Mit ihr lassen sich

Verschiedene Körperregionen, die im Computertomogramm untersucht werden:

CT-Untersuchung	Gut beurteilbar	Schlecht beurteilbar
Schädel	Gehirn Gefäße Knochen Nasennebenhöhlen Augenhöhlen	
Hals	Lymphknoten Gefäße Schilddrüse	Nebenschilddrüsen
Brustkorb	Lunge Rippenfell Große Gefäße Schilddrüse Thymus Lymphknoten	Bronchien Herz
Bauch	Leber Milz Gallenblase Bauchspeicheldrüse Niere Harnwege Lymphknoten Große Gefäße	Magen Dünndarm Dickdarm
Becken	Knochen Gebärmutter Eierstöcke Prostata Harnblase Lymphknoten Große Gefäße	Enddarm
Skelettanteile	Knochen Knorpel	

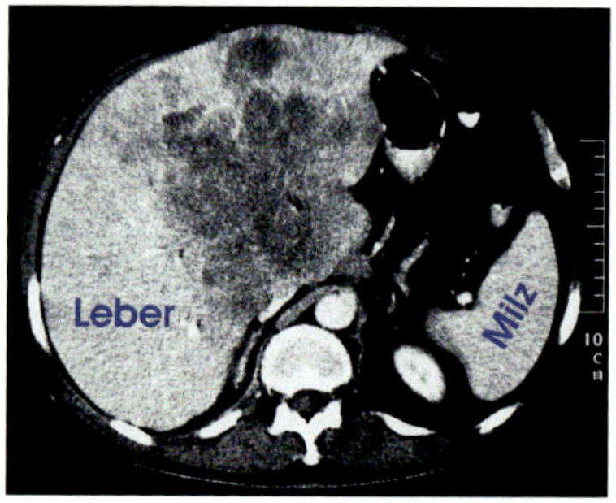

Abbildung 1.7a: Abbildung von Lebermetastasen in einer Computertomographie des Bauchraumes

oftmals schon relativ kleine Tumore ab 0,5 bis 1 cm Durchmesser nachweisen.

Kernspintomographie (NMR)

Die **Kernspintomographie** wird auch als Magnetresonanztomographie bezeichnet (abgekürzt **MRT** oder nach ihrer englischen Bezeichnung auch **NMR** oder **MRI**). Sie verwendet statt Röntgenstrahlung ein starkes **Magnetfeld** sowie **elektromagnetische Wellen im Megaherzbereich** (Radiowellen, von denen kein krebserzeugendes Risiko ausgeht). Über einen komplizierten physikalischen Prozess werden Bilder unseres Körperinneren hergestellt. Diese Bilder können in jeder Ebene erzeugt werden. Insbesondere in der Darstellung von Weichgeweben ist die Abbildungsgenauigkeit dem CT zum Teil deutlich überlegen. Aber auch Knochen lassen sich sehr gut darstellen. Das Gerät zur Herstellung der NMR-Bilder wird als Kernspintomograph bezeichnet.

Nachteilig an der NMR-Untersuchung ist ihre sehr lange Untersuchungsdauer, die gegenüber dem CT nochmals höheren Kosten sowie die für viele Patienten unangenehme Untersuchungssituation in einer engen geschlossenen Röhre von etwa 60 cm Durchmesser, in der es zudem auch noch recht laut ist. Patienten mit **magnetisierbarem Material** in ihrem Körper (Eisen oder Stahl zum Beispiel als Granatsplitterverletzungen oder ältere Hüftgelenksimplantate) sowie Patienten mit **Herzschrittmacher** dürfen nicht in einem Kernspintomographen untersucht werden. Während Herzschrittmacher durch das Magnetfeld in ihrer Funktion gestört werden können, kann es bei Metallteilen im Körper vorkommen, dass sich diese bewegen und so Verletzungen hervorrufen.

Wegen der langen Aufnahmezeiten der Kernspintomographie ist diese Untersuchung für sich bewegende Organe wie z. B. die Lunge wenig geeignet. Durch Atembewegungen werden die Aufnahmen unscharf und verwaschen, so dass für dieses Organ das normale Röntgenbild oder das CT die besseren Untersuchungsmethoden sind. Auch zur Beurteilung der Knochenstabilität bei Knochenmetastasen ist die Röntgendiagnostik geeigneter. Auf der anderen Seite ist die Kernspintomographie so vielseitig, dass bis auf die genannten wenigen Ausnahmen alle Organe und Gewebeformen mit dieser Diagnostik recht gut beurteilt werden können. So lässt sich sogar das Innere des Darmes oder des Magens mit hoher Genauigkeit abbilden (virtuelle Endoskopie). Dieses Verfahren könnte in manchen Fällen vielleicht sogar die für den Patienten noch unangenehmeren endoskopischen Diagnoseverfahren (Spiegelungen) ersetzen.

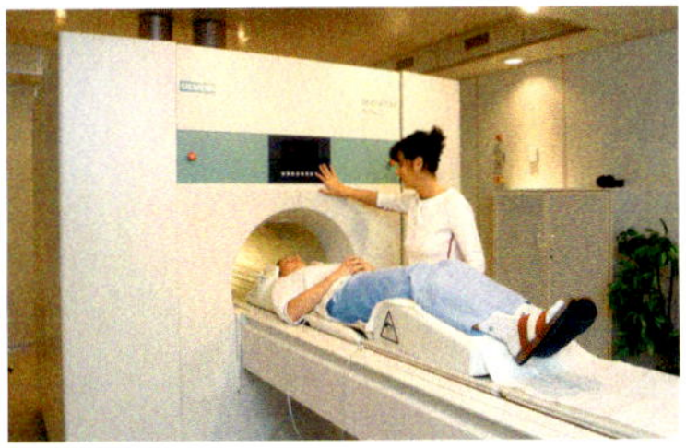

Abb. 1.8: Ein typischer Kernspintomograph

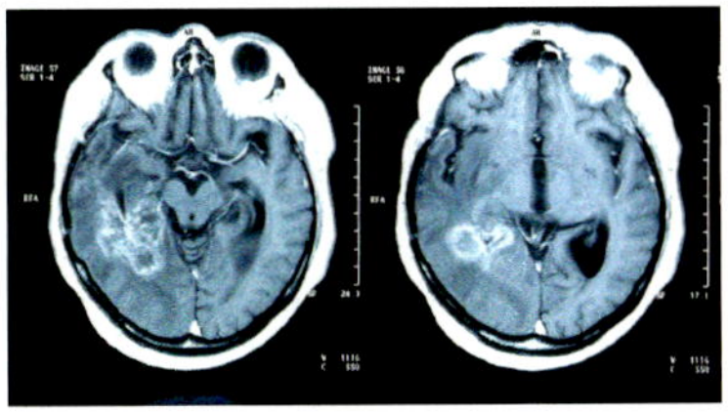

Abb. 1.9: Kernspintomogramm des Schädels mit Nachweis eines Hirntumors

Szintigraphie

Die Szintigraphie ist eine Untersuchungsmethode, bei der dem Patienten eine geringe Menge einer **radioaktiven Substanz** (das sogenannte **Radionuklid** oder **Radiopharmakon**) über eine Vene verabreicht wird. Für die verschiedenen Organsysteme kommen dabei unterschiedliche Substanzen zur Anwendung. Diese reichern sich in den Organen und Geweben an und setzen dort durch ihren radioaktiven Zerfall Gamma-Strahlung frei, die außerhalb des Körpers durch einen **Scanner** oder eine **Gammakamera** gemessen werden kann. Die nachgewiesene Strahlung liefert dann ein Bild derjenigen Organe, in denen es zur Anreicherung des Radionuklids gekommen ist.

Die Fachrichtung in der Medizin, die solche radioaktiven Substanzen zu Untersuchungszwecken einsetzt, wird als **Nuklearmedizin** bezeichnet. Da alle szintigraphischen Verfahren mit einer nicht unerheblichen Strahlenbelastung einhergehen und anders als beim Röntgen diese Strahlung bei unsachgemäßem Gebrauch der Radionuklide auch in die Umwelt freigesetzt werden kann, dürfen nur speziell ausgebildete Mediziner (Ärzte für Nuklearmedizin) diese Untersuchungsmethoden durchführen. Dabei unterliegen sie einer speziellen Sorgfaltspflicht, die überwacht wird.

In der Krebsdiagnostik wird die **Skelettszintigraphie** am häufigsten eingesetzt. Mit dieser Untersuchung lassen sich Veränderungen an den Knochen unseres Körpers nachweisen. Dieses können Entzündungen, Brüche, Verschleißerscheinungen und vor allem Tumoren oder Knochenmetastasen sein. Der Nachweis von Knochenmetastasen gelingt mit dieser Methode unabhängig von der zugrunde liegenden Krebserkrankung (z.B. Brustkrebs, Lungenkrebs, Prostatakrebs) bereits frühzeitig. Sie zeigt diese Art der Metastasierung oft schon an, bevor auf einem konventionellen Röntgenbild Veränderungen erkennbar sind.

Bei bekannter Krebserkrankung der Schilddrüse wird eine **Radiojodszintigraphie** durchgeführt. Da bösartige Schilddrüsenzellen sehr stark Jod speichern, kann man mit dieser Methode viele Formen des Schilddrüsenkrebses einschließlich seiner Metastasen sehr zuverlässig nachweisen. Noch seltener als Tumore der Schilddrüse sind hormonell aktive Tumorerkrankungen anderer Organsysteme (sogenannte neuroendokrine Tumoren), bei denen verschiedene hoch spezialisierte szintigraphische Methoden zum Aufspüren von Metastasen angewandt werden können (z.B. Somatostatinrezeptor-Szintigraphie). Im Vergleich zu der häufig eingesetzten Skelettszintigraphie sind diese Verfahren jedoch sehr seltene Untersuchungsmethoden.

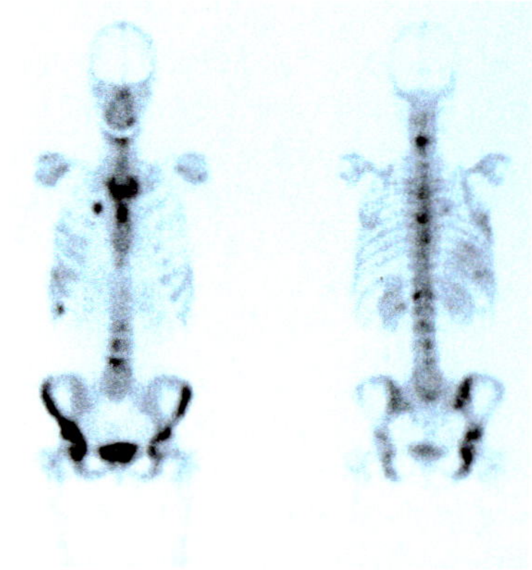

Abb. 1.10: Skelettszintigraphische Darstellung von Knochenmetastasen

Es gibt szintigraphische Untersuchungsmethoden für verschiedene Organsysteme:

Untersuchung	Aussagemöglichkeit
Schilddrüsenszintigraphie	Größe und Binnenstruktur der Schilddrüse sowie Verteilung der Hormonproduktion („Knoten")
Lungenszintigraphie	Durchblutung oder Belüftung der Lunge
Herzszintigraphie	Durchblutung oder Pumpleistung des Herzmuskels
Skelettszintigraphie	Knochenerkrankungen, Knochenmetastasen
Nierenszintigraphie	Nierendurchblutung

Positronen-Emissions-Tomographie (PET)

Wie die Szintigraphie ist auch die PET-Untersuchung eine Methode, die in der **Nuklearmedizin** zur Anwendung kommt. Bei ihr werden dem Patienten Substanzen injiziert, die bei ihrem radioaktiven Zerfall sogenannte **Positronen** freisetzen. Erst diese Positronen erzeugen dann über weitere physikalische Reaktionsschritte diejenige Strahlung, die in einem ringförmig um den Patienten angeordneten Detektorsystem gemessen wird. Aus den Messdaten wiederum wird ein Bild des Körperinneren errechnet, welches die unterschiedlich starke Anreicherung der verabreichten Substanz in den verschiedenen Organen und Geweben darstellt.

Die gebräuchlichste in der PET-Diagnostik verwendete Substanz ist ein radioaktiv markiertes Zuckermolekül (Flour-18-Desoxyglucose, auch als FDG bezeichnet), das durch Abgabe von Positronen zerfällt. Da dieses Zuckermolekül von den Körperzellen wie der normale Energielieferant Glucose angesehen wird, reichert sich FDG überall dort an, wo eine hohe Stoffwechselaktivität herrscht und somit viel Energie benötigt wird.
Krebszellen haben einen besonders hohen Energieverbrauch, da sie sich viel häufiger als normale Körperzellen teilen und somit einen sehr aktiven, energieverbrauchenden Stoffwechsel haben. Dieser „Energiehunger" führt dazu, dass sich die Substanz FDG stark in Krebszellen anreichert und von dort viel Strahlung abgibt. Auf diese Weise lässt sich zum Teil schon recht frühzeitig die Lokalisation bösartiger Tumoren und ihrer Metastasen im Körper bildlich darstellen.

Aufgrund des Prinzips **„Nachweis von Stoffwechselaktivität"** kann die FDG-PET bei einer Vielzahl von Krebserkrankungen diagnostisch genutzt werden. In einigen Fällen ist es mit dieser Methode möglich, Metastasen darzustellen, die noch in keinem anderen bildgebenden Verfahren nachweisbar sind. In einigen anderen Fällen können Tumorherde in der FDG-PET nicht erkannt werden, obwohl sie sich mit anderen Methoden bereits zeigen lassen.

Aber auch gutartige Prozesse, vor allem Entzündungen, können zu einer örtlich begrenzten Erhöhung der Stoffwechselaktivität und somit zu einer FDG-Anreicherung führen. Deshalb muss nicht alles, was diese Form der PET-Untersuchung an Auffälligkeiten zeigt, tatsächlich bösartig sein. Da allerdings außer FDG eine große Vielzahl anderer Radionuklide theoretisch für die PET genutzt werden können, liegt in dieser Methode noch ein sehr großes Entwicklungspotential.

Der flächendeckende Einsatz der PET scheitert zur Zeit im wesentlichen an

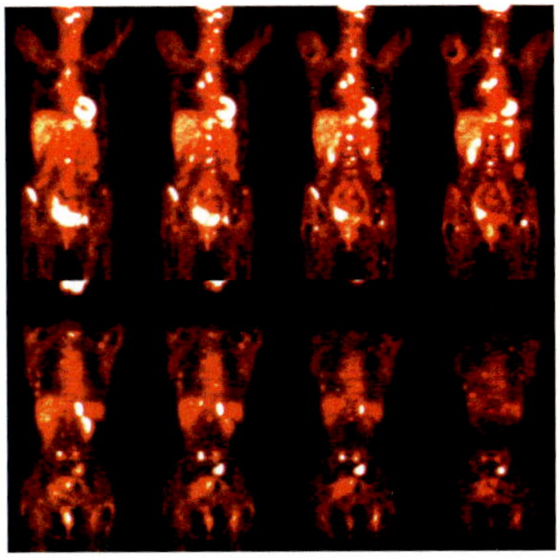

Abb. 1.11: Typisches PET-Bild bei Metastasen durch eine Krebserkrankung

den hohen Kosten der Untersuchung, die überwiegend auch nicht von den gesetzlichen Krankenkassen übernommen werden. Deshalb muss ihr Einsatz in jedem Einzelfall sorgfältig abgewogen werden. Wenn wichtige therapeutische Entscheidungen davon abhängen, ob weitere, für andere Untersuchungsmethoden noch nicht nachweisbare Tumorherde vorhanden sind, ist die Durchführung eines PET sinnvoll. In allen anderen Situationen sollte sie unterlassen werden.

Endoskopie

Um die verschiedenen Hohlorgane des Körpers sowie die Körperhöhlen betrachten und untersuchen zu können, werden Methoden eingesetzt, die als Endoskopie oder Spiegelung bezeichnet werden. Dabei führt man unterschiedlich konstruierte Geräte (Endoskope) in den Körper ein, an deren Spitze eine Lichtquelle sowie eine kleine Kamera angebracht sind. Auf diese Weise erhält man einen direkten Einblick in das Körperinnere und kann gleichzeitig sehr gezielt Proben von krankhaften oder ungewöhnlichen Veränderungen der untersuchten Organe entnehmen. Für diese Probenentnahme besitzen die Geräte neben Lichtquelle und Kamera sogenannte Arbeitskanäle, durch die kleine Zangen oder Schlingen in den Körper vorgeschoben werden.

Es gibt viele verschiedene endoskopische Untersuchungsmethoden:

Methode	Medizinische Bezeichnung	Zur Beurteilung von
Lungenspiegelung	Bronchoskopie	Schleimhaut von Luftröhre und Bronchien
Magenspiegelung	Gastroskopie	Schleimhaut von Speiseröhre, Magen, Zwölffingerdarm
Bauchspeicheldrüsen- und Gallengangsspiegelung	ERCP	Gangsystem der Bauchspeicheldrüse und Gallenwege
Darmspiegelung	Koloskopie	Schleimhaut von Enddarm und Dickdarm
Enddarmspiegelung	Rektoskopie	Schleimhaut des Enddarms
Brusthöhlenspiegelung	Thorakoskopie	Brusthöhle (der Raum zwischen Rippen- und Lungenfell)
Brustraumspiegelung	Mediastinoskopie	Brustraum hinter dem Brustbein
Bauchspiegelung	Laparoskopie	Bauchfell, Außenflächen der Bauchorgane (Leber, Milz, Magen, Dünndarm, Dickdarm) und der Beckenorgane (Blase, Eierstöcke, Gebärmutter)
Blasenspiegelung	Zystoskopie	Schleimhaut der Harnblase
Gebärmutterspiegelung	Hysteroskopie	Schleimhaut der Gebärmutter
Gelenkspiegelung	Arthroskopie	Innenfläche von Gelenken

Die wichtigsten Endoskopien in der Krebsdiagnostik sind:

- **Die Lungenspiegelung (Bronchoskopie):**

Das für die **Bronchoskopie** benutze Gerät wird als Bronchoskop bezeichnet. Es ist sehr flexibel und wird unter örtlicher Betäubung der Schleimhäute (falls nötig aber auch in Vollnarkose) üblicherweise durch die Nase über die Luftröhre bis tief in die Bronchien vorgeschoben.

Mit der Bronchoskopie können viele **Bronchialkarzinome** entdeckt und durch Probeentnahme sicher diagnostiziert werden. Aber auch für die Untersuchung von Lymphknoten an der Außenwand der Bronchien oder der Luftröhre kann die Bronchoskopie hilfreich sein. Zur Gewebegewinnung wird ein durch das Bronchoskop eingeführtes Probenentnahmegerät von innen durch die Bronchialwand in den Lymphknoten vorgeschoben. Bei fortgeschrittenen

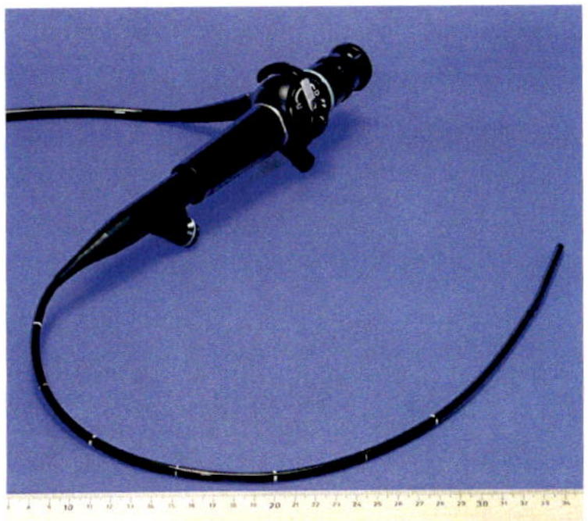

Abb. 1.12: Ein typisches Bronchoskop

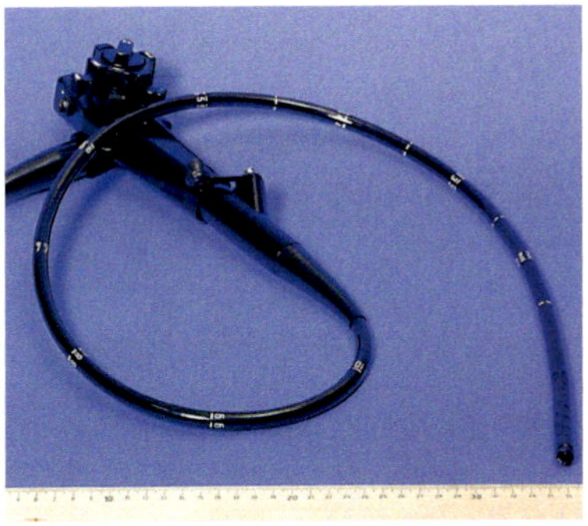

Abb. 1.13: Ein typisches Gastroskop

Bronchialkarzinomen mit tumorbedingter Einengung der Luftwege lassen sich mit Hilfe des Bronchoskops Röhren (Stents) in den Bronchien platzieren, die die Luftwege frei halten und so die Atemnot lindern.

Auch für den Nachweis gutartiger Erkrankungen der Lunge und der Bronchien ist die Bronchoskopie geeignet.

➢ Die Magenspiegelung (Gastroskopie):

Das für die **Gastroskopie** benutzte Gerät wird als Gastroskop bezeichnet. Es ist etwas dicker als ein Bronchoskop und wird unter örtlicher Betäubung des Rachens durch den Mund über die Speiseröhre bis in den Magen und von dort weiter in den Zwölffingerdarm vorgeschoben. Neuerdings gibt es auch dünnere Gastroskope, die wie

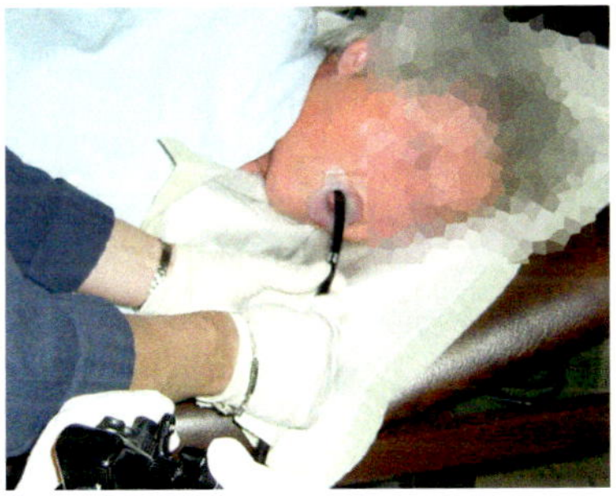

Abb.1.14: Die Durchführung einer Magenspiegelung

Bronchoskope über die Nase eingeführt werden (von dort dann in Speiseröhre, Magen und Zwölffingerdarm), was von manchen Patienten als angenehmer empfunden wird.

Mit der Gastroskopie lassen sich Veränderungen der Speiseröhre, des Magens und des Zwölffingerdarms sichtbar machen. Durch eine Probeentnahme kann geklärt werden, ob diese Veränderungen bösartig sind. Ähnlich wie in den Bronchien kann man auch in der Speiseröhre bei ausgedehntem Tumorwachstum mit Hilfe des Gastroskops ein Röhrchen (Stent) einlegen, das die Speiseröhre offen hält und so das Schlucken von Nahrung und Getränken weiterhin ermöglicht. Auch lassen sich durch gastroskopische Unterstützung **Magensonden** zur Ernährung direkt durch die Bauchdecke in den Magen oder Dünndarm platzieren (PEG-Sonden).

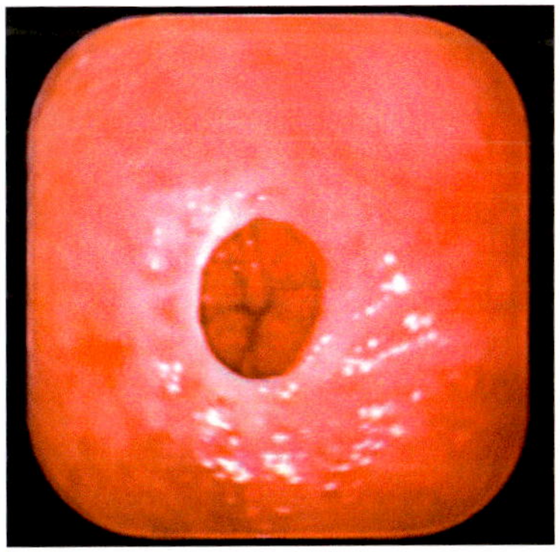

Abb. 1.15: Der Blick durch das Gastroskop auf die Nahtstelle zwischen Speiseröhre und Dünndarm nach kompletter Magenentfernung wegen eines Magenkrebses

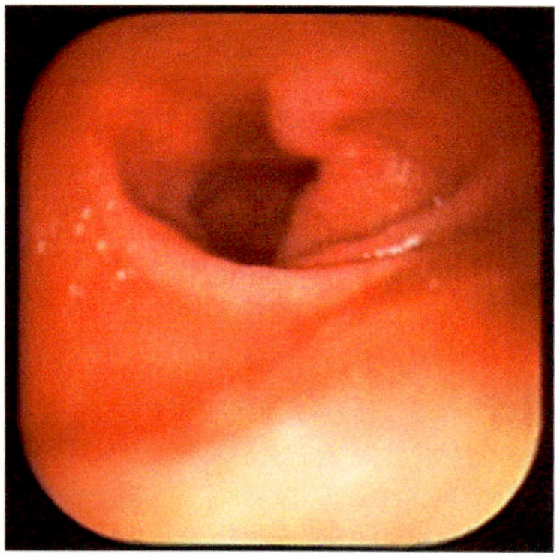

Abb. 1.16: Der Blick durch das Gastroskop auf den Magenausgang (gesunder Magen)

Neben bösartigen Erkrankungen hilft die Gastroskopie auch bei der Diagnostik einer Vielzahl gutartiger Veränderungen des oberen Verdauungstraktes (z. B. Magengeschwüre, Entzündungen, Krampfadern der Speiseröhre oder des Magens, Bakterienbefall, Polypen).

➢ Die Darmspiegelung (Koloskopie):

Das für die **Koloskopie** benutzte Gerät wird als Koloskop bezeichnet. Es ist noch etwas dicker als das Gastroskop. Das Koloskop wird entweder ohne oder auch mit einer leichten Allgemeinnarkose durch den Darmausgang über den Enddarm bis in den Dickdarm vorgeschoben. Meistens kann

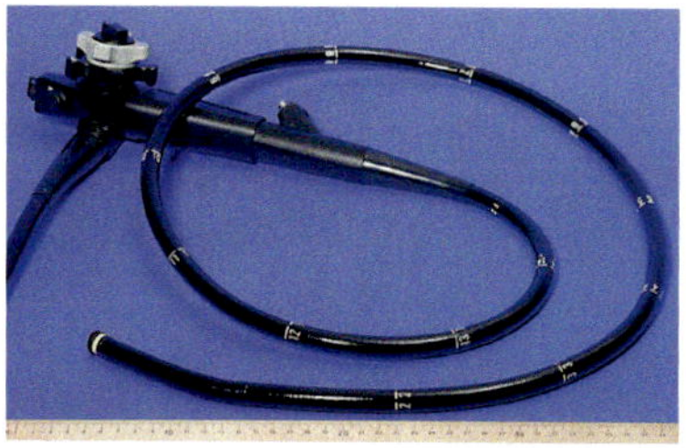

Abb. 1.17: Ein typisches Koloskop

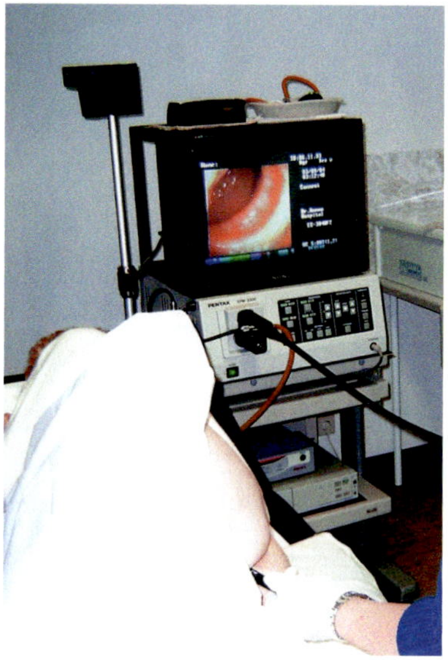

Abb. 1.18: Die Durchführung einer Koloskopie

man den gesamten Dickdarm bis zur Mündung des Dünndarms einsehen. Der gesamte Dickdarm ist etwa 120 cm lang und ziemlich gewunden. Auf Grund dieser Windungen gelingt es nicht immer, mit dem Koloskop den gesamten Dickdarm einzusehen.

Die Koloskopie ermöglicht es, **entzündliche Darmerkrankungen, Darmpolypen und Dickdarmkrebs** sichtbar zu machen und durch Probeentnahme zu einer sicheren Diagnose zu gelangen. Der Nachweis von Darmpolypen ist dabei von besonderer Bedeutung, da sie vor einer malignen Entartung entfernt werden können. Bei konsequenter Durchführung lassen sich so bis zu 80% der Dickdarmtumoren vermeiden. Sehr kleine Dickdarmtumoren können auch nur mittels Koloskopie entfernt werden. In der Regel reicht eine solche Art der Entfernung jedoch nicht aus und es schließt sich eine Operation an.

Neuerdings gibt es eine Miniaturkamera, die wie eine Tablette geschluckt wird. Auf ihrer Wanderung durch den gesamten Magen-Darm-trakt übermittelt sie Bilder dieser Organe. Obwohl diese Methode für die Patienten viel angenehmer als eine Spiegelung ist, eignet sie sich im allgemeinen nur für die Untersuchung des Dünndarms, da dieser Darmabschnitt durch Endoskope (bis auf wenige Zentimeter am oberen und unteren Ende) nicht einsehbar ist. Insbesondere in der Krebsdiagnostik kann diese Methode eine Magen-

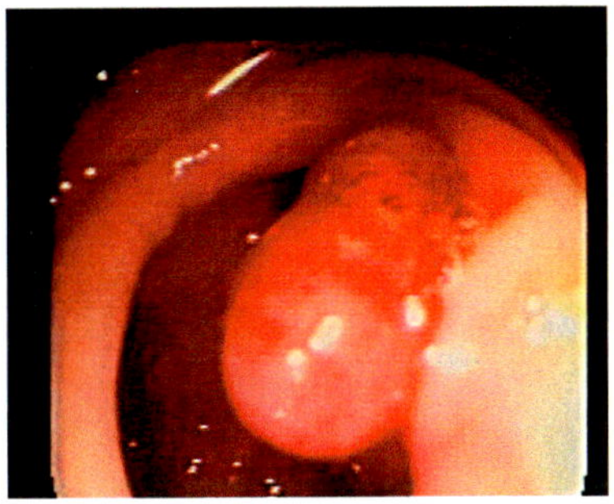

Abb. 1.19: Ein Darmpolyp in der Koloskopie

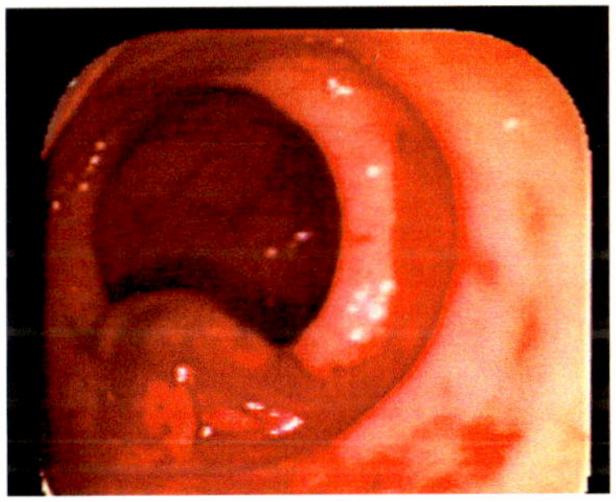

Abb. 1.20: Eine Darmkrebserkrankung in der Koloskopie

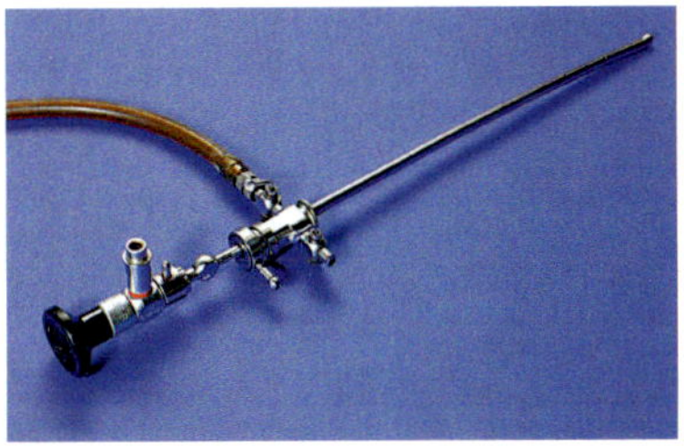

Abb. 1.21: Ein typisches Zystoskop

oder Darmspiegelung nicht ersetzen, da sie weder die Entnahme von Proben noch die Beseitigung von Polypen ermöglicht.

➢ Die Blasenspiegelung (Zystoskopie):
Das für die Zystoskopie benutzte Gerät wird als Zystoskop bezeichnet. Es wird nach örtlicher Betäubung der Schleimhaut über die Harnröhre bis in die Harnblase vorgeschoben.

Die Zystoskopie ermöglicht es, neben gutartigen Veränderungen der Harnblase vor allem **Polypen und Karzinome** sichtbar zu machen und diese durch Probenentnahme sicher zu diagnostizieren. Polypen und kleinere Harnblasenkarzinome lassen sich zudem ohne Operation über das Zystoskop entfernen.

Die Abklärung eines Krebsverdachtes erfolgt immer in den Schritten:

1. Darstellung verdächtiger Veränderungen durch körperliche Untersuchung oder bildgebende Verfahren
2. Entnahme von Probenmaterial
3. Untersuchung der Proben zur Diagnosesicherung.

Wenn der Harnabfluss zwischen Niere und Blase durch Tumore behindert ist, kann man während einer Zystoskopie in den Harnleiter Röhrchen (Stents) legen, die den Harnleiter offen halten.

Feingewebliche Untersuchung

Mit den bisher erläuterten Untersuchungsmethoden zur Darstellung von krankhaften Veränderungen des Körperinneren kann eine Krebserkrankung zwar mehr oder weniger wahrscheinlich gemacht, jedoch nicht sicher bewiesen werden. Gutartige Erkrankungen können sehr ähnliche Bilder erzeugen wie bösartige Krankheiten. Deshalb ist immer die **mikroskopische Untersuchung** einer Gewebeprobe oder zumindest einiger Zellen des krankhaften Bezirks erforderlich. Nur diese feingewebliche Untersuchung beweist die Bösartigkeit einer in den bildgebenden Verfahren sichtbaren Veränderung. Darüber hinaus lässt sich auf diese Weise feststellen, welche der vielen verschiedenen Krebserkrankungen im Einzelfall vorliegt.

Für diese Diagnostik werden entweder in hauchdünne Scheiben geschnittene **Gewebepartikel** oder **Einzelzellen** mit verschiedenen Methoden gefärbt und dann unter dem Mikroskop beurteilt. Bei Verwendung zusammenhängender Gewebescheibchen spricht man von einer histologischen, bei Verwendung einzeln liegender Zellen dagegen von einer zytologischen Untersuchung. Bis auf wenige Ausnahmen ist die histologische Untersuchung immer zuverlässiger als die zytologische Diagnostik.

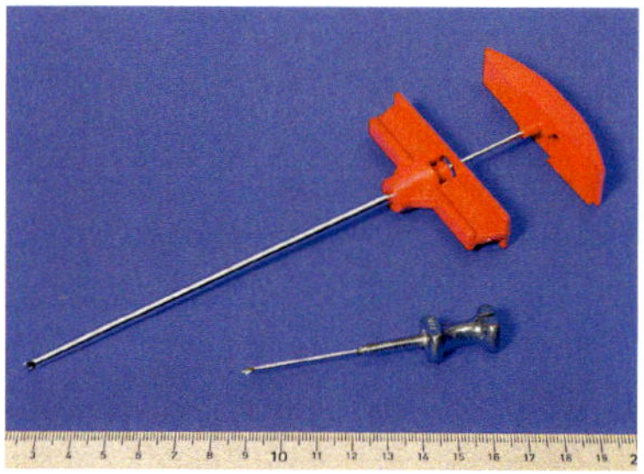

Abb. 1.22: Typische Punktionsnadeln für die Knochenmarkspunktion (die große Nadel dient zur Entnahme einer Histologie, die kleine zur Entnahme einer Zytologie)

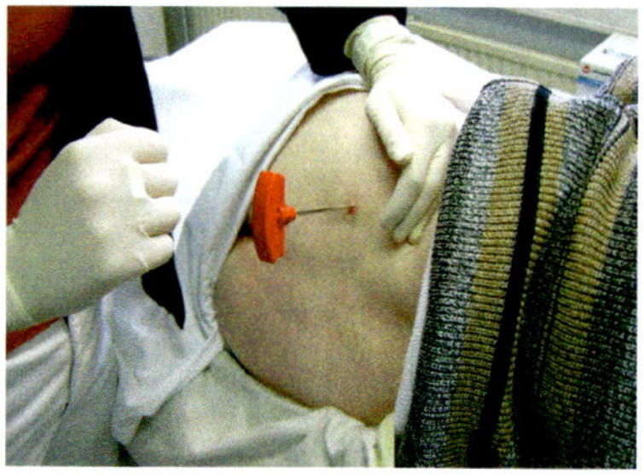

Abb. 1.23: Durchführung einer Knochenmarkspunktion am hinteren Beckenknochen

Es gibt verschiedene Möglichkeiten, eine Zell- oder Gewebeprobe aus einem verdächtigen Bezirk des Körpers zu gewinnen:

➢ Gewebeentnahme durch Punktion:

Häufig gelingt die Entnahme von Proben für mikroskopische Untersuchungen bereits durch gezielte Punktion von außen. Dabei wird mit Hilfe des Ultraschalls oder der Computertomographie die Lage des pathologischen Gewebebezirk sichtbar gemacht, um ihn mit der Punktionsnadel nicht zu verfehlen.

Punktionen erfolgen in örtlicher Betäubung und sind für den Patienten relativ wenig belastend. Dabei wird entweder eine recht **dicke Hohlnadel** oder aber eine sehr **dünne Feinnadel** in den veränderten Bezirk vorgeschoben. Mit einer Spritze oder mittels anderer mechanischer Verfahren wird eine Probe gewonnen. Mit einer dicken Hohlnadel lassen sich dabei zusammenhängende Gewebepartikel entnehmen, während die Feinnadel nur die Entnahme von Einzelzellen zur zytologischen Diagnostik erlaubt.

Obwohl diese Methode meist relativ einfach durchgeführt werden kann, ist sie nicht immer die beste Methode, um einen Krebsverdacht abzuklären. Die Ergebnisse hängen vielfach sehr von der Erfahrung des Untersuchers ab. Die Proben müssen aus exakt der gewünschten Stelle entnommen werden. Wird eine Probe auch nur einen Millimeter neben dem Tumor entnommen, kann er unter dem Mikroskop nicht erkannt werden. Dies würde zu einer falschen Diagnose mit fatalen Folgen führen.

Beispiele für die Durchführung von Punktionen:

- Verdacht auf Lebermetastasen
- Verdacht auf Lymphom bei vergrößerten Lymphknoten (z. B. im Bauchraum)
- Verdacht auf Leukämie (Knochenmarkspunktion)
- Verdacht auf Schilddrüsenkrebs
- Verdacht auf Brustkrebs
- Verdacht auf Bauchspeicheldrüsenkrebs
- Ergussbildungen in Körperhöhlen (Brusthöhle, Bauchhöhle, Herzbeutel)

➢ Gewebeentnahme durch Endoskopie:

Diese Methode wird bei krankhaften Veränderungen an den Schleimhäuten von Hohlorganen durchgeführt und liefert ebenfalls ausreichend Material für histologische Untersuchungen. Dabei wird meistens in örtlicher Betäubung ein Endoskop in die Hohlorgane vorgeschoben, durch das wiederum verschiedene Probeentnahmegeräte eingebracht werden können.

Auch wenn diese Untersuchungen von den Patienten als unangenehm empfunden werden, sind sie doch schonender und gefahrloser als die operative Gewebeentnahme.

Durch den Einsatz kleiner Zangen oder Schlingen lassen sich Gewebestücke zur mikroskopischen Untersuchung zum Beispiel von folgenden Organen gewinnen:

- Mund-, Rachen- und Nasenraum
- Kehlkopf und Stimmbänder
- Luftröhre, große und mittlere Bronchien
- Speiseröhre, Magen und Zwölffingerdarm
- Dickdarm einschließlich Enddarm
- Harnblase und Harnröhre
- Vagina und Gebärmutter

➢ Gewebeentnahme durch Operation:

Hierbei wird meist in Vollnarkose, gelegentlich aber auch in örtlicher Betäubung, der verdächtige Bezirk operativ freigelegt und möglichst vollständig herausgeschnitten. Mit dem so gewonnenen Untersuchungsmaterial ist eine histologische Diagnostik möglich, die eine sichere Aussage über die krankhafte Veränderung gibt. Allerdings ist sie für den Patienten vor allem durch die Narkose häufig belastend.

Grundsätzlich sollte immer dann eine operative Abklärung erfolgen, wenn mit Hilfe von weniger belastenden Methoden keine sichere Diagnose gestellt werden konnte. Eine operative Gewebeentnahme erfolgt zum Beispiel bei Verdacht auf ein **Lymphom** (länger bestehende Lymphdrüsenvergrößerung), auf **Brustkrebs** (tastbarer Knoten in der Brust) oder auf **Lungenkrebs** (verdächtige Veränderung im Röntgenbild der Lunge).

Sonstige diagnostische Methoden

In der Onkologie werden konventionelles Röntgen, Computer- und Kernspintomographie am häufigsten zur Bildgebung eingesetzt. Selten kann auch einmal ein anderes Verfahren zum Einsatz kommen, wie zum Beispiel der Nachweis der Wärmestrahlung gut durchbluteter Tumoren (Thermographie), die Darstellung abnormer Blutgefäße durch spezielle Röntgenverfahren (Angiographie) oder hochspezialisierte szintigraphische Methoden, bei denen die Produktion von bestimmten Eiweißen durch die Krebszellen ausgenutzt wird (Immunszintigraphie). In der Forschung werden zudem noch andere Wellen des elektromagnetischen Spektrums für ihren Einsatz zur Erzeugung verlässlicher Bilder des Körperinneren erprobt (Terrawellen). Diese Methoden haben allerdings (noch) keine reale Bedeutung in der täglichen Praxis.

Bei der Untersuchung von Probenmaterial zur Abklärung eines Krebsverdachtes werden neben den Methoden der klassischen Mikroskopie neuerdings auch zunehmend Verfahren eingesetzt, die die Produktion bestimmter Eiweiße (Immunzytologie, Immunhistologie) oder sogar genetische Veränderungen (Zytogenetik, Molekulargenetik) in den verdächtigen Zellen oder Geweben nachweisen. Diese Methoden haben die Sicherheit der Krebsdiagnostik weiter deutlich verbessert.

Neben diesen wissenschaftlich anerkannten Untersuchungsmethoden wird immer wieder auch über den Einsatz von Außenseitermethoden in der Krebsdiagnostik berichtet.

Diese Methoden sind nicht in der Lage, etwas über das Vorliegen oder den Verlauf einer Krebserkrankung auszusagen und sind deshalb durchweg ungeeignet, eine seriöse Information über Krankheit oder Gesundheit zu erhalten.

Beispiele für ungesicherte oder unsinnige Methoden in der Krebsdiagnostik:

- Irisdiagnostik
- Handlesen
- Bioresonanzmessung
- Elektroakupunktur
- Pendelverfahren
- Wünschelruten (Radiästhesie)
- Auraskopie

... Krebstherapie

Wenn die Diagnose einer Krebserkrankung gesichert ist, erfolgt die Behandlung dieser Krankheit. Die Art der Therapie hängt davon ab, um welchen Tumor es sich handelt und wie weit sich der Krebs im Körper bereits ausgebreitet hat.

Das wichtigste Ziel der Krebstherapie ist natürlich möglichst eine **Heilung** zu bewirken. Während dieses in den Anfangsstadien sehr oft gelingt, kann eine Heilung bei bereits fortgeschrittener Erkrankung meist nicht mehr erreicht werden. Dieses unterstreicht die herausragende Bedeutung der Krebsfrüherkennung. Doch auch in den Fällen, in denen die Erkrankung nicht komplett beseitigt werden kann, ist eine Behandlung wichtig, erforderlich und sinnvoll. Ziel der Therapie ist dann eine Verlängerungen der Lebenszeit bei guter **Lebensqualität**. Die Linderung von Beschwerden und die Vorbeugung vor Komplikationen stehen in dieser Situation im Vordergrund.

Alle Krebstherapien mit dem Ziel der Heilung und viele Therapien zur Linderung greifen direkt an den bösartigen Zellen an. Für eine alleinige Linderung von Symptomen können zudem Therapien zur Anwendung kommen, welche die Krebszellen zwar unbeeinflusst lassen, das Beschwerdebild aber dennoch günstig beeinflussen (z. B. Schmerztherapie, Palliativmedizin). Alle Formen der Krebstherapie können einzeln oder in Kombination eingesetzt werden.

Operation

Die operative Entfernung eines bösartigen Tumors ist auch heute noch bei den meisten Krebserkrankungen die wichtigste Form der Behandlung. Gelingt diese Operation vollständig und liegen noch keine Tochtergeschwülste **(Metastasen)** vor, dann führt die Operation zur Heilung. Aus vielen Untersuchungen ist bekannt, dass die **Rückfallrate** (das Wiederauftreten des Krebsleidens) nach einer Operation ganz entscheidend von der Erfahrung des Chirurgen abhängt. Aus diesem Grund sollte ein operativer Eingriff möglichst an Kliniken mit spezialisierten krebschirurgischen Abteilungen durchgeführt werden.

Aber auch nach einer vollständigen operativen Tumorentfernung in einem versierten Zentrum kann die Krebserkrankung wieder auftreten, da nicht immer alle Metastasen zum Zeitpunkt der Operation bereits sichtbar sind. Oftmals liegen mikroskopisch kleine Tochtergeschwülste (Mikrometastasen) in Lymphknoten, Knochenmark, Leber oder Lunge vor, die noch mit keiner uns zur Verfügung stehenden Methode nachweisbar sind. Von diesen Mikrometastasen geht in vielen Fällen der **Krankheitsrückfall** (das Rezidiv) aus. Zur Verringerung dieses Risikos werden bei einigen Krebserkrankungen nach der Operation weitere **Sicherheitsbehandlungen** (adjuvante Behandlungen) durchgeführt. Diese können in Form einer Strahlen-, Chemo- oder Hormontherapie erfolgen. Ziel der adjuvanten Therapie ist es, eventuell vorhandene Mikrometastasen möglichst abzutöten und dadurch die Wahrscheinlichkeit für eine Heilung der Krankheit zu steigern. Diese Sicherheitsbehandlungen erfolgen ohne den Nachweis von lebenden Tumorzellen im Körper des einzelnen Patienten. Somit werden immer auch einige Patienten überflüssiger Weise behandelt. Da eine adjuvante Therapie auch Nebenwirkungen und Schädigungen hervorrufen kann, wird sie nur bei solchen Krebserkrankungen und Krankheitsstadien eingesetzt, bei denen Studien ihren Sinn eindeutig belegt haben.

Liegen bei der Diagnosestellung einer Krebserkrankungen bereits Metastasen in den inneren Organen vor (z. B. Leber, Lunge, Knochen), ist eine Operation in den allermeisten Fällen nicht sinnvoll. Lediglich in einigen wenigen Einzelfällen kann die opera-

Beispiele für Krebserkrankungen, bei denen oftmals weitere Sicherheitsbehandlungen nach kompletter Operation erfolgen (adjuvante Therapie):

Krebserkrankung	Art der Sicherheitstherapie
Brustkrebs	Strahlentherapie Chemotherapie Hormontherapie
Dickdarmkrebs	Chemotherapie
Enddarmkrebs	Chemotherapie Strahlentherapie
Prostatakrebs	Hormontherapie
Eierstockkrebs	Chemotherapie
Gebärmutterhalskrebs	Strahlentherapie
Schilddrüsenkrebs	Radiojodtherapie

tive Entfernung des Primärtumors sowie aller sichtbaren Metastasen (Metastasenchirurgie) Vorteile für den Patienten erbringen (z. B. Dickdarmkrebs mit einzelnen Leber- oder Lungenmetastasen, Sarkome mit wenigen Lungenmetastasen). Eine Operation kann trotz Metastasen auch dann sinnvoll sein, wenn Beschwerden oder Komplikationen der Erkrankung anders nicht beherrscht werden können (palliative Operation).

Bei einem bereits metastasierten Nierenkrebs wird in der medizinischen Fachliteratur immer wieder berichtet, dass es zu einer **spontanen Rückbildung der Metastasen** kommen kann, wenn der Primärtumor im Bereich der Niere operativ entfernt wird. Deshalb werden Nierentumoren auch bei bereits gesicherter Metastasierung vielfach noch operiert. Leider ist die dadurch erzielbare Rückbildungsrate der Fernmetastasen so gering, dass dieses Vorgehen sehr kritisch abgewogen werden muss.

Nur bei wenigen Krebserkrankungen (z. B. Lymphome und Leukämien) hat die operative Entfernung praktisch keine therapeutische Bedeutung, sondern es stehen von Anfang an andere Therapieprinzipien (vor allem Che-

Beispiele für palliative Krebsoperationen sind:

Krebserkrankung	Art der Operation
Dickdarmkrebs	Anlage eines künstlichen Darmausgangs bei drohendem Darmverschluss
Eierstockkrebs	Tumorverkleinerung vor einer Chemotherapie
Hirnmetastasen bei verschiedenen Krebserkrankungen	Tumorverkleinerung zur Vermeidung von Komplikationen (Krampfanfälle, Hirndruck)
Magenkrebs	Magenteilentfernung zur Vermeidung einer Störung der Nahrungsaufnahme
Wirbelkörpermetastasen bei verschiedenen Krebserkrankungen	Teilentfernung und Stabilisierung des Wirbelkörpers zur Vermeidung einer Querschnittslähmung
Lymphome und Leukämien	Milzentfernung bei starker Milzvergrößerung

motherapie und Strahlentherapie) im Vordergrund. Dennoch können auch bei diesen Krankheiten Operationen für diagnostische Zwecke (Gewinnung von Probenmaterial zur Untersuchung) oder zur Vermeidung von Komplikationen und Beschwerden erforderlich sein.

Strahlentherapie

Energiereiche Strahlung kann alle Zellen unseres Körpers schädigen und abtöten. Je schneller sich Zellen eines Gewebes allerdings teilen, umso empfindlicher sind sie gegenüber dieser Strahlung. Dieses Prinzip macht sich die Strahlentherapie zu Nutze. Viele Krebszellen lassen sich durch Strahlendosen abtöten, die gesunde Zellen nicht oder nur wenig schädigen. Bei höheren Dosen nehmen aber auch die ungewollten Schädigungen der gesunden Zellen zu. Da diese Schäden nicht wieder vollständig repariert werden können, ist die mehrfache Strahlenbehandlung ein und derselben Köperregion in den meisten Fällen nicht möglich.

Im wesentlichen werden zwei Formen der Strahlentherapie unterschieden:

- Bestrahlung von außen (perkutane Bestrahlung)
- Kontaktbestrahlung (Brachytherapie)

Bei der **perkutanen Strahlentherapie** wird energiereiche Gammastrahlung von außen durch die Haut auf den in der Tiefe liegenden Tumor gelenkt. Um die Schäden an gesundem Gewebe gering zu halten, erfolgt die Bestrahlung dabei aus wechselnden Richtungen. Die zuvor festgelegte Strahlendosis wird in der Regel in viele kleine Einzeldosen aufgeteilt (fraktioniert), die meist im Abstand von jeweils einem Tag eingestrahlt werden. Hierdurch wird die Strahlenbehandlung besser verträglich, kann dafür aber auch recht lange Zeit in Anspruch nehmen (z. B. nach Brustkrebsoperation ca. 6 Wochen Bestrahlung jeweils von Montag bis Freitag).

Bei der seltener eingesetzten **Brachytherapie** wird eine kleine Strahlenquelle direkt an den Tumor herangeführt. Dieses kann einerseits durch Einbringen der Strahlenquelle in eine Körperhöhle oder ein Hohlorgan, andererseits durch „Spickung" des Tumors selbst mit kleinen, die Strahlenquelle umschließenden Nadeln erfolgen. Beispiele für eine Brachytherapie sind die lokale Bestrahlung bei Gebärmutterhalskrebs (ein Verfahren, welches auf Grund der eingesetzten Methode auch als **„Afterloading"** bezeichnet wird) oder die gelegentlich bei Prostatakrebs durchgeführte Spickung mittels kleiner Implantate (sogenannter „Seeds").

Bei einigen Krebserkrankungen (z. B. Lymphome, Prostatakrebs, Keimzelltumoren) und nur in frühen Stadien kann die alleinige Strahlentherapie zu einer Heilung der Krankheit führen (kurative Bestrahlung). Viel häufiger wird sie allerdings in Form der bereits beschriebenen Sicherheitstherapie (adjuvante Bestrahlung, siehe auch unter Operation) nach einer Krebsoperation oder auch nach einer Chemotherapie zur Senkung des Rezidivrisikos (Risiko des Wiederauftretens) eingesetzt. Eine Strahlentherapie kann auch hilfreich bei der Linderung von Beschwerden und bei der Vorbeugung von Komplikationen sein (palliative Bestrahlung). So lassen sich bei Knochenmetastasen durch rechtzeitige Strahlentherapie

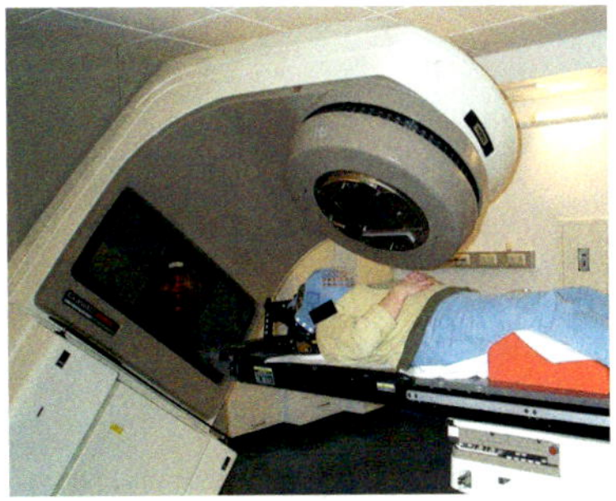

Abb. 1.24: Ein typisches Bestrahlungsgerät

Knochenbrüche verhindern und lokale Schmerzzustände ebenso wie eine durch Tumorwachstum in der Luftröhre oder den Bronchien bedingte Luftnot bessern. Die Bestrahlung von Hirnmetastasen erfolgt in vielen Fällen ebenfalls perkutan, da so ein Wachstum der Metastasen und die damit einhergehenden Beschwerden deutlich verzögert werden können.

Eine weitere Form der Bestrahlung ist die **Radiojodtherapie** des Schilddrüsenkrebses. Sie wird allerdings nicht der Strahlentherapie sondern der nuklearmedizinischen Behandlung (siehe hierzu auch unter „Szintigraphie") zugeordnet. In vielen Fällen speichern die Zellen dieser Erkrankung sehr stark Jod. Dieses Phänomen macht man sich sowohl in der Diagnostik (Radiojodszintigraphie) als auch in der Therapie dieser Erkrankung (Radiojodtherapie) zu Nutze. Für beide Verfahren wird radioaktives Jod über eine Vene (intravenös) verabreicht, welches sich in den Krebszellen anreichert. Die Dosis bei der diagnostischen Szintigraphie ist dabei um ein Vielfaches geringer als die Dosis, die zur Therapie und damit zum Abtöten der Krebszellen eingesetzt wird.

In folgenden Situationen wird die Strahlentherapie häufig eingesetzt:

Krankheit	Zielsetzung
Brustkrebs	adjuvant[1], palliativ[2]
Enddarmkrebs	adjuvant[1], palliativ[2]
Lungenkrebs	(kurativ[3]), adjuvant[1], palliativ[2]
Lymphome	kurativ[3], adjuvant[1], palliativ[2]
Keimzelltumoren	kurativ[3], adjuvant[1], palliativ[2]
Hirntumoren	adjuvant[1], palliativ[2]
Hirnmetastasen	palliativ[2]
Knochenmetastasen	palliativ[2]
Prostatakrebs	kurativ[3], palliativ[2]
Gebärmutterhalskrebs	kurativ[3], adjuvant[1], palliativ[2]
Speiseröhrenkrebs	(kurativ[3]), palliativ[2]

[1] adjuvant: Die Strahlentherapie wird nach Operation oder Chemotherapie als Sicherheitsbestrahlung eingesetzt.

[2] palliativ: Die Strahlentherapie wird bei fortgeschrittener Erkrankung zur Linderung von Beschwerden eingesetzt

[3] kurativ: Die Strahlentherapie wird ohne vorhergehende operative Entfernung des Tumors eingesetzt, um eine Heilung der Krankheit zu erzielen.

Mögliche Nebenwirkungen einer Strahlentherapie können sein:

- Hautrötung, Hautverbrennung
- Müdigkeit, Leistungsminderung
- Übelkeit und (selten) Erbrechen
- Haarausfall
- Schluckstörungen
- Geruchs- und Geschmacksstörungen
- Trockene Schleimhäute
- Blutbildveränderungen, Blutarmut
- Infektanfälligkeit
- Entzündung des Darmes und Durchfall
- Entzündung der Harnblase
- Luftnot (selten)
- Herzschwäche (selten)
- Nervenlähmungen (selten)

In den letzten Jahren wird bei einigen Krebserkrankungen die Strahlentherapie immer häufiger gleichzeitig mit einer **Chemotherapie** durchgeführt, weil auf diese Weise häufig bessere Behandlungsergebnisse erzielt werden. Dieses Phänomen wird dadurch erklärt, dass die Chemotherapie die Krebszellen für die Bestrahlung sensibler macht. Allerdings steigt dabei auch die Rate möglicher Nebenwirkungen und Komplikationen an.

Die meisten dieser Nebenwirkungen treten nur im direkten Bestrahlungsgebiet auf und bilden sich häufig nach Abschluss der Bestrahlung vollständig zurück.

Hormontherapie

Hormone sind **körpereigene Botenstoffe**, die in den **Hormondrüsen** (z. B. Schilddrüse, Nebennieren, Keimdrüsen, etc.) produziert und in das Blut abgegeben werden. Sie gelangen über die Blutbahn in andere Organe und Gewebe, wo sie nach Bindung an einen bestimmten Zellbestandteil, dem sogenannten Rezeptor, sehr unterschiedliche Reaktionen auslösen können.

Auch die bösartigen Zellen einiger Krebsarten besitzen Hormonrezeptoren, deren Anregung (Stimulation) zum Beispiel zur Änderung ihres Wachstumsverhaltens führen kann. Je nach Art des hormonellen Reizes kommt es in einigen Fällen zu einem beschleunigten, in anderen Fällen wiederum zu einem verzögerten Wachstum oder sogar zum Absterben dieser Krebszellen. Kennt man den Effekt der verschiedenen Hormone auf hormonempfindliche Tumoren, so kann man sich dieses im Rahmen einer Therapie, der sogenannten **Hormontherapie**, zu Nutze machen.

Einige wichtige Beispiele für hormonempfindliche Krebserkrankungen:

Krebserkrankung	Hormon	Effekt
Brustkrebs	Östrogene	Begünstigung der Krebsentstehung Wachstumsbeschleunigung
	Gestagene	Wachstumshemmung
Gebärmutterkrebs	Östrogene	Begünstigung der Krebsentstehung Wachstumsbeschleunigung
	Gestagene	Wachstumshemmung
Prostatakrebs	Androgene	Begünstigung der Krebsentstehung Wachstumsbeschleunigung
	Östrogene	Wachstumshemmung
Lymphome	Kortison	Wachstumshemmung
Leukämie	Kortison	Wachstumshemmung (nicht bei allen Formen der Leukämie)

Am häufigsten werden Hormontherapien bei **Brust- und Prostatakrebs** eingesetzt. Bei diesen Erkrankungen haben sie sich zu wichtigen Standardtherapien entwickelt. Allerdings können sie für sich allein keine Heilung dieser Erkrankungen bewirken. Ihre Bedeutung liegt bei beiden Krankheiten vor allem in der nach einer Operation durchgeführten Sicherheitstherapie (adjuvante Therapie, siehe hierzu auch unter Operation) und in der Behandlung fortgeschrittener Krankheitsstadien, in denen es um Lebensverlängerung und um die Erhaltung der Lebensqualität geht (palliative Therapie).

➢ **Brustkrebs:**

Bei etwa 65% aller Patientinnen mit Brustkrebs haben die Krebszellen Östrogenrezeptoren. Bei diesen Rezeptor-positiven Erkrankungen soll die Hormontherapie die Zufuhr natürlicher weiblicher Östrogene zur Krebszelle verhindern, da Östrogene einerseits die Krebsentstehung begünstigen und andererseits die Krebszellen in ihrem Wachstum anregen. Etwas seltener, weil nebenwirkungsreicher, wird dagegen der

wachstumshemmende Effekt von Gestagenen (einer weiteren Gruppe weiblicher Hormone) auf die Brustkrebszellen therapeutisch genutzt.
Es gibt zwei unterschiedliche Wege, die Östrogenwirkung an den Brustkrebszellen zu unterbinden (die auch teilweise in Kombination genutzt werden):

1. Blockierung der Wirkung der Östrogene am Östrogenrezeptor

Sogenannte **Antiöstrogene** verhindern die Übertragung der Botschaft von körpereigenen Östrogenen an die Krebszellen. Diese Medikamente heften sich an die Östrogenrezeptoren der Krebszellen, ohne jedoch wie Östrogen ein Wachstumssignal zu vermitteln. Die so blockierten Rezeptoren sind damit gleichzeitig taub gegenüber den im Blut und anderen Körperflüssigkeiten vorhandenen normalen Östrogenen.
Das bekannteste Antiöstrogen ist ein Medikament namens Tamoxifen. Antiöstrogene können bei Frauen sowohl vor als auch nach den Wechseljahren eingesetzt werden.

2. Verhinderung der Östrogenbildung

Bei Frauen **vor den Wechseljahren** wird das meiste körpereigene Östrogen in den Eierstöcken gebildet. Die einfachste Methode zur Unterdrückung der Östrogenproduktion ist die **operative Entfernung** der Eierstöcke. Der gleiche Effekt auf die Hormonproduktion kann aber auch durch verschiedene Medikamente erzielt werden. Dieser Eingriff in den Hormonhaushalt ist prinzipiell umkehrbar. Substanzen, die zu einem Versiegen der Hormonproduktion in den Eierstöcken führen, werden in der Medizin als **GnRH-Analoga** bezeichnet, was ihre Ähnlichkeit zu dem natürlichen Botenstoff „Gonadotropin-Releasing-Hormon" beschreibt. Vertreter dieser Substanzklasse sind Stoffe wie Goserelin oder Buserelin, die einmal alle vier Wochen unter die Haut verabreicht werden müssen. Durch die Behandlung mit diesen Medikamenten werden die Frauen in „künstliche Wechseljahre" gebracht
Bei Frauen **nach den Wechseljahren**, bei denen die Hormonproduktion in den Eierstöcken bereits zum Erliegen gekommen ist, werden Östrogene z. B. im Muskel- oder Fettgewebe gebildet. Dazu wird ein zellgebundenes Enzym (Aromatase) benötigt. Sogenannte **Aromatasehemmer** können die Östrogenproduktion blockieren. Die bekanntesten Vertreter dieser Form der Hormontherapie sind die Substanzen Anastrozol, Letrozol und Exemestane, die jeweils einmal täglich in Tablettenform eingenommen werden müssen. Diese Medikamente sind auch nach medikamentöser oder operativer Ausschaltung der Eierstockfunktion wirksam.

➢ Prostatakrebs:

Bei Prostatakrebs haben die männlichen Geschlechtshormone **(Androgene)** eine große Bedeutung auf die Entstehung dieser Erkrankung sowie auf ihre Wachstumsgeschwindigkeit und Ausbreitungstendenz. Da praktisch alle Prostatakrebszellen Rezeptoren für Androgene besitzen, besteht eine der wichtigsten Behandlungsmöglichkeiten darin, die Tumorzellen von den Signalen der Androgene abzuschneiden.
Es gibt zwei unterschiedliche Möglichkeiten, die Wirkung der Androgene an den Prostatakrebszellen zu unterbinden (diese werden einzeln oder in Kombination genutzt):

1. Blockierung der Wirkung der Androgene am Androgenrezeptor

Androgene regen die Prostatakrebszellen zu möglichst schnellem Wachstum an. Dieses Signal kann durch **Antiandrogene** blockiert werden. Diese Medikamente binden sich wie Androgene an den Androgenrezeptor, ohne jedoch ein Wachstumssignal auszulösen.

Die bekanntesten Antiandrogene sind Flutamid und Biclutamid, die jeweils täglich in Tablettenform eingenommen werden müssen.

2. Verhinderung der Androgenbildung

Die meisten männlichen Androgene werden in den Hoden produziert. Diese Hormonproduktion kann entweder durch **operative Entfernung** der Hoden (Kastration, Orchiektomie) oder ebenso effektiv durch Einsatz verschiedener Medikamente unterbunden werden. Medikamente, die eine Androgenproduktion in den Hoden verhindern, sind die bei der Hormonbehandlung des Brustkrebses bereits beschriebenen **GnRH-Analoga.** Beim Prostatakrebs werden sie entweder einmal monatlich oder in höherer Dosierung einmal alle drei Monate unter die Haut gespritzt.

Obwohl eine Hormontherapie oftmals weniger Nebenwirkungen als eine Chemotherapie verursacht, sind auch Hormontherapien keineswegs nebenwirkungsfrei und sollten deshalb grundsätzlich nur von einem in dieser Behandlungsform erfahrenen Arzt eingesetzt und überwacht werden.

Mögliche Nebenwirkungen der Hormontherapie:

Substanzklasse	Nebenwirkung
Antiöstrogene (z. B. Tamoxifen)	Venenentzündungen Thrombosen (Verschluss einer Vene durch Blutgerinnsel) Embolien (Verschleppung von Blutgerinnseln z. B. in die Lunge) Wassereinlagerung im Gewebe Gewichtszunahme Hitzewallungen, klimakterische Beschwerden Stimmungsschwankungen, Depressionen Wachstum der Gebärmutterschleimhaut und gynäkologische Blutungen (nicht bei allen Antiöstrogenen), Gebärmutterkrebs (sehr selten und nicht bei allen Antiöstrogenen) Trockenheit der Schleimhäute Grauer Star (Katarakt) Blutbildveränderungen Leberveränderungen
Gestagene (z. B. Megestrolacetat)	Venenentzündungen Thrombosen (Verschluss einer Vene durch Blutgerinnsel) Embolien (Verschleppung von Blutgerinnseln z. B. in die Lunge) Wassereinlagerung im Gewebe Appetitsteigerung, Gewichtszunahme Blutdruckerhöhung Anstieg der Blutfette Magen-Darm-Beschwerden Luftnot Depressionen, Verwirrtheitszustände
Aromatasehemmer (z. B. Anastrozol, Letrozol, Exemestane)	Hitzewallungen, klimakterische Beschwerden Trockenheit der Schleimhäute Gewichtszunahme Stimmungsschwankungen Magen-Darm-Beschwerden

(Fortsetzung nächste Seite)

(Fortsetzung)

Substanzklasse	Nebenwirkung
GnRH-Analoga (z. B. Goserelin, Buserelin)	Hitzewallungen, klimakterische Beschwerden Trockenheit der Schleimhäute Libidoverlust (Minderung des sexuellen Verlangens) Gewichtszunahme Blutdruckerhöhung Depressionen, Schlafstörungen Osteoporose (Verlust von Knochensubstanz)
Antiandrogene (z. B. Flutamid, Biclutamid)	Hitzewallungen Libidoverlust (Minderung des sexuellen Verlangens) Wachstum des männlichen Brustdrüsengewebes Müdigkeit Stimmungsschwankungen Verlust von Muskelmasse Wassereinlagerung im Gewebe Osteoporose (Verlust von Knochensubstanz)
Kortison (z. B. Prednisolon, Dexamethason)	Appetitsteigerung, Gewichtszunahme Blutdruckerhöhung Anstieg des Blutzuckers Osteoporose (Verlust von Knochensubstanz) Magenschleimhautentzündungen, Magengeschwüre Grauer Star (Katarakt), grüner Star (Glaukom) Hautveränderungen Infektanfälligkeit Wundheilungsstörungen

Chemotherapie

In der Onkologie wird unter dem Begriff der Chemotherapie die Behandlung von Krebserkrankungen mit Medikamenten verstanden, die als **Zellgifte** zu einem Wachstumsstillstand oder zum Absterben der Krebszellen führen.

Diese Medikamente, auch Zytostatika oder Chemotherapeutika genannt, werden entweder aus natürlichen Grundstoffen (z. B. Pflanzenextrakte aus der Eibe) gewonnen oder chemisch hergestellt.

In den letzten dreißig Jahren sind dank intensiver Forschung viele neue Zytostatika eingeführt worden. So konnten bei etlichen Krebserkrankungen die Heilungsmöglichkeiten gesteigert werden. Auf Grund der zum Teil sehr unangenehmen Nebenwirkungen einzelner Zytostatika ist die Chemotherapie immer noch mit einem Makel und erheblichen Ängsten seitens der Patienten behaftet. Aber auch die mangelnde Information bei Patienten und sogar bei vielen nicht spezialisierten Ärzten bewirkt eine oftmals irrationale Einstellung gegenüber dieser Therapieform.

Eine Chemotherapie kann bei Krebs in vielen Krankheitssituationen durchgeführt werden. Bei einigen Erkrankungen ist es allein durch diese Behandlung möglich, eine Heilung zu erzielen (kurative Therapie), während bei anderen Krankheiten die Chemotherapie in Form einer Sicherheitstherapie (adjuvante Therapie) nach einer Operation eingesetzt wird. In wiederum anderen Situation kann es vorkommen, dass die möglicherweise lebensrettende Operation erst im Anschluss an eine Tumorverkleinerung durch Chemotherapie erfolgreich durchgeführt werden kann (neoadjuvante Therapie). Und zu guter letzt haben Chemotherapien bei vielen Krebserkrankungen auch dann ihre

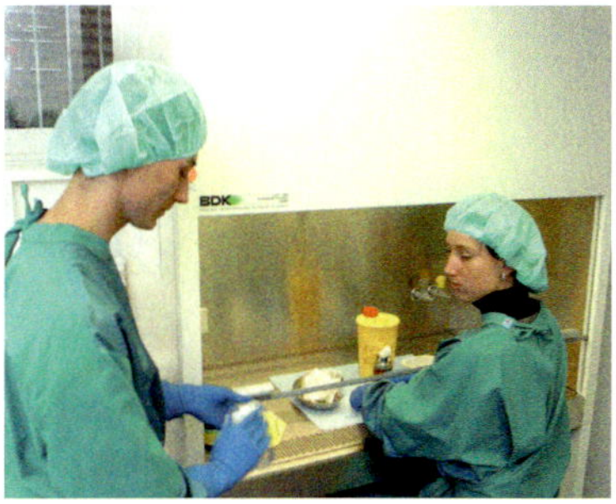

Abb. 1.25: Steriler Arbeitsplatz zur Herstellung der Infusion

Abb. 1.26: Chemotherapieraum einer onkologischen Schwerpunktpraxis

Abb. 1.27: Vorbereitungsraum und Labor einer onkologischen Schwerpunktpraxis

Berechtigung, wenn eine Heilung nicht mehr möglich ist und es um Lebensverlängerung und Erhaltung der Lebensqualität geht. Damit eine Chemotherapie sinnvoll eingesetzt wird und beim krebskranken Menschen Positives bewirkt, sollte sie noch mehr als die Hormontherapien grundsätzlich nur von den hierfür ausgebildeten Fachärzten mit **onkologischem Schwerpunkt** (Krebsspezialisten, Onkologen) durchgeführt werden.

Verschiedene Zytostatika haben unterschiedliche Wirkmechanismen, über die sie Krebszellen schädigen und abtöten. Einige greifen sogar auf mehreren Ebenen gleichzeitig in den Zellstoffwechsel ein. Man kann ein Zytostatikum einzeln oder in Kombination mit anderen Medikamenten verabreichen.

Insbesondere bei bestimmten Formen von Lymphomen und Leukämien sowie beim Hodenkrebs hat die konsequente Weiterentwicklung der Chemotherapie dazu geführt, dass diese Krankheitsbilder heute in vielen Fällen heilbar sind. Manchmal muss dafür jedoch eine sehr hohe Dosis an zytostatischen Medikamenten verabreicht werden (Hochdosis-Chemotherapie). Mit steigender Dosis erhöht sich allerdings auch die Rate an Nebenwirkungen. Insbesondere die durch die meisten Zytostatika hervorgerufene Schädigung der Blutbildung im Knochenmark nimmt mit der Dosis immer weiter zu, bis es zu einem irreversiblen Versagen der Blutbildung kommt. Da ein solcher Zustand immer lebensbedrohlich ist, können Hochdosis-Chemotherapien nur durchgeführt werden, wenn den Patienten nach Abschluss der Chemotherapie gesunde blutbildende Zellen übertragen werden.

Eine solche Übertragung erfolgt in Form einer **Knochenmarks- oder Blutstammzelltransplantation**, bei der gesunde Stammzellen dem Patienten in die Vene transfundiert werden. Diese Zellen finden allein ihren Weg ins Knochenmark und nehmen dort nach einigen Tagen ihre Arbeit (die Blutbildung) auf. Bis die Blutbildung wieder ausreichend funktioniert, sind die Patienten jedoch sehr stark durch Infektionen oder Blutungen gefährdet, so dass diese Therapieform grundsätzlich riskant bleibt. Die übertragenen Stammzellen können entweder vom Patienten selbst (vor der Hochdosischemotherapie abgenommen und bis zur Rückgabe eingefroren) oder von einem geeigneten Fremdspender (z.B. bei akuten Leukämien) stammen. Eine Hochdosischemotherapie mit Stammzelltransplantation ist nur bei wenigen Erkrankungen wirklich gerechtfertigt und auch nur dann, wenn eine Heilung durch weniger gefährliche Methoden nicht möglich ist.

Bei allen anderen Krebserkrankungen werden moderate Dosierungen der Chemotherapie mit entsprechend geringeren Nebenwirkungen eingesetzt. Dennoch kann es auch bei diesen „normal dosierten" Therapieformen zu Beeinträchtigungen der Blutbildung kommen. Deshalb ist bei jeder Chemotherapie eine regelmäßige Kontrolle des Blutbildes erforderlich. Diese Werte sagen dem Onkologen, ob die gewählte Dosierung der Medikamente korrekt war und wann die nächste Chemotherapie gefahrlos verabreicht werden kann.

Die Chemotherapie wird meistens über eine Armvene des Patienten verabreicht, in die eine kleine Kunststoffnadel (Braunüle) eingebracht wird. Möglich ist auch die operative Einpflanzung (Implantation) eines

Einige Beispiele für unterschiedliche Wirkungsweisen von Zytostatika:

Wirkung	Beispielmedikamente	Verwendet z. B. bei
Schädigung der Zellgene	Cyclophosphamid	Brustkrebs Lymphome Lungenkrebs Eierstockkrebs
	Bendamustin	Brustkrebs Lymphome Leukämien
	Platinverbindungen	Eierstockkrebs Hodenkrebs Lungenkrebs Dickdarmkrebs Enddarmkrebs
	Doxorubicin	Lymphome Leukämie Brustkrebs
	Epirubicin	Brustkrebs Lungenkrebs
	Bleomycin	Lymphome
	Irinotecan	Dickdarmkrebs Enddarmkrebs
	Topotecan	Eierstockkrebs
Behinderung der Genverdopplung (wichtig für die Zellteilung)	Fluorouracil	Brustkrebs Dickdarmkrebs Enddarmkrebs Magenkrebs
	Methotrexat	Brustkrebs Leukämie
	Hydroxyharnstoff	Leukämie
	Cytosinarabinosid	Leukämie
	Etoposid	Eierstockkrebs Lymphome Lungenkrebs
	Gemcitabin	Bauchspeicheldrüsenkrebs Lungenkrebs Brustkrebs Eierstockkrebs

(Fortsetzung)

Wirkung	Beispielmedikamente	Verwendet z. B. bei
Behinderung der zellulären Eiweißbildung	Fluorouracil Doxorubicin Epirubicin Bleomycin Etoposid	siehe oben siehe oben siehe oben siehe oben siehe oben
Behinderung der Funktion von Eiweißen, die für den Zellstoffwechsel wichtig sind	Paclitaxel, Docetaxel Vinorelbin Vincristin	Brustkrebs Lungenkrebs Eierstockkrebs Brustkrebs Lungenkrebs Lymphome
Auslösung des Selbstmordprogramms der Zellen (programmierter Zelltod)	Gemcitabin Doxorubicin Epirubicin Mitoxantron Paclitaxel, Docetaxel	siehe oben siehe oben siehe oben Brustkrebs Lymphome Leukämie siehe oben
Behinderung der Neubildung von Blutgefäßen, die den Tumor ernähren	Mitoxantron	siehe oben

komplett unter der Haut liegenden **Venenkatheters**, der meist in die große Vene unter dem rechten Schlüsselbein eingelegt wird und mit seiner Spitze in der oberen Hohlvene kurz oberhalb des Herzens mündet (Portkatheter, siehe auch unter Palliativmedizin). Das unter dem Schlüsselbein platzierte und von der Haut verdeckte Reservoir des Katheters lässt sich dann jedes Mal bei Bedarf mit einer speziellen Kanüle punktieren. Beide hier geschilderten Varianten werden als **intravenöse Chemotherapie** bezeichnet.

Eine intravenöse Chemotherapie kann innerhalb von wenigen Minuten als Kurzinfusion oder aber auch über Stunden oder Tage als Dauerinfusionen erfolgen. In vielen Fällen sind die Nebenwirkungen der Therapie geringer, wenn die Medikamente langsamer verabreicht werden. In seltenen Fällen kann es jedoch genau umgekehrt sein oder sogar die Therapie an Wirksamkeit verlieren, wenn sie zu langsam verabreicht wird, so dass ihre Durchführung immer bei einem Spezialisten (Onkologen) erfolgen sollte. Zwischen den einzelnen Chemotherapiezyklen liegen zum Teil mehrwöchige Pausen, die erforderlich sind, um gesunde Körperzellen möglichst zu schonen.

Eine Chemotherapie kann aber auch als sogenannte **regionale Chemotherapie** direkt in eine Körperhöhle verabreicht werden. Eine solche Therapie wird zum Beispiel durchgeführt, wenn eine Krebserkrankung Bauchfell, Lungen- oder Rippenfell oder (selten) den Herzbeutel befallen hat. Dabei kann es zu einer starken Wasseransammlung in den Körperhöhlen (Erguss) kommen, was mit erheblichen Beschwerden für den betroffenen Patienten einhergeht. Nach Punktion der Körperhöhle wird diese Flüssigkeit zunächst abgelassen. Anschließend kann man ein Zytostatikum in die Körperhöhle spritzen, das ein schnelles Nachlaufen der Ergussflüssigkeit verhindern kann.

Andere Formen der regionalen Chemotherapie, wie vor allem die Gabe von Zytostatika über einen Katheter direkt in die versorgende Arterie eines vom Krebs betroffenen Organs (z. B. regionale Leberperfusion), haben in der Praxis keinen Stellenwert, weil sie für den Patienten unnötig belastend sind und gegenüber einer intravenösen Chemotherapie keinen wirklichen Vorteil erbringen.

In letzter Zeit werden auch vermehrt Chemotherapien eingesetzt, die in **Tablettenform** verabreicht werden. Dies ist zwar für den Patienten bequemer, hat aber nicht weniger Nebenwirkungen. Gelegentlich kann es vorkommen, dass diese Form der Chemotherapie schlechter wirksam ist als die Gabe des gleichen Medikamentes über die Vene, da die Aufnahme der Substanz über den Magen-Darm-Trakt gestört sein kann.

Mögliche Nebenwirkungen einer Chemotherapie:

- Übelkeit und Erbrechen
- Appetitlosigkeit und Gewichtsabnahme
- Schleimhautentzündungen
- Trockenheit der Schleimhäute
- Geruchs- und Geschmacksstörungen
- Haut- und Nagelveränderungen
- Haarverlust
- Müdigkeit und Leistungsminderung
- Durchfall
- Verstopfung (selten)
- Venenentzündungen
- Blutarmut und Blutungsneigung
- Infektanfälligkeit und Fieber
- Organschäden (z. B. Herz, Nervensystem, Lunge)
- Allergische Reaktionen

Viele Nebenwirkungen einer Chemotherapie lassen sich inzwischen durch geeignete Vorbereitung der Patienten lindern oder ganz verhindern, andere wiederum durch entsprechende Behandlung abschwächen (siehe Kap. 3).

Immuntherapie

Während der Begriff der **Chemotherapie** bei den meisten Menschen mit negativen Vorstellungen verbunden ist, löst der Gedanke an eine **Immuntherapie** positive Assoziationen aus. Allgemein besteht die Vorstellung, dass diese Therapieform etwas mit „der Stärkung der körpereigenen Abwehrkräfte" zu tun habe. Diese Einstellung gegenüber einer Immuntherapie resultiert aus der recht weiten Verbreitung ungesicherter oder fragwürdiger Behandlungsmethoden, denen pauschal eine Stärkung des Immunsystems nachgesagt wird und die vielfach auch zur Therapie von Krebserkrankungen angepriesen werden.

Unter dem Begriff der Immuntherapie werden in der Onkologie Behandlungsmethoden zusammengefasst, die sich zur Schädigung von Krebszellen Substanzen oder Funktionsweisen unseres Immunsystems zu Nutze machen. Unser Immunsystem ist ein recht komplexes Gebilde, in

Unspezifische Stärkung des Immunsystems:

Gesicherte Methoden

- Moderate sportliche Betätigung (kein Hochleistungssport)
- Gesunde Ernährung (vor allem Obst und Gemüse)

Methoden ohne gesicherte Wirkung

- Misteltherapie
- Thymustherapie
- Behandlung mit sonstigen Gewebe- oder Organextrakten
- Enzymtherapie
- Hochdosierte Vitaminbehandlung
- Orthomolekulare Therapie
- Zelltherapie
- Behandlung mit autologen Target Cytokinen (ATC)
- Behandlung mit Human-Eigenblut-Zytokinen
- Eigenbluttherapie
- Sauerstoff- oder Ozontherapie
- Krebsdiäten

dem verschiedene Zellarten und Eiweißsubstanzen zumeist in enger Kooperation dafür sorgen, dass alle für unseren Körper schädlichen Stoffe beseitigt werden. Allerdings scheint es dieser wichtigen Aufgabe zumindest bei einer Krebserkrankung in vielen Fällen nicht gerecht werden zu können. Dennoch ist seit langem bekannt, dass einige Krebserkrankungen auch in fortgeschrittenen Krankheitsstadien durch immunologische Reaktionen positiv beeinflusst werden können (z.B. Rückbildung von Lymphomen während einer fieberhaften Infektion). Seit über 20 Jahren wird deshalb intensiv daran geforscht, Substanzen oder Mechanismen des Immunsystems zu identifizieren, die für die Behandlung von Krebserkrankungen eingesetzt werden können. Zwischenzeitlich verfügen wir über einige solcher Substanzen und es ist zu erwarten, dass diese Therapieform in Zukunft weitere Behandlungsmöglichkeiten eröffnen wird. Die wesentlichen Fortschritte in der Immuntherapie sind dabei nicht durch unspezifische Stimulation der körpereigenen Abwehrkräfte erreicht worden, sondern durch gezielte gentechnische Veränderung von Molekülen oder Zellen des Immunsystems. Auf diese Weise sind einige neue, im menschlichen Abwehrsystem normalerweise so nicht existierende, jedoch immunologisch gegen Krebszellen aktive Substanzen entstanden.

Zur Zeit werden vor allem zwei verschiedene Formen der Immuntherapie zur Behandlung unterschiedlicher Krebserkrankungen eingesetzt:

1. Behandlung mit Zytokinen

Zytokine sind körpereigene Substanzen (Eiweiße), die neben vielen anderen Wirkungsmechanismen auch einen regulierenden Einfluss auf Zellen des menschlichen Immunsystems haben. Einige dieser Zytokine aktivieren Abwehrzellen, die dann ihrerseits verstärkt Krebszellen attackieren. Andere wiederum können einen direkten wachstumshemmenden Effekt auf bösartige Zellen ausüben (vor allem bei Lymphomen und Leukämien).

Die beiden wichtigsten Zytokine in der Krebsbehandlung sind zur Zeit das **Interferon** (IFN) sowie das **Interleukin-2** (IL-2). Interferon wird vor allem bei einigen Formen von Lymphomen und Leukämien sowie bei Nierenkrebs und Melanomen verabreicht. Dabei kann es sowohl in Form einer Sicherheitstherapie (adjuvante Therapie, siehe hierzu auch unter Operation) als auch bei fortgeschrittenen Erkrankungen zur Behandlung von Beschwerden und Komplikationen (palliative Therapie) eingesetzt werden. In Einzelfällen kann diese Substanz bei bestimmten Leukämien auch eine Heilung der Krankheit bewirken.

Interleukin-2 wird dagegen vor allem beim Nierenkrebs und beim Melanom in überwiegend palliativen Therapiesituationen eingesetzt. Sowohl Interferon als auch Interleukin-2 haben zum Teil deutliche Nebenwirkungen.

Außer Interferon und IL-2 gibt es noch viele andere Zytokine. Einige haben zwischenzeitlich einen festen

Nebenwirkungen einer Zytokintherapie können sein:

- Fieber
- Muskel- und Knochenschmerzen
- Müdigkeit
- Leistungsminderung
- Wassereinlagerung (IL-2)
- Nierenfunktionseinschränkung (IL-2)
- Blutdruckänderungen
- Blutarmut
- Verminderung der weißen Blutkörperchen
- Hautveränderungen
- Unruhe
- Verwirrtheitszustände
- Depressionen

Platz in der Behandlung von Nebenwirkungen einer Chemo- oder Strahlentherapie (siehe unter Supportivtherapie), während sich andere noch in der Phase der Erforschung befinden.

2. Behandlung mit Antikörpern

Krebszellen besitzen viele verschiedene Substanzen. Spritzt man Tieren diese Substanzen unter die Haut, bilden sie Abwehreiweiße **(Antikörper)**. So gewonnene Antikörper werden gentechnisch weiterverarbeitet und können dann zur Behandlung von Krebserkrankungen eingesetzt werden.

Da so hergestellte „spezifische" Antikörper immer völlig gleich aussehen und nur gegen ein einziges Eiweiß gerichtet sind, bezeichnet man sie auch als **monoklonale Antikörper**. Werden diese Antikörper dem Patienten in eine Vene infundiert, gelangen sie über den Blutweg zu den Krebszellen und heften sich an das Eiweiß der Zelle, gegen das sie gerichtet sind. Anschließend locken sie entweder Killerzellen an, die alle mit Antikörper beladenen Tumorzellen abtöten oder sie führen selbst zum Absterben der Krebszellen, indem sie deren Zellmembranen beschädigen. Antikörper können auch mit Zellgiften oder radioaktiven Molekülen gekoppelt und dann intravenös verabreicht werden. Die Antikörper bringen auf diese Weise Zellgifte oder Radioaktivität direkt an die bösartigen Zellen heran, was die tumorzerstörende Wirkung im Vergleich zur alleinigen Antikörperbehandlung deutlich steigern kann.

Da monoklonale Antikörper von einem Tier stammen, erkennt das menschliche Immunsystem sie deshalb als „feindlich" und versucht sie zu bekämpfen. Dieses kann einerseits ihre Wirksamkeit gegen die Krebszellen erheblich beeinträchtigen und andererseits zu schweren allergischen Nebenwirkungen führen. Wiederum mit Hilfe gentechnischer Methoden werden diese Antikörper deshalb oftmals in Teilen so verändert, dass unser Abwehrsystem sie nicht mehr als fremd erkennen kann (man sagt, sie werden humanisiert).

Nebenwirkungen einer Antikörpertherapie können sein:

- Fieber
- Muskel- und Knochenschmerzen
- Hautausschlag, Hautrötung
- Verengung der Bronchien
- Allergischer Schock
- Infektanfälligkeit
- Herzschädigungen (selten)

Antikörper werden sowohl in der adjuvanten Therapie (Sicherheitstherapie) als auch in palliativen Behandlungssituationen bei verschiedenen Krebserkrankungen eingesetzt. Auch sie sind nicht frei von Nebenwirkungen.

Weitere Beispiele für eine Immuntherapie sind die Übertragung von durch Zytokine **aktivierten Killerzellen** oder die **Impfung** der Patienten gegen ihre eigenen Krebszellen. Solche Formen der Immuntherapie sind Gegenstand vielfältiger Forschung und gegenwärtig noch weit von einem sinnvollen Einsatz außerhalb von Studien

Verschiedene Immuntherapien in der Onkologie

Substanzgruppe	Eingesetzt z. B. bei
Zytokine	Nierenzellkrebs Melanom Einzelne Leukämieformen und Lymphome
Antikörper	Brustkrebs Darmkrebs Leukämie Lymphome
Immunzellen und Krebsimpfung	Bisher nur im Rahmen von Forschungsprojekten

entfernt. Leider werden sie von einigen Behandlern bereits jetzt schon für viel Geld (was der Patient meist selbst aufbringen muss) angeboten und durchgeführt. Ein solches Vorgehen schadet nicht nur dem Patienten sondern auch der seriösen Weiterentwicklung dieser Methoden.

Supportivtherapie

In der modernen Krebsmedizin spielen Therapiemaßnahmen zur Vermeidung oder Abschwächung von Nebenwirkungen und Komplikationen der Krebsbehandlung (z. B. der Chemotherapie) eine große Rolle. Solche unterstützenden Maßnahmen werden als **supportive Therapien** bezeichnet. Viele Krebstherapien wären ohne **Supportivtherapie** überhaupt nicht durchführbar. Ein Beispiel hierfür ist die im Kapitel Chemotherapie bereits erwähnte Hochdosistherapie, die heute in der Behandlung vieler Lymphome und Leukämien nur deshalb erfolgreich eingesetzt werden kann, weil unterstützende Maßnahmen ihre Risiken eindämmen.

Die hier wiedergegebene Zusammenstellung verschiedener Supportivtherapien ist keineswegs komplett, denn viele Chemotherapien haben zum Teil recht spezifische Nebenwirkungen und Probleme, die ihrerseits eine sehr gezielte Begleittherapie erforderlich

Beispiele für Supportivtherapien:

Nebenwirkung der Tumortherapie	Supportivbehandlung
Übelkeit und Erbrechen	Möglichst bereits vorbeugende Gabe von Medikamenten zur Unterdrückung dieser Beschwerden (Antiemetika)
Blutbildveränderungen	Blutübertragung oder Gabe von Wachstumsfaktoren zur Anregung der Blutneubildung. Bei Hochdosistherapie auch Transplantation von Knochenmark oder Blutstammzellen
Fieber, Infektionen	Gabe von Antibiotika oder Medikamenten gegen Pilze (Antimykotika) oder Viren (Virostatika)
Appetitlosigkeit, Gewichtsverlust	Gabe von appetitsteigernden Medikamenten (z. B. Kortison oder weibliche Gestagene) oder hochkalorischer Zusatznahrung (als Trinknahrung) oder komplette künstliche Ernährung
Müdigkeit, Schwäche (Fatigue-Syndrom)	Blutübertragungen oder Gabe von Wachstumsfaktoren zur Anregung der Neubildung roter Blutkörperchen, medikamentöse Behandlung z. B. durch Kortison oder Cannabinol (Inhaltsstoff des Hanfes)
Schleimhautschäden	Mundpflege mit Salbei- oder Kamillelösungen, Gabe lokal schmerzlindernder Substanzen, ggf. Gabe von Antibiotika oder Medikamente gegen Pilze
Verstopfung, Durchfall	Gabe abführender oder obstipierender („stopfender") Medikamente
Allergische Reaktionen	Meist vorbeugende Gabe von Kortison und anderen antiallergischen Medikamenten
Nierenschäden	Ausreichende Flüssigkeitszufuhr, intravenöse Gabe von Salzlösungen, harntreibenden und harnsäuresenkenden Medikamenten

machen. Da die Verhinderung und Beherrschung von Nebenwirkungen der Tumortherapie sehr vielschichtig ist, sollten Chemotherapien nur durch speziell ausgebildete Ärzte (Fachärzte für Hämatologie und internistische Onkologie) durchgeführt werden.

Wegen ihrer besonderen Bedeutung für alle Formen der Chemotherapie soll an dieser Stelle auf zwei supportive Maßnahmen ausführlicher eingegangen werden:

1. **Behandlung von Übelkeit und Erbrechen (antiemetische Behandlung)**

Viele Patienten haben bei der Durchführung einer Chemotherapie vor allem Angst vor starker **Übelkeit und Erbrechen**. Deshalb ist es heute nur noch bei sehr wenigen Chemotherapien gerechtfertigt, auf eine unterstützende Behandlung mit sogenannten **Antiemetika** zu verzichten. Antiemetische Substanzen können Übelkeit und Erbrechen verhindern oder abschwächen. Sie sollten dabei in der Regel bereits vorbeugend eingesetzt werden, um Ängste vor weiteren Chemotherapien möglichst im Vorfeld zu verhindern.
Die wichtigsten und wirksamsten Antiemetika sind die sogenannten 5-HT_3-Antagonisten (z. B. Ondansetron), die allein oder in Kombination mit anderen Medikamenten (z. B. Kortison, Psychopharmaka, sonstige Magen-Darm-Mittel) verwendet werden. Trotz aller Fortschritte bleibt für einzelne Patienten diese Nebenwirkung einer Chemotherapie ein sehr ernstes und unangenehmes Problem.

2. **Blutübertragungen und Behandlung mit Wachstumsfaktoren**

Die meisten Chemotherapien führen zu einer Beeinträchtigung der Blutbildung. Dabei können alle drei Formen der Blutzellen (rote Blutkörperchen, weiße Blutkörperchen und Blutplättchen) so stark abfallen, dass Probleme und Beschwerden auftreten.

Bei einem Abfall der roten Blutkörperchen tritt eine sogenannte **Blutarmut oder Anämie** auf, die zu Müdigkeit, Schwäche und Leistungsminderung führt. Diese Symptomatik, neuerdings auch als **Fatigue-Syndrom** bezeichnet, kann zwar auch andere Ursachen bei Krebspatienten haben, ist aber oftmals zumindest mitbedingt durch eine Anämie. Bis vor einigen Jahren bestand die einzige Möglichkeit zur Behandlung dieser Anämie in einer **Blutübertragung**, die insbesondere bei häufiger Wiederholung, viele Probleme bewirken kann (Infektionen, Eisenüberladung, allergische Reaktion). Neuerdings gibt es Medikamente, die die körpereigene Neubildung roter Blutkörperchen stark anregen (Wachstumsfaktoren der roten Blutkörperchen, Zytokine). Zur Zeit werden in der Supportivbehandlung der Anämie die Substanzen **Erythropoetin und Darbepoetin** eingesetzt. Beide lindern die Symptome der Blutarmut. Ferner können sie auch die Wirksamkeit einer Chemo- oder Strahlentherapie steigern, da Krebszellen unter einem höheren Sauerstoffangebot besser auf diese Behandlungen ansprechen.

Ein Abfall der weißen Blutkörperchen führt zu einer **Infektanfälligkeit** der Patienten. Diese ist zwar in vielen Situationen nicht sehr stark ausgeprägt, kann aber in einigen Fällen (insbesondere nach einer Hochdosistherapie) sogar zu tödlich verlaufenden Infektionen führen. Neben **Antibiotika** werden deshalb heutzutage auch Medikamente eingesetzt, welche die Neubildung funktionsfähiger weißer Blutkörperchen stark anregen (Wachstumsfaktoren der weißen Blutkörperchen, Zytokine). Die wichtigsten in der Onkologie verwendeten Substanzen heißen **Filgastrim und Lenogastrim**. Beide können helfen, Infektionen zu verhindern oder deren Verlauf stark abzuschwächen. Da bei einem zu starken Abfall der weißen

Blutkörperchen die nächste geplante Chemotherapie oftmals nicht zeitgerecht verabreicht werden kann, werden diese Medikamente zum Teil auch vorbeugend eingesetzt, um den Effekt einer Chemotherapie nicht zu gefährden.

Der Abfall der Blutplättchen führt zu einer **Blutungsneigung** der Patienten, die in Einzelfällen zu einer lebensbedrohlichen Komplikation werden kann. In den meisten Fällen zeigen sich jedoch nur unangenehme, aber eher harmlose Blutungen unter die Haut oder Blutungen der Schleimhäute. Dennoch muss auch die Verminderung der Blutplättchen konsequent behandelt werden. Leider sind bisher keine Medikamente verfügbar, welche die Neubildung von Blutplättchen anregen. Deshalb erfolgt bei einem zu starken Abfall dieser Blutzellen immer die Übertragung von Blutplättchen eines fremden Spenders.

Bisphosphonattherapie

Knochenmetastasen treten bei vielen fortgeschrittenen Krebserkrankungen auf. Sie sind für die Patienten oftmals sehr schmerzhaft und können darüber hinaus zu unangenehmen und sogar lebensbedrohlichen Komplikationen führen. Solche Komplikationen sind vor allem die bei geringer Belastung oder sogar spontan auftretenden Knochenbrüche, eine zunehmende Blutarmut sowie die Erhöhung der Kalziumkonzentration im Blut durch Freisetzung dieses Minerals aus dem von der Krebserkrankung geschädigten Knochen. Der Anstieg des Blutkalziums geht mit Müdigkeit und Wesensveränderungen, Magen- und Darmbeschwerden sowie Flüssigkeitsverlusten einher und kann durch die Beeinflussung des Herzrhythmus lebensgefährlich werden.

Lange Zeit war die Behandlung von Knochenmetastasen nur durch eine **spezifische Krebsbehandlung** möglich (Chemotherapie, Hormontherapie oder Bestrahlung). Diese Therapien haben nicht unerhebliche Nebenwirkungen und können die bei Knochenmetastasen ohnehin schon verminderte Blutbildung oftmals weiter verschlechtern. Darüber hinaus ist der Wirkungseintritt der meisten Therapieformen erheblich verzögert, so dass bei akuten Komplikationen der Effekt der Behandlung oft zu spät einsetzt. Diese Situation wurde erst entscheidend durch die Einführung der sogenannten **Bisphosphonate** verbessert. Anders als bei einer spezifischen Krebstherapie werden bei der Bisphosphonatbehandlung die Krebszellen im Knochen nicht direkt angegriffen, sondern lediglich deren schädigende Wirkung auf die Knochensubstanz erheblich vermindert. Dieser knochenschützende Effekt sowie die im Vergleich zu einer Chemotherapie geringeren Nebenwirkungen haben dazu geführt, dass heute praktisch alle Patienten mit Knochenmetastasen ein Bisphosphonat erhalten. Alle Komplikationen der Knochenmetastasen lassen sich dadurch in ihrer Häufigkeit und Schwere deutlich verringern.

In den meisten Fällen werden Bisphosphonate bei Krebspatienten einmal alle vier Wochen in Form einer

Krebserkrankungen, die besonders häufig zu Knochenmetastasen führen:

- Brustkrebs
- Lungenkrebs
- Prostatakrebs
- Nierenkrebs

Bisphosphonate bewirken bei einem Krebsbefall der Knochen:

- Linderung der Knochenschmerzen
- Verminderung der Häufigkeit von Knochenbrüchen
- Normalisierung des Kalziumspiegels im Blut

Kurzinfusion über eine Vene verabreicht (lebenslang). Auch die tägliche Gabe in Tabletten- oder Kapselform ist möglich. Allerdings werden nur geringe Mengen der Wirksubstanz über den Darm aufgenommen und viele Patienten bekommen nicht unerhebliche Magen- und Darmprobleme. Die wichtigsten zur Zeit in der Onkologie eingesetzten Bisphosphonate sind die Substanzen **Clodronat**, **Pamidronat**, **Zoledronat** und **Ibandronat**, die sich in Wirkung und Nebenwirkung jeweils nur geringfügig unterscheiden.

Mögliche Nebenwirkungen einer Bisphosphonattherapie:

- Schüttelfrost
- Fieber
- Knochenschmerzen
- Allergische Reaktionen
- Nierenfunktionsstörung

Fieber, Schüttelfrost und Knochenschmerzen treten vor allem nach der ersten Infusion auf. Bei weiterer Bisphosphonatgabe sind diese Symptome dann in der Regel kein Problem mehr. Eine Störung der Nierenfunktion ist ein relativ seltenes und oft erst nach wiederholter Gabe von Bisphosphonaten auftretendes Problem, das ebenso wie eine Allergie zum Absetzen der Substanz zwingt.

In verschiedenen Untersuchungen wurden Bisphosphonate in Form einer Sicherheitstherapie bei Krebserkrankungen eingesetzt. Es konnte gezeigt werden, dass offensichtlich auch die Bildung von Knochenmetastasen durch diese Medikamente behindert werden kann. Auch andere Formen der Metastasierung (z. B. Leber- oder Lungenmetastasen) traten unter Bisphosphonaten seltener auf, ohne dass eine Erkärung dafür gefunden werden konnte. Alles in allem gilt zur Zeit auf jeden Fall die Empfehlung, Bisphosphonate bei bekanntem Knochenbefall möglichst frühzeitig einzusetzen. In Situationen mit hohem Risiko für eine Knochenmetastasierung sollte ihr Einsatz bereits vor Eintreten der Knochenmetastasen erwogen werden.

Behandlung innerhalb klinischer Studien

Fortschritte in den Behandlungsmöglichkeiten sowie in der Verträglichkeit der Medikamente können nur mit der Durchführung von Testreihen, den sogenannten klinischen Studien, erzielt werden. Zu Studienbeginn steht noch nicht fest, ob das getestete Präparat überhaupt einen Vorteil gegenüber einer etablierten Therapie besitzt. Es ist jedoch wichtig, gerade dieses herauszufinden, denn nur durch solche Versuche können nach und nach die Ergebnisse der Krebsbehandlung zum Wohle der Patienten verbessert werden.

Weltweit werden Studien oft von Pharmafirmen angeregt und finanziert. Studien dürfen nur unter streng definierten Bedingungen und nur

In der Krebsmedizin werden Studien zu neuen Medikamenten in verschiedenen Phasen durchgeführt:

Phase I Studien	Ermittlung der sinnvollsten Dosierung sowie der Verträglichkeit eines neuen Medikamentes
Phase II Studien	Prüfung eines neuen Medikamentes bei verschiedenen Krebserkrankungen, um zu ermitteln, für welche Krankheiten es geeignet sein könnte
Phase III Studien	Direkter Vergleich des neuen Medikamentes mit der bisherigen Standardtherapie einer Krebserkrankung
Phase IV Studien	Studien nach Zulassung eines Medikamentes z. B. zur Frage von Langzeitnebenwirkungen oder zu Möglichkeiten einer Verbesserung der Effektivität im Alltagseinsatz

von erfahrenen Onkologen durchgeführt werden. Sie müssen bei der Aufsichtsbehörde eines Landes angemeldet und genehmigt sein und benötigen die Zustimmung einer Ethikkommission, die unsinnige oder unvertretbare Forschungen verhindern soll. Darüber hinaus muss jeder einzelne Patient, der im Rahmen eines Forschungsprojektes behandelt werden soll, vor Therapiebeginn über den Studiencharakter der Behandlung genauestens aufgeklärt werden und schriftlich eingewilligt haben.

Liegen alle diese Bedingungen vor, so ist die Teilnahme an einer Studie für Krebspatienten durchaus sinnvoll und empfehlenswert. Nur so wird die Weiterentwicklung von Krebstherapien ermöglicht. Aber auch die Patienten profitieren davon. Sie werden im Rahmen der Studie meist an kompetenten Zentren behandelt. Ferner ist die Intensität der Patientenbetreuung in einer Studie besonders hoch.

Schlussfolgerungen:

- Krebstherapien sollten grundsätzlich nur in onkologischen Schwerpunkten erfolgen.
- Die Teilnahme an ordnungsgemäß durchgeführten klinischen Studien ist auch für Patienten sinnvoll.

Sonstige Therapieformen

Neben den drei wichtigsten Behandlungsformen von Krebserkrankungen, **Operation, medikamentöse Therapie und Bestrahlung**, werden gelegentlich auch andere Verfahren zur Zerstörung von Tumorgewebe genutzt. Hierbei kommen vor allem **physikalische Methoden** zum Einsatz. Über **genetische Therapieansätze** wird zur Zeit intensiv geforscht.

1. Physikalische Therapieverfahren:

Sowohl Wärme als auch Kälte können lebende Zellen schädigen und abtöten. Dieser thermische Effekt wird z. B. bei inoperablen Lebermetastasen ausgenutzt. Dazu werden spezielle Nadeln (Applikatoren) unter Ultraschall- oder CT-Kontrolle in örtlicher Betäubung direkt in die Metastasen eingestochen. Anschließend wird in der im Krebsgewebe liegenden Applikatorspitze mittels geeigneter Methoden Wärme (über 60° C) oder Kälte erzeugt. Dadurch werden alle Zellen in einem engen Umkreis abgetötet (Thermoablation). Die Wärmeerzeugung kann dabei z. B. mittels Laserstrahlung, elektrischem Strom oder hochfrequenter elektromagnetischer Wellen erfolgen. Für die Kälteerzeugung dagegen kommt flüssiger Stickstoff zum Einsatz.

Eine weitere Möglichkeit der Wärmetherapie ist die sogenannte **Hyperthermie**. Dabei wird entweder der gesamte Patient (**Ganzkörperhyperthermie**, Temperaturen bis 42° C) oder nur die Tumorregion (**regionale Hyperthermie**, Temperaturen bis 44° C) erwärmt, was zu einer Schädigung der Krebszellen führen kann. Hyperthermieverfahren werden auch in Kombination mit Chemo- oder Strahlentherapie eingesetzt.
Weder die Thermoablation noch die Hyperthermie sind Methoden, die außerhalb klinischer Studien eine Bedeutung haben. Bisher ist weitgehend unklar, ob und für welche Patienten sie außer Nebenwirkungen auch einen echten Vorteil erbringen.

2. Gentherapie

Da Krebs eine Erkrankung der Gene ist, existiert seit langem die Idee, Tumorerkrankungen durch gezielte Veränderungen dieser Gene zu behandeln. So könnte man sich vorstellen, geschädigte Gene zu reparieren und so aus einer Krebszelle wieder eine gesunde Zelle zu machen. Eine andere Möglichkeit wäre, durch zusätzliche Genveränderungen Krebszellen lebensunfähig werden zu lassen oder aber ihre Anfälligkeit gegenüber Medikamenten so zu steigern, dass sie durch eine Chemotherapie leichter abgetötet werden können. Bisher sind diese Therapieansätze nicht über einzelne Forschungsprojekte hinaus gekommen, nicht zuletzt wegen der enormen technischen Probleme, die eine **Genmanipulation** mit sich bringt.

Ein anderer Ansatz, der sich ebenfalls das Wissen über genetische Veränderungen in Krebszellen zu Nutze macht, ist die Entwicklung von Substanzen, die gezielt die Produkte von **„Krebsgenen"** blockieren oder zuwenig gebildete normale **Genprodukte** ersetzen. Dies könnte zu einem Wachstumsstillstand oder sogar zu einer Rückbildung bösartiger Krankheiten führen. Bei einer speziellen Leukämieform (chronisch myeloische Leukämie) ist eine solche Behandlung heute bereits zur Standardtherapie geworden (mit dem Medikament Imatinib) . Bei anderen Krebserkrankungen hat die Gentherapie-Forschung allerdings noch nicht zu umsetzbaren Ergebnissen geführt.

... Palliativmedizin

Bei der Behandlung eines Krebspatienten wird zunächst durch genaue Untersuchungen festgestellt, ob eine Heilung möglich ist. Besteht diese Möglichkeit, so sind zum Teil sehr intensive Therapien erforderlich. Leider werden aber auch heute noch viele Krebserkrankungen erst in einem Stadium entdeckt, in denen sie nicht mehr einer heilenden (kurativen) Therapie zugeführt werden können. Bei diesen Patienten ändert sich das Behandlungskonzept grundlegend, indem die **Linderung von Beschwerden** sowie die **Erhaltung der Lebensqualität** und damit der **Selbstbestimmung und Würde** eines Patienten ganz in den Vordergrund rücken.

Die in Abhängigkeit vom angestrebten Ziel unterschiedliche therapeutische Vorgehensweise war schon immer ein fester Bestandteil jeder onkologischen Behandlung. Dennoch hat sich in den letzten Jahren ausgehend von der Hospizbewegung und angeregt durch nicht auf die Krebsbehandlung spezialisierte Schmerztherapeuten eine „neue" Fachrichtung in der Medizin ausgebildet. Zielsetzung dieser als **Palliativmedizin** bezeichneten Subspezialität ist es, eine angemessene medizinische Versorgung von Patienten mit fortgeschrittenen Erkrankungen im häuslichen sowie im stationären Bereich zu definieren und sicher zu stellen. Hierfür sollen neben verschiedenen Forschungsprojekten vor allem auch verbesserte Versorgungsstrukturen für Schwerstkranke aufgebaut werden, was insbesondere im Bereich der Onkologie außerordentlich wichtig und begrüßenswert ist. Einige besondere palliativmedizinische Aspekte sollen hier etwas näher vorgestellt werden.

Schmerztherapie

Die Behandlung des Schmerzes ist eine der wichtigsten Therapieformen aller Bereiche der Medizin. Schmerz wird nicht nur bei einer Krebserkran-

Ursachen für Schmerzen bei einer Krebserkrankung können beispielsweise sein:

1. Schmerzen durch die Krebserkrankung selbst

- Schädigung des Knochens durch Knochenmetastasen
- Steigerung des Hirndrucks bei Hirnmetastasen
- Druck auf Nervenstränge oder Einwachsen des Krebses in Nervengeflechte
- Druck von Tumoren auf innere Organe oder deren Kapsel
- Befall von Rippen- oder Lungenfell
- Einwachsen des Tumors in Weichteile
- Entzündliche Veränderungen um den Tumor herum oder im Tumorgewebe
- Druck von Tumoren auf Blutgefäße mit nachfolgenden Durchblutungsstörungen
- Behinderungen des Lymphabflusses (Lymphödem) durch Lymphknotenmetastasen
- Behinderung der Magen- oder Darmpassage durch Tumoren (Darmverschluss)

2. Schmerzen durch die Behandlung der Krebserkrankung

- Operationsschmerz (Wund- oder Narbenschmerzen)
- Phantomschmerzen nach Amputationen
- Schmerzen nach Punktionen
- Schmerzen unter Strahlentherapie z. B. bei Nerven-, Haut- oder Schleimhauschäden
- Schmerzen unter Chemotherapie z. B. bei Nerven- oder Schleimhautschäden

3. Sonstige Schmerzen bei Krebserkrankungen

- Schmerzen bei Infektionen durch krankheits- oder therapiebedingte Abwehrschwäche (z. B. Gürtelrose, Wundrose, etc.)
- Verspannungen, Kontrakturen oder Druckgeschwüre z. B. bei Bettlägerigkeit
- Psychisch bedingte Schmerzen (z. B. bei krankheitsbedingten Depressionen)

kung empfunden, sondern kann Ausdruck vielfältiger Störungen unserer Gesundheit sein (Entzündungen, Verletzungen, Depressionen, etc.). Bei Krebserkrankungen können Schmerzen zwar in allen Stadien der Krankheit auftreten, werden aber bei fortgeschrittener Erkrankung immer häufiger.

Im Prinzip können bei jeder Krebserkrankung Schmerzen auftreten. Bei Befall der Nerven oder Knochen sind Schmerzen jedoch relativ häufig und können gelegentlich sogar das erste Symptom der Erkrankung sein.

Beispiele für Krebserkrankungen, die in fortgeschrittenen Stadien oft mit Schmerzen einhergehen:

Meist bedingt durch Knochenbeteiligung
- Brustkrebs
- Lungenkrebs
- Prostatakrebs
- Nierenkrebs
- Plasmozytom

Meist bedingt durch lokale Druckerscheinungen
- Bauchspeicheldrüsenkrebs
- Magenkrebs
- Eierstockkrebs
- Gebärmutterkrebs
- Gebärmutterhalskrebs

Für die Behandlung von Schmerzen kommen physikalische, psychologische oder **medikamentöse Therapieprinzipien** in Betracht, von denen die medikamentöse Schmerztherapie die bei weitem wichtigste Methode ist.

1. Medikamentöse Therapie von Tumorschmerzen

Viele Krebspatienten lehnen **Schmerzmedikamente**, insbesondere **Opiate**, zunächst ab, weil sie ihre Nebenwirkungen fürchten oder meinen, dass mit Einsatz dieser Medikamente die letzte kurze Phase der Erkrankung beginnt. Dabei kann eine sinnvoll konzipierte medikamentöse Schmerztherapie die Lebensqualität erheblich verbessern.

Je nach Intensität der Schmerzsymptomatik sollten verschiedene Gruppen von Medikamenten einzeln oder besser in Kombination eingesetzt werden. Eine **Kombinationsbehandlung** hat den Vorteil, dass für den Therapieerfolg geringere Dosen jeder einzelnen Substanz erforderlich sind. Substanzspezifische Nebenwirkungen fallen dadurch geringer aus.
In den meisten Fällen einer Schmerztherapie ist es zudem nicht sinnvoll, die Medikamente erst beim Auftreten der Schmerzen (Bedarfsmedikation) zu verabreichen. Viel besser kombiniert man eine medikamentöse **Dauertherapie** gegebenenfalls mit einer bei **Schmerzspitzen** zusätzlich einzunehmenden **Bedarfsmedikation.**

Am häufigsten wird eine Schmerzbehandlung in Tablettenform durchgeführt (orale Therapie). Deren Erfolg hängt allerdings ganz entscheidend von der Zuverlässigkeit der Einnahme ab. Da es jedoch gerade in der Onkologie nicht selten auch Patienten gibt, die Tabletten aus unterschiedlichen Gründen nicht schlucken können, wurden andere Formen der Schmerzmittelgabe entwickelt. So können die Wirkstoffe entweder als Schmelztabletten direkt von der Mundschleimhaut oder bei sogenannten **Schmerzpflastern** auch über die Haut aufgenommen werden. Besonders die Schmerzpflaster mit starken Opiaten haben sich in den letzten Jahren als eine gute Alternative zur Tablettentherapie herausgestellt, da sie über Tage annähernd konstante Wirkstoffmengen ins Blut des Patienten abgeben. In der Regel müssen sie alle 3 Tage gewechselt werden. Zusätzlich zu einer solchen **„Basistherapie"** ist dann die oben schon erwähnte Bedarfsmedikation bei Schmerzspitzen sinnvoll.

Andere Formen der medikamentösen Schmerzbehandlung werden nur noch selten durchgeführt, zum Bei-

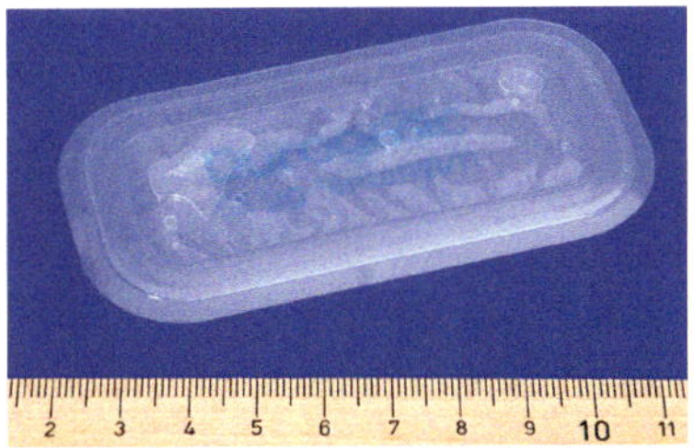

Abb. 1.28: Schmerzpflaster

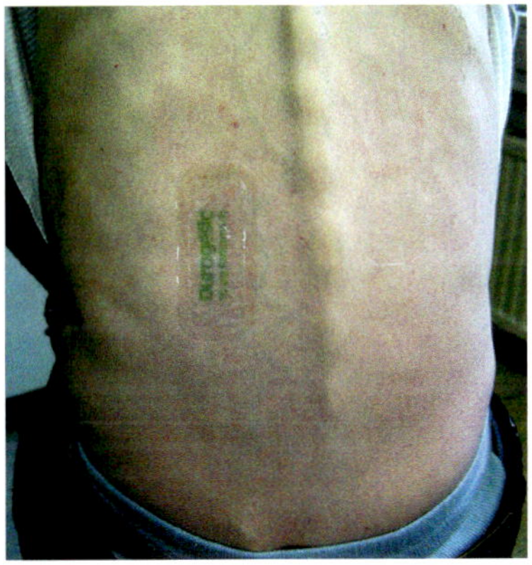

Abb. 1.29: Patient mit Schmerzpflaster

Für die medikamentöse Schmerzbehandlung stehen verschiedene Substanzgruppen unterschiedlicher Stärke zur Verfügung:

Substanzgruppe und Beispiele	Mögliche Nebenwirkungen (aller Substanzen einer Gruppe mit unterschiedlich starker Ausprägung)
1. Nichtopiate Acetylsalicylsäure Paracetamol Metamizol Diclofenac Ibuprofen	Magenbeschwerden, Magengeschwüre, Verengung der Bronchien, Blutungsneigung, allergische Reaktionen, Nieren- oder Leberschäden
2. Leichte Opiate Tramadol Tilidin Dihydrocodein	Verstopfung, Übelkeit, Erbrechen Schwindel, Verwirrtheit, Schläfrigkeit, Atemveränderungen, Gewöhnung, Harnverhalten
3. Starke Opiate Morphin Fentanyl Buprenorphin Levomethadon	Alle Nebenwirkungen wie bei schwachen Opioiden, jedoch stärker ausgeprägt, selten Abhängigkeit oder Entzugssymptomatik nach dem Absetzen
4. Hilfsmedikamente (Koanalgetika) Kortison Beruhigungsmittel Krampfhemmende Medikamente Medikamente gegen Depressionen	Je nach Substanzklasse sehr unterschiedliche Nebenwirkungen

spiel bei Unverträglichkeit oder mangelnder Wirksamkeit einer Tabletten- noch die Pflastertherapie. Dann kann eine Schmerzbehandlung über eine (zumeist) **elektronische Pumpe** erforderlich werden, die das Schmerzmedikament kontinuierlich in das Blut oder (sehr selten) in den Rückenmarkskanal des Patienten abgibt. Bei dieser Therapieform kann der Patient sich selbst auch über einen einfachen Knopfdruck eine erforderliche zusätzliche Bedarfsmedikation verabreichen.

Lokale Schmerzbehandlungen, zum Beispiel in Form von medikamentösen **Nervenblockaden**, werden in der Onkologie nur in sehr seltenen Einzelfällen durchgeführt.

Um den Effekt einer Schmerztherapie abschätzen zu können, sollte der Patient regelmäßig sein subjektives Schmerzempfinden in eine **Schmerzskala** eintragen. Zwar liefern solche

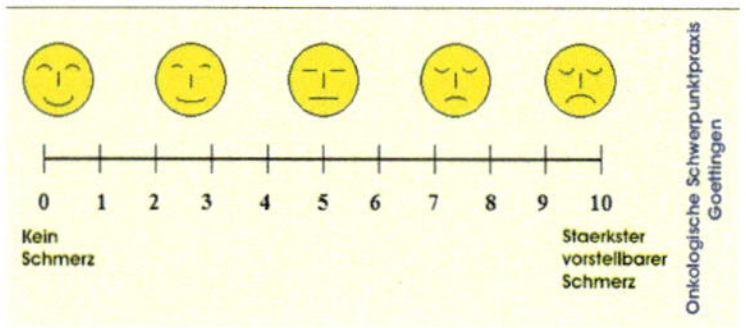

Abb. 1.30: Eine typische analoge Schmerzskala

WHO-Stufenschema der Schmerztherapie (angegeben sind die Schmerzmedikamente, die in der entsprechenden Stufe zum Einsatz kommen):

Stufe 1	Stufe 2	Stufe 3
Nichtopiate	Leichte Opiate	Starke Opiate
evtl. zusätzlich Koanalgetika (Hilfsmedikamente)	(möglichst) zusätzlich Nichtopiate	(möglichst) zusätzlich Nichtopiate
	evtl. zusätzlich Koanalgetika	evtl. zusätzlich Koanalgetika

Beispiele für physikalische Schmerzbehandlungen:

Methode	Anwendung
Krankengymnastik	Kontrakturen, Muskelverspannungen, Gelenkbeschwerden, Bewegungseinschränkungen
Massage	Muskelverspannungen
Lymphdrainage	Lymphstau
Kälteapplikation	Lokale Entzündungen, Schmerzen nach versehentlicher Chemotherapiegabe unter die Haut statt in eine Vene (siehe auch unter Paravasate, Kap. 3.26.)
Wärmeapplikation	Manche Formen der Nervenschmerzen unter Chemotherapie (Oxaliplatin), gelegentlich auch bei Schmerzen nach versehentlicher Chemotherapiegabe unter die Haut statt in eine Vene (siehe unter Paravasate, Kap. 3.26)
Elektrische Nervenstimulation	Nervenschmerzen, insbesondere nach einer Gürtelrose
Akupunktur	Verschiedene Schmerzbilder, insbesondere bei psychischer Überlagerung, unsicheres Wirkprinzip

Schmerzskalen keine objektiven Messwerte und sind nicht von Patient zu Patient vergleichbar, doch zeigen sie sowohl dem Onkologen als auch dem Patienten den Behandlungsverlauf recht gut an.

Die Weltgesundheitsorganisation (WHO) hat ein **dreistufiges Schema** zur Behandlung von Krebsschmerzen vorgeschlagen, das in der Onkologie eine weite Verbreitung gefunden hat. Dabei wird üblicherweise mit einer Schmerztherapie entsprechend der ersten Stufe begonnen und bei nicht ausreichendem Effekt das Konzept entsprechend der nächst höheren Stufe erweitert. Es darf jedoch nicht übersehen werden, dass auch **spezifische Krebstherapien** (z.B. Chemo- oder Strahlentherapie) zur Schmerztherapie bei Krebspatienten eingesetzt werden können und einer alleinigen Schmerztherapie mit Schmerzmedikamenten oftmals erheblich überlegen sind! Schmerztherapie bei Krebspatienten sollte deshalb immer von erfahrenen Onkologen durchgeführt werden und nicht der Verantwortung sogenannter Schmerztherapeuten überlassen werden, die oft nicht ge-

Beispiele für psychologische Verfahren zur Unterstützung der Schmerzbehandlung:

Entspannungsverfahren
- Autogenes Training
- Progressive Muskelrelaxation
- Meditation

Suggestive Verfahren
- Hypnose
- Selbstsuggestion
- Imagination
- Traumreisen

Ablenkende Verfahren
- Kunsttherapie
- Tanztherapie
- Gestaltungstherapie

Psychotherapie
- Gesprächstherapie
- Verhaltenstherapie

nügend onkologische Kenntnisse besitzen und deshalb nicht alle Möglichkeiten für eine Symptomkontrolle ausnutzen können.
Die beste Form der Symptomkontrolle gelingt in sehr vielen Fällen durch Tumorkontrolle!

2. Physikalische Therapie von Tumorschmerzen

In einigen Fällen kann die medikamentöse Behandlung von Schmerzen durch zusätzliche physikalische Maßnahmen unterstützt werden. Nur in wenigen Fällen allerdings reichen physikalische Therapien alleine zur Schmerzkontrolle aus.

3. Psychologische Therapie von Tumorschmerzen

Noch deutlicher als bei den physikalischen Therapiemethoden steht der unterstützende Charakter der psychologischen Verfahren im Rahmen eines schmerztherapeutischen Gesamtkonzeptes im Vordergrund. Nur in Einzelfällen können diese Methoden einmal für sich allein den gewünschten Erfolg erbringen (siehe Tabellen nächste Seite).

Ernährungstherapie

Viele Patienten verlieren im Verlauf der Krebserkrankung zunehmend an Gewicht, da Krebszellen viel Energie für ihre ständige Vermehrung benötigen. Aber auch die mit einer Krebserkrankung oder deren Behandlung nicht selten einhergehenden Symptome wie Appetitlosigkeit oder Übelkeit können dazu führen, dass der Patient nicht genügend Kalorien aufnimmt. Der fortschreitende Gewichtsverlust geht bereits sehr früh mit einer Abnahme der Muskelmasse einher. Dadurch kommt es zu einer zunehmenden Schwächung des Körpers und seiner Funktionen (insbesondere auch des Immunsystems) bis hin zur vollständigen Bettlägerigkeit. Dieser Prozess kann durch eine bewusste Ernährung durch den Patienten selbst oft nur kurzfristig und ungenügend beeinflusst werden, so dass in vielen Fällen eine **Ernährungstherapie** erforderlich wird. Diese Behandlung sollte bei anhaltendem Gewichtsverlust bereits relativ frühzeitig begonnen werden, damit es nicht erst zu einer schweren Mangelernährung (Tumorkachexie) kommt. Ziel der Ernährungstherapie ist es, den Gewichtsverlust zu stoppen und bereits verloren gegangene Muskel- und Zellmasse (nicht aber Fett oder überschüssiges Wasser) wieder aufzubauen. In vielen Fällen kann dadurch eine deutliche Besserung der Lebensqualität einschließlich der körperlichen und sozialen Aktivitäten des Patienten sowie nicht selten auch eine Lebensverlängerung erreicht werden.

Eine Ernährungstherapie kann auf unterschiedliche Art erfolgen:

1. Gabe appetitsteigernder Medikamente

Hormone wie Kortison oder **Gestagene**, aber auch ein Inhaltsstoff der Hanfpflanze **(Tetrahydro-Cannabinol)** können eine appetitsteigernde Wirkung haben. Unter der Einnahme von Kortison und Gestagenen führt die erhöhte Nahrungsaufnahme jedoch oftmals nur zu einer Vermehrung des Körperfettes sowie des Körperwassers, was der Zielsetzung der Ernährungstherapie nicht gerecht wird.

2. Kalorienreiche Zusatznahrung

Patienten, die es nicht schaffen, ihren täglichen **Kalorienbedarf** durch eine Nahrungszufuhr auf natürlichem Weg vollständig abzudecken, können eine **hochkalorische Zusatznahrung** erhalten, die in der Regel in Trinkform zur Verfügung gestellt wird. Diese Trinknahrung ist nicht nur kalorienreich, sondern enthält alle erforderlichen Vitamine, Mineralien und Mikronährstoffe. Sie kann sowohl mit als auch ohne Ballaststoffe **(„Astronautenkost")** und in unterschiedlichen Geschmacksrichtungen eingesetzt werden.

3. Sondenernährung

Wenn Patienten Nahrung nicht mehr auf natürlichem Wege zu sich nehmen können, kann man eine **flüssige Sondenkost** über eine im Magen oder im oberen Dünndarm platzierte Sonde verabreichen. Solche Sonden können bei nur kurzfristig erforderlicher Ernährungstherapie über die Nase durch die Speiseröhre bis in den Magen vorgeschoben werden. Bei längerfristigem Behandlungsbedarf wird die Sonde durch die Bauchdecke direkt in den Magen oder den oberen Dünndarm eingelegt. Eine solche PEG-Sonde kann ihrerseits allerdings die Lebensqualität von Krebspatienten erheblich verschlechtern, so dass diese Form der Ernährung außerhalb stationärer Pflegeeinrichtungen wenig Akzeptanz findet.

4. Künstliche intravenöse Ernährung

Für diese Form der Ernährungstherapie (medizinisch als **parenterale Ernährung** bezeichnet) ist ein **Katheter** erforderlich, dessen Spitze üblicherweise in der großen oberen Hohlvene direkt vor dem Herzen liegt (meist **Portkatheter**, siehe unter Venenkatheter). Nur über einen solchen „zentralen" Zugang lassen sich ausreichend große Kalorienmengen verabreichen, ohne dabei die Venen zu schädigen. Ist ein geeigneter **Venenkatheter** vorhanden, können Flüssigkeit und Kalorien (in Form von Fett und Zucker) sowie alle erforderlichen sonstigen Nährstoffe (Eiweiß, Vitamine, Mineralien, Mikronährstoffe, etc.) dem Patienten in Form einer Dauerinfusion zugeführt werden. Selbst eine in Einzelfällen über Jahre notwendige komplette Ernährung ist über die Vene möglich und wird bei Patienten durchgeführt, die keinerlei Nahrung mehr auf natürlichem Wege zu sich nehmen können. Meist erfolgt

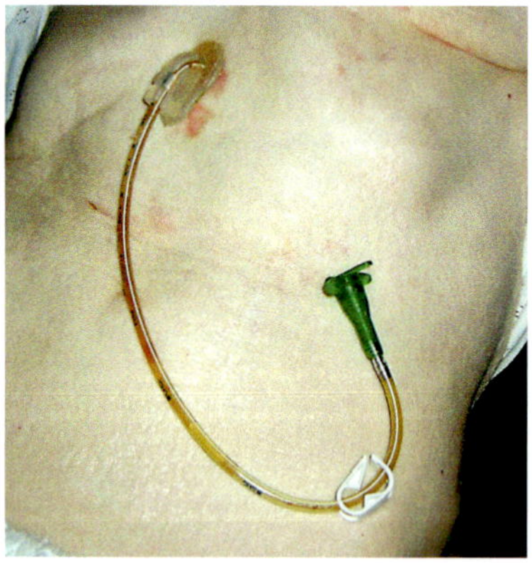

Abb. 1.31: Patient mit einer PEG-Sonde

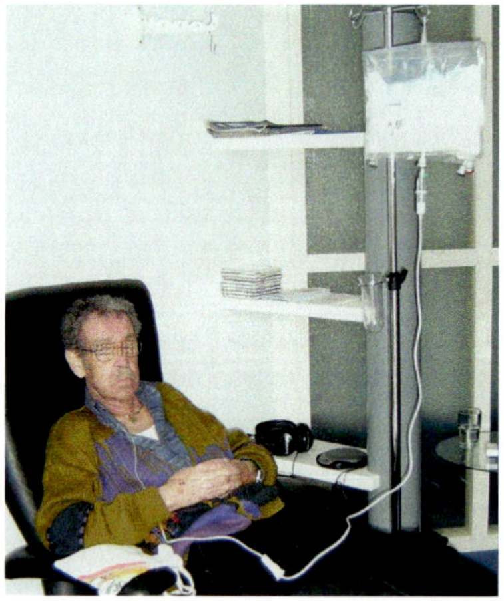

Abb. 1.32: Patient mit intravenöser Ernährung über ein Portkathetersystem

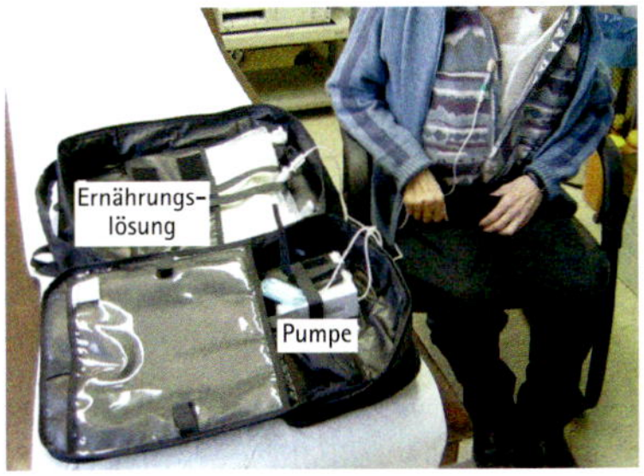

Abb. 1.33: Patient mit intravenöser Ernährung über eine „Rucksackpumpe". (Der Beutel mit der Ernährungslösung sowie die Ernährungspumpe sind in einem Rucksack untergebracht, den der Patient auf dem Rücken trägt).

die Ernährungsinfusion unter häuslichen Bedingungen über Nacht, damit der Patient tagsüber möglichst wenig in seiner Bewegungsfreiheit eingeschränkt ist. Es gibt jedoch auch tragbare, z. B. in einem Rucksack untergebrachte **Ernährungspumpen**, die eine relativ normale Aktivität erlauben, auch wenn die Ernährung tagsüber verabreicht wird. Bei den für diese Form der Ernährung üblicherweise verwendeten Portkathetern gibt es keine außerhalb des Körpers liegenden Katheterteile, da der Katheter ähnlich wie ein Schrittmacher komplett unter die Haut gepflanzt wird. Somit wird die Lebensqualität der Patienten erheblich weniger beeinflusst. Sobald die zum Anschluss der Ernährung erforderliche Nadel entfernt ist, ist es sogar möglich zu baden oder schwimmen zu gehen.

Künstliche Ausgänge

Bei Krebserkrankungen des Enddarmes oder der Harnblase kann es vorkommen, dass nach operativer Entfernung dieser Tumoren der natürliche Verlauf des Darmes oder der Harnwege nicht mehr hergestellt werden kann. In diesen Fällen ist die Anlage eines **künstlichen Ausgangs** zur Ableitung von Stuhl oder Urin erforderlich.

1. Künstlicher Darmausgang (Anus praeter, Kolostoma)

Bei sehr tief sitzenden **Enddarmkrebsen** wird gleichzeitig mit der Krebsentfernung der natürliche Ausgang verschlossen. Das Ende des Dickdarms wird meist im linken Unterbauch durch eine kleine Hautöffnung nach außen geführt. Um diese neue Darmöffnung herum wird später ein Ring auf die Haut geklebt, an den ein auswechselbarer Plastikbeutel (Stomabeutel) angebracht werden kann, der den Stuhlgang aufnimmt. Ein solcher künstlicher Ausgang bleibt lebenslang bestehen.

Bei einer anderen Form des **künstlichen Darmausganges** wird eine Öffnung in den Dickdarm geschnitten, ohne ihn zu durchtrennen, um diese dann über eine kleine Hautöffnung nach außen zu leiten. Diesen sogenannten passageren Anus praeter kann man nach einiger Zeit wieder zurückverlegen. Solange das noch nicht geschehen ist, gelangt der überwiegende Teil des Stuhlgangs, wie bei einem endgültigen **Anus praeter**, in den dafür vorgesehenen Beutel. Die Anlage eines vorübergehenden Anus praeter ist notwendig, wenn nach einer Krebsentfernung Dickdarm und Enddarm wieder aneinander genäht werden, die Naht aber erst vollständig verheilen muss.

Ein dritter Grund für die Anlage eines künstlichen Darmausganges ist der **Darmverschluss**, der bei im Bauchraum fortgeschrittenen Krebserkrankungen gelegentlich auftritt. Anders

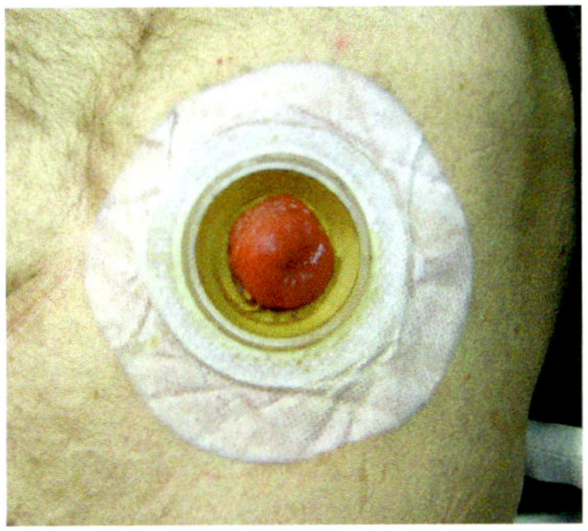

Abb. 1.34: Künstlicher Darmausgang

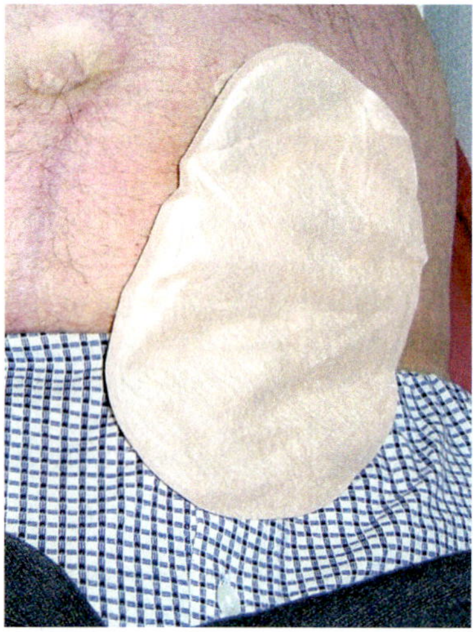

Abb. 1.35: Künstlicher Darmausgang mit Sammelbeutel für den Stuhlgang

als in den oben geschilderten Situationen handelt es sich hierbei um eine **palliativmedizinische Maßnahme**, die nicht zu einer Besserung der Krebserkrankung führt, sehr wohl aber zu einer erheblichen Verbesserung der Lebensqualität des betroffenen Patienten. In dieser Situation wird eine Darmschlinge, die vor dem vom Tumor verschlossenen Teil des Darmes liegt, eingeschnitten und wie beim passageren Anus praeter durch eine kleine Hautöffnung nach außen abgeleitet. Auf diese Weise kann in vielen Fällen die lebensbedrohliche Situation des Darmverschlusses beherrscht werden und es bleibt so dem Patienten weiterhin möglich, Flüssigkeit und Nahrung auf natürlichem Wege zu sich zu nehmen. Ein in dieser Situation angelegter künstlicher Darmausgang wird nicht wieder zurück verlagert.

2. **Künstliche Harnableitung**
Bei Krebserkrankungen der Harnblase oder der Harnwege kann es erforderlich sein, die von den Nieren kommenden Harnleiter vor ihrer Einmündung in die Harnblase künstlich abzuleiten. Dies ist einerseits durch eine kleine Hautöffnung nach außen möglich. Der Urin wird, ähnlich wie der Stuhlgang beim künstlichen Darmausgang, in Plastikbeuteln aufgefangen. Andererseits kann aus einer stillgelegten Darmschlinge eine künstliche Harnblase hergestellt und beide Harnleiter dort eingepflanzt werden. Diese **Kunstblase** muss ihrerseits dann wiederum an eine kleine Öffnung in der Hautdecke angenäht werden, um den Urin z. B. durch Einführen eines kleinen Katheters ablassen zu können.

In Einzelfällen kann die Herstellung eines künstlichen Harnabflusses selbst dann notwendig sein, wenn die Harnblase und ihr natürlicher Urinabfluss über die Harnröhre noch vorhanden und funktionsfähig sind. Dieses kann bei stark vergrößerten Lymphknoten (bei Lymphomen oder durch Lymphknotenmetastasen) der Fall sein, die beide Harnleiter abdrücken und so zu einem **Urinaufstau** in beiden Nieren führen. In einem solchen Fall wird zunächst versucht, ein Röhrchen (Harnleiterschiene, Stent) über die Blase in die Harnleiter einzulegen und so die enge Stelle zu überbrücken und den Urinabfluss in die Harnblase sicher zu stellen. Gelingt das allerdings nicht, müssen durch Punktion von außen feine Plastikschläuche in beide Nierenbecken platziert werden (Nierenfistel, Nephrostoma), die den Harn dann in Plastikbeutel ableiten. Harnleiterschienungen oder die Anlage von Nierenfisteln sind typische palliativmedizinische Maßnahmen, wenn bei einer fortgeschrittenen Krebserkrankung beide Nieren aufgestaut sind und so ihre Funktion ohne künstliche Ableitung einstellen würden.

Venenkatheter

Venenkatheter spielen in allen Bereichen der modernen Medizin eine wichtige Rolle. Ohne sie wären viele Behandlungsformen insbesondere in der Krebsmedizin nicht möglich. Bei einem Venenkatheter handelt es sich um einen Kunststoffschlauch, der durch Punktion oder Operation in eine Vene eingebracht wird. Über ihn lassen sich sowohl Blut abnehmen als auch die verschiedensten medikamentösen Therapien durchführen.

Man unterscheidet je nach Lage der Venenkatheterspitze **zentrale von peripheren Kathetern**. Für einige kurzfristige Behandlungen in der Onkologie (z. B. einige Sicherheitschemotherapien) sind kleine, peripher in eine Armvene eingelegte Katheter (sogenannte Braunülen) ausreichend. Nach Therapieende werden sie wieder entfernt. Für langfristige medikamentöse Therapien oder für eine künstliche intravenöse Ernährung ist eine solche Braunüle nicht geeignet. Diese Patienten benötigen einen zentralen Venenkatheter.

Zwar gibt es bei den zentralen Venenkathetern verschiedene Arten und Platzierungsmöglichkeiten, doch hat sich für die meisten Behandlungssituationen in der Onkologie der sogenannte **Portkatheter** bewährt. Dieser wird in örtlicher Betäubung operativ meist unter dem rechten Schlüsselbein eingesetzt, indem dort eine mit einer Silikonmembran verschlossene flache Kammer unter die Haut gebracht wird, deren innerer Hohlraum an einen Kunststoffschlauch angeschlossen ist. Dieser Schlauch wiederum wird in die große Vene unter dem Schlüsselbein eingebracht und mit seiner Spitze bis in die obere Hohlvene, die in das Herz mündet, vorgeschoben. Nach Platzierung von Kammer und Schlauch wird die Haut wieder verschlossen, so dass außer einer leichten Erhebung von außen nichts von diesem Portkatheter sichtbar ist.

Nachdem der kleine Hautschnitt verheilt ist, kann der Katheter sowohl für **Blutabnahmen** als auch für die **Gabe von Medikamenten** genutzt werden. Hierfür wird eine speziell zugeschliffene Nadel, die keine Schäden an der Silikonmembran hinterlässt, durch Haut und Membran bis in den Hohlraum der Katheterkammer durchgestochen. An diese Nadel wiederum lassen sich Spritzen oder Infusionen anschließen. Normale Nadeln oder Kanülen dürfen zum Anstechen des Portkatheters auf keinen Fall verwendet werden, da die Gefahr besteht, ihn dadurch zu beschädigen und unbrauchbar zu machen.

Ein einmal implantierter Portkatheter kann in der Regel lebenslang verbleiben und genutzt werden. Nur bei Patienten, bei denen langfristig keine Behandlung mehr erforderlich ist oder aber bei Problemen mit dem Portkatheter wird er, ebenfalls unter örtlicher Betäubung, wieder entfernt.

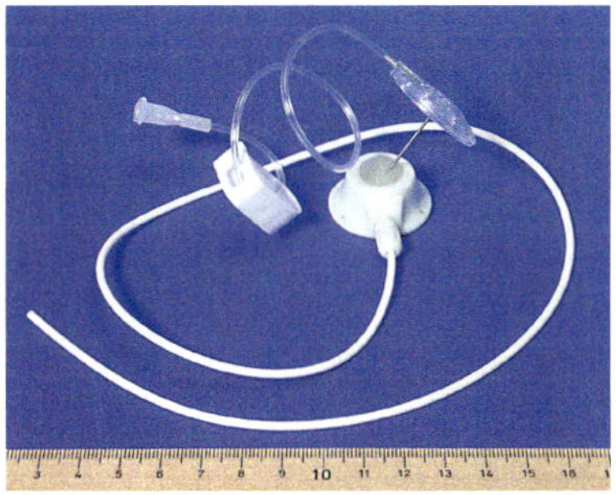

Abb. 1.36: Ein Portkathetersystem mit eingestochener Portnadel

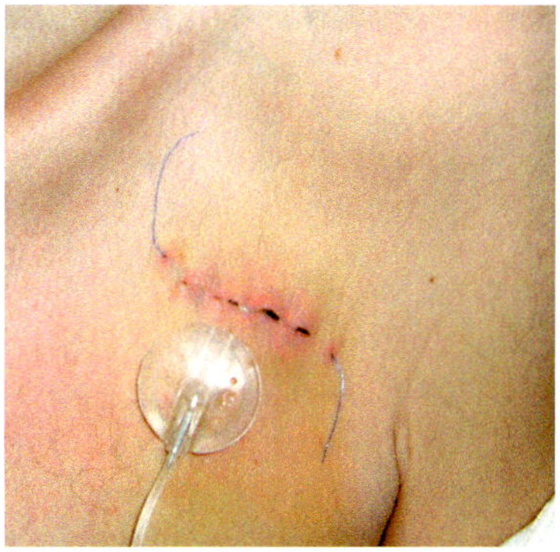

Abb. 1.37: Ein Patient mit frisch implantiertem Portkatheter (die Operationsfäden sind noch nicht entfernt) und eingestochener Portnadel

Mögliche Probleme mit einem Portkatheter:

1. Portverschluss durch Blutgerinnsel

Eine häufige Problematik ist der **Katheterverschluss** durch Blutgerinnsel oder auch Fettablagerungen im Schlauchsystem (bei künstlicher Ernährung). Die Gerinnselbildung tritt insbesondere dann auf, wenn die Pflege eines nur selten genutzten Katheters nicht regelmäßig erfolgt oder sich **Bakterien** im Schlauchsystem befinden. (Wir empfehlen unseren Patienten, mindestens alle vier Wochen eine Spülung des Katheters unter Zusatz gerinnungshemmender Substanzen durchführen zu lassen!) In den meisten Fällen kann aber auch ein verschlossener Katheter z.B. durch medikamentöse Auflösung der Blutgerinnsel wieder durchgängig gemacht werden, ohne dass er komplett erneuert werden muss.

2. Katheterinfektion

Durch die in die Portkammer eingestochene Nadel können Bakterien in den Port gelangen. Wenn der Port nicht benutzt wird, vermehren sich diese innerhalb des Schlauchsystems und werden dann bei erneuter Benutzung des Ports in die Blutbahn geschwemmt. Typische Symptome einer Portinfektion sind **Schüttelfrost und Fieber** während oder nach einer Portspülung oder Medikamenteninfusion. In einigen Fällen können die im Portsystem vorhandenen Bakterien durch eine (etwa zehntägige) Therapie mittels **Antibiotikainfusionen** direkt über den infizierten Port beseitigt werden. Danach kann der Port wieder normal genutzt werden. Andere Formen der Antibiotikagabe (Tabletten oder Infusionen über eine Armvene) helfen in dieser Situation allerdings nicht. Ist der Portkatheter nach gezielter antibiotischer Therapie nicht keimfrei, muss er komplett entfernt werden. Ein neuer Portkatheter wird nach vollständiger Entfieberung und Genesung des Patienten dann unter dem gegenüberliegenden Schlüsselbein eingesetzt.

3. Venenthrombose

Bei einigen Patienten kommt es in der Vene unterhalb des Schlüsselbeins, in die der Portkatheter eingelegt ist, zu einer **Venenthrombose**. Diese ist deshalb besonders unangenehm, weil sie mit **Schwellung und Schmerzen im Arm und Oberkörper** der betroffenen Seite einhergeht. In seltenen Fällen kann von einer solchen Thrombose auch eine bedrohliche **Lungenembolie** ausgehen.
Die wichtigste Behandlungsform einer durch einen Portkatheter ausgelösten Thrombose ist die Gabe von Medikamenten zur Hemmung der Blutgerinnung. In erster Linie erfolgt dies durch langfristige, ein- bis zweimal täglich verabreichte Injektionen von (heparinartigen) Substanzen unter die Haut des Patienten, ohne dass der Portkatheter entfernt wird. Sowohl bei einem Katheterverschluss als auch bei einer Venenthrombose bei liegendem Port muss immer daran gedacht werden, dass der Port infiziert sein könnte.

Punktionen

Punktionen können aus diagnostischen oder therapeutischen Gründen durchgeführt werden. In palliativen Behandlungssituationen werden fast ausschließlich **therapeutische Punktionen** durchgeführt, die auch als **Entlastungspunktionen** bezeichnet werden. Dabei sollen krankhafte Wasseransammlungen in Körperhöhlen (Ergüsse) beseitigt und Symptome gelindert werden. Zu diesem Zweck wird die betroffene Körperhöhle mit einer Nadel von außen angestochen, so dass die Flüssigkeit ablaufen kann.

Die durch Punktion entfernte Flüssigkeit läuft bei Tumorerkrankungen oft sehr schnell wieder nach. Deshalb wird vor allem bei einem Erguss in der Brusthöhle (dem Bereich zwischen Lungen- und Rippenfell, Pleuraerguss) versucht, durch Anlage ei-

Bei Krebserkrankung auftretende Ergussbildungen:

Erguss	Medizinische Bezeichnung	Symptome
In der Brusthöhle	Pleuraerguss	Luftnot Husten Schmerzen
In der Bauchhöhle	Aszites	Druck- und Völlegefühl Appetitlosigkeit Übelkeit
Im Herzbeutel	Perikarderguss	Luftnot Druckgefühl Herzklopfen

Beispiele für in der Krebsbehandlung durchgeführte Ergusspunktionen:

Medizinische Bezeichnung	Angewandt zur
Pleurapunktion	Beseitigung oder Verminderung von Flüssigkeitsansammlungen zwischen Rippen- und Lungenfell (Pleura)
Aszitespunktion	Beseitigung oder Verminderung von Flüssigkeitsansammlungen in der freien Bauchhöhle
Perikardpunktion	Beseitigung oder Verminderung von Flüssigkeitsansammlungen im Herzbeutel

ner **Saugdrainage** die Flüssigkeit zunächst komplett zu beseitigen, um anschließend den verbliebenen Spalt durch Einbringung geeigneter Medikamente dauerhaft zu verschließen. Für eine solche **„Verklebung"** können Substanzen wie Antibiotika oder Zytostatika genutzt werden. Aber auch der Einsatz von körpereigenen Eiweißen („Fibrinkleber") ist möglich.

Physikalische Therapie

Unter dem Begriff der **physikalischen Therapie** oder auch **Physiotherapie** werden alle Behandlungsformen zusammengefasst, die durch Einsatz gezielter physikalischer Reize eine Linderung von Beschwerden oder eine Besserung von körperlichen Funktionsabläufen erzielen sollen. Solche Reize können zum Beispiel Wärme, Kälte, Bewegung oder manueller Druck sein.

Während einige Formen der physikalischen Therapie wissenschaftlich recht umstritten sind, haben vor allem die **Krankengymnastik** sowie die **Lymphdrainage** in der Behandlung von Krebspatienten einen festen Stellenwert.

Einige Beispiele für verschiedene physikalische Therapien:

- Krankengymnastik
- Lymphdrainage
- Klassische Massage
- Fußreflexzonen Massage
- Medizinische Bäder
- Kalte oder warme Güsse
- Kneipp Therapie
- Lichttherapie
- Elektrotherapie
- Ultraschalltherapie

Krankengymnastik

In der Krankengymnastik werden **Bewegung und sportliche Aktivität** unter geschulter Anleitung genutzt, um Muskelgruppen gezielt aufzubauen und Bewegungsabläufe zu verbessern. Auf diese Weise ist nicht nur eine **Zunahme der Selbstständigkeit** durch Kräftigung, sondern oftmals auch eine **Linderung von Schmerzen** zu erreichen. Der entscheidende Aspekt der Krankengymnastik ist ihr (im Unterschied z. B. zur Massage) aktiver Charakter. Dieser ermöglicht es den Patienten nach anfänglicher Anleitung durch einen Therapeuten die erlernten krankengymnastischen Übungen langfristig eigenständig fortzuführen. Lediglich bei bettlägerigen Patienten kann auch eine passive Form der Krankengymnastik durchgeführt werden. Hierbei werden durch den Therapeuten die verschiedenen Muskelgruppen und Gelenke des Patienten bewegt, was Muskelverkürzungen (Kontrakturen), Bildung von Blutgerinnseln in den Venen (Thrombosen) und Schmerzen vorbeugt.

Die Übergänge zwischen Krankengymnastik, Bewegungstherapie, Gesundheitssport und normaler Gymnastik sind fließend und sollten je nach individueller Situation eines Patienten genutzt werden. Krankengymnastik wird als Einzel- oder Kleingruppenbehandlung recht häufig sowohl unter stationären als auch ambulanten Bedingungen eingesetzt.

Lymphdrainage

Nach operativer Entfernung von Lymphknoten sowie bei einem ausgedehnten Befall von Lymphknotenregionen durch Metastasen kann es zu einem **Aufstau von Lymphflüssigkeit** im Gewebe, dem sogenannten **Lymphödem**, kommen. Bei Brustkrebspatientinnen betrifft dieser Lymphstau den Arm oder die Brustwand der operierten Seite, während bei gynäkologischen Tumoren im kleinen Becken ein oder beide Beine sowie die Beckenregion betroffen sein können. Auch bei anderen Krebserkrankungen können Lymphödeme auftreten.

Eine sinnvolle medikamentöse Behandlungsform des Lymphödems

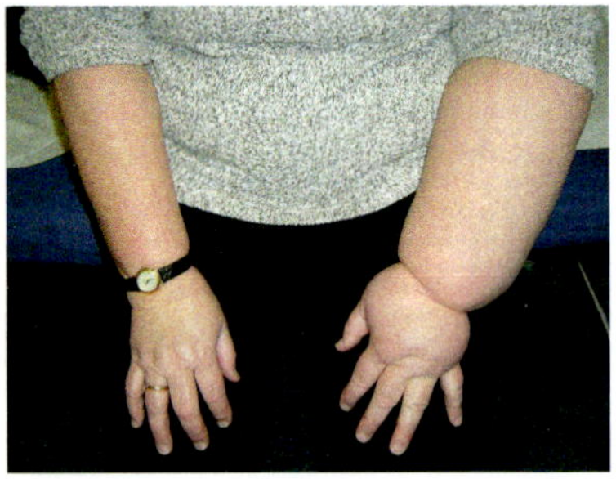

Abb. 1.38: Lymphödem des linken Armes nach einer Brustkrebsoperation

Symptome eines Lymphödems:

- Schwellung
- Schweregefühl
- Spannungsschmerz
- Bewegungseinschränkung
- Hautveränderungen
- Neigung zu lokalen Infektionen (Wundrose)
- Offene Wunden mit Austritt von Lymphflüssigkeit (selten)

existiert nicht. Lediglich die **Lymphdrainage** kann einen Lymphstau lindern. Bei der Lymphdrainage wird manuell Druck auf die betroffene Körperregion erzeugt, der zu einem besseren Abtransport der im Gewebe angesammelten überschüssigen Flüssigkeit führt. Anschließend erfolgt eine **Kompression** durch elastische Bandagen. Allerdings hält der Effekt einer Lymphdrainage nur relativ kurz an, so dass diese Therapie ständig wiederholt werden muss. In ambulanten Situationen wird eine solche Behandlung langfristig meist dreimal pro Woche durchgeführt, in manchen stationären Einrichtungen jedoch auch mehrmals täglich.

Während die Lymphdrainage bei bereits eingetretenem Lymphödem Linderung verschafft, ist eine vorbeugende Lymphdrainage, also die gleiche Therapie ohne nachweisbares Lymphödem, wirkungslos. Das Auftreten eines Lymphödems kann auf diese Weise nicht verhindert werden. Allerdings gibt es einige Regeln und Verhaltensweisen, mit denen Arzt und Patient sowohl Auftreten als auch Ausmaß eines Lymphödems beeinflussen können.

Tritt ein Lymphstau erst längere Zeit nach einer operativen Lymphknotenentfernung auf, so muss immer auch daran gedacht werden, dass der Lymphabfluss durch ein **Wiederauftreten des Tumors** in den verbliebenen Lymphknoten beeinträchtigt sein kann. Die entsprechende Lymphknotenregion sollte dann sehr sorgfältig untersucht werden (z.B. mit Ultraschall, CT oder NMR), da bei Nachweis von Lymphknotenmetastasen immer auch eine spezifische Krebstherapie (Operation, Chemotherapie, Strahlentherapie, etc.) erwogen werden muss! Solange in einer solchen Situation die Möglichkeit einer Heilung besteht, muss die Lymphdrainage zurück gestellt werden, da zumindest theoretisch eine weitere Ausbreitung der in den Lymphknoten vorhandenen Krebszellen durch den erzeugten Druck denkbar ist. In anderen Fällen, in denen es bei bereits fortgeschrittenen Erkrankungen in erster Linie um die Besserung der Lebensqualität geht, spielt diese Erwägung keine Rolle. Hier steht dann die Linderung der Beschwerden des Patienten im Vordergrund.

Was kann einen Einfluss auf ein Lymphödem haben?

Negativer Einfluss

- Wärme (Sauna, heiße Bäder, direkte Sonneneinstrahlung, warmes Klima)
- Wiederholte Überanstrengung der Muskulatur (schweres Tragen oder Arbeiten)
- Wiederholte Blutabnahmen oder Injektionen an einem betroffenen Arm
- Wiederholtes Blutdruckmessen an einem betroffenen Arm (?)
- Zu enge, einschnürende Kleidung
- Infektionen der betroffenen Körperregion (Wundrosen, v.a. bei Bagatellverletzungen nach Gartenarbeit)

Positiver Einfluss

- Meidung von Wärme und wiederholter muskulärer Überanstrengung
- Keine medizinischen Manipulationen an der betroffenen Extremität
- Hochlagerung wann immer möglich
- Weite Kleidung
- Tragen von Gummihandschuhen v.a. bei Gartenarbeit

... Psychoonkologie

Krebs ist zwar keine Erkrankung der Seele, doch sind bei vielen Menschen **reaktive seelische, psychologische, familiäre und soziale Probleme** als Folge einer Krebserkrankung zu beobachten, die einen ganz erheblichen Einfluss auf die Lebensqualität des Patienten und seiner Familie und zum Teil sogar auf den Krankheitsverlauf haben können. Deshalb ist eine **psychologische Unterstützung** in Form einer Beratung, Betreuung oder Begleitung in sehr vielen Situationen zusätzlich zur onkologischen Therapie sinnvoll. Leider gibt es bis heute nur wenige speziell hierfür ausgebildete Onkologen und Psychologen, so dass außerhalb onkologischer Schwerpunkte immer noch viel zu wenigen Patienten ein entsprechendes psychoonkologisches Betreuungsangebot gemacht werden kann.

Psychologische Aspekte, die mit einer Krebserkrankung einhergehen:

- Persönliche Verunsicherung
- Das Gefühl, kein vollwertiger Mensch mehr zu sein (z. B. nach Amputationen oder bei künstlichen Ausgängen)
- Angst vor der eigenen Zukunft
- Angst vor Schmerzen und Hilflosigkeit
- Angst vor finanziellen und sozialen Problemen
- Partnerschaftsprobleme
- Sexuelle Versagensängste
- Befürchtung, die eigene Familie zu überlasten
- Sorgen um die Zukunft der Familie
- Verunsicherung durch sich widersprechende Informationen
- Angst vor dem Sterben
- Angst vor dem Tod

Verschiedene psychoonkologische Ansatzpunkte:

- Beratung des Patienten allein oder gemeinsam mit seiner Familie
- Gesprächstherapie einzeln oder als Familiengespräche
- Gespräche im Kreise mehrer Betroffener (Gruppengespräche, Gruppentherapie)
- Verhaltenstherapie
- Entspannungsübungen (Autogenes Training, Meditation, etc.)
- Kunst- oder Musiktherapie
- Krankheitsbegleitung
- Psychologische oder seelsorgerische Sterbebegleitung für Patient und Familie

Eine wichtige Aufgabe der Psychoonkologie ist es, dem Patienten zu helfen, seine **individuelle Bewältigungsstrategie** zu finden, die es ihm ermöglicht, die Krankheitsfolgen nicht nur körperlich zu meistern, sondern die veränderte Lebenssituation auch seelisch anzunehmen und die mit ihr unweigerlich einhergehenden **Ängste** zu beherrschen. Je nach Persönlichkeit des einzelnen Menschen sowie seiner aktuellen Krankheitssituation können solche Bewältigungsstrategien recht unterschiedlich sein, so dass keine Patentlösung angeboten werden kann. Auch die Art der psychologischen Hilfestellung kann dabei durchaus sehr verschieden sein.

Bei fortschreitender Erkrankung sowie in lebensbedrohenden Situationen, in denen die Unausweichlichkeit des Todes nicht mehr verdrängt werden kann, sind die Übergange zwischen Psychoonkologie und Seelsorge fließend. Deshalb ist es begrüßenswert, dass zunehmend auch geistliche Seelsorger der verschiedenen Konfessionen bereit sind, in diesen Situationen gemeinsam mit Onkologen eine sehr direkte und unkomplizierte Hilfe im Rahmen der Krankheits- und Sterbebegleitung zu leisten, die nicht nur dem Patienten, sondern in hohem Maße auch seiner Familie gewidmet ist.

Wo finde ich Hilfe, wenn …

... Krebsverdacht besteht?

Entdeckt man selber an seinem Körper ungewöhnliche Veränderungen, kann der Verdacht auf eine Krebserkrankung entstehen. In anderen Situationen wiederum erhebt erst der Arzt im Rahmen einer Vorsorgeuntersuchung oder einer Routineuntersuchung die Verdachtsdiagnose.

Hat man selbst den Verdacht auf eine Krebserkrankung, sollte der erste Weg immer zum **Hausarzt führen**. In vielen Fällen kann dieser bereits das Problem klären und, sofern Krebs als Ursache für die selbst bemerkte Veränderung ausgeschlossen werden kann, meist auch Abhilfe verschaffen. Bei gynäkologischen Problemen kann auch statt des Hausarztes direkt der behandelnde **Gynäkologe** aufgesucht werden, der seinerseits den Hausarzt über alle Befunde informieren wird.

Äußert jedoch der Arzt den Verdacht auf eine Krebserkrankung oder bestätigt er ihren eigenen Verdacht, sollte im nächsten Schritt immer die Überweisung zu einem Facharzt erfolgen. Je nach Art des Krebsverdachtes können unterschiedliche Fachdisziplinen erforderlich sein. In jedem Fall sollte bereits jetzt auch ein **Onkologe** (Krebsspezialist) in die Planung des weiteren Vorgehens mit einbezogen werden, da auf diese Weise überflüssige oder sogar unsinnige Diagnostik vermieden werden kann.

Ungewöhnliche Veränderungen, die verdächtig für eine Krebserkrankung sein können:

- Neu aufgetretene und anhaltende, meist schmerzlose Schwellungen (z.B. Lymphknoten oder Knoten in der Brust)
- Nicht heilende Wunden
- Muttermale, die sich verändern oder bluten
- Blut im oder auf dem Stuhlgang
- Anhaltende Stuhlunregelmäßigkeiten (z.B. Wechsel zwischen Durchfall und Verstopfung)
- Ungewollte Gewichtsabnahme von mehreren Kilogramm
- Ungewöhnliche körperliche Schwäche
- Starker und wiederkehrender Nachtschweiß ohne Vorliegen einer Infektion
- Unerklärliche und wiederkehrende Schmerzen
- Anhaltender Husten oder Luftnot
- Blutiger Auswurf
- Neu aufgetretene und anhaltende Heiserkeit
- Blutiger Ausfluss außerhalb der Menstruation
- Blutiger Urin ohne Brennen beim Wasserlassen

Ausgebildete Onkologen tragen in Deutschland normalerweise die Bezeichnung „Facharzt für **Hämatologie und Internistische Onkologie**". In Einzelfällen können aber auch andere Fachärzte auf Grund speziell erworbener Kenntnisse onkologische Funktionen übernehmen. So kommt es vor allem in den neuen Bundesländern vor, dass **onkologische Schwerpunktpraxen** auch von entsprechend qualifizierten Chirurgen geführt werden.
In einigen Fällen wird der Onkologe die erforderliche Diagnostik selbst durchführen, in anderen Situationen wird er jedoch mit weiteren Spezialisten (z.B. Radiologen, Chirurgen etc.) kooperieren, um die Krebsdiagnose zu sichern sowie das Krankheitsstadium exakt festzulegen. Erst danach kann das Therapiekonzept erstellt werden. Auch dies geschieht heutzutage oft in Zusammenarbeit mit verschiedenen Fachdisziplinen

Bei welcher Art von Krebsverdacht kann welcher Facharzt helfen?

Verdachtsdiagnose	Fachärzte, die zur Klärung beitragen können
Brustkrebs	Gynäkologe, Onkologe, Radiologe, Chirurg
Lungenkrebs	Pulmonologe, Onkologe, Radiologe, Internist, Chirurg
Dickdarmkrebs, Magenkrebs, Speiseröhrenkrebs, Bauchspeicheldrüsenkrebs, Leberkrebs	Gastroenterologe, Onkologe, Internist, Chirurg, Radiologe
Prostatakrebs, Harnblasenkrebs, Nierenkrebs	Urologe, Onkologe, Internist, Radiologe
Eierstockkrebs, Gebärmutterkrebs, Gebärmutterhalskrebs	Gynäkologe, Radiologe, Onkologe
Lymphome und Leukämien	Hämatologe, Onkologe, Internist, Radiologe
Hirntumoren	Radiologe, Onkologe, Neurochirurg, Neurologe
Tumoren der Haut	Dermatologe, Onkologe, Internist, Chirurg
Tumoren im Mund-, Nasen und Rachenbereich	HNO-Arzt, Onkologe, Radiologe

(z. B. Onkologe, Chirurg, Strahlentherapeut, etc.). In ambulanten oder stationären onkologischen Schwerpunkten werden deshalb regelmäßig sogenannte **Tumorkonferenzen** abgehalten, in denen zwischen allen beteiligten Fachärzten das diagnostische und therapeutische Konzept für den einzelnen Patienten abgestimmt wird.

Sinnvolles Vorgehen bei Krebsverdacht:

1. Hausarzt (oder bei entsprechender Fragestellung z.B. auch Gynäkologe) aufsuchen und eigene Befürchtung und Symptome offen besprechen
2. Untersuchung durch Hausarzt oder entsprechenden Facharzt (z.B. Gynäkologe)
3. Bei unklarem oder krebsverdächtigem Befund weitergehende Diagnostik durch Hinzuziehung anderer Fachdisziplinen und bereits jetzt möglichst auch eines Krebsspezialisten (Onkologe)
4. Spätestens bei Sicherung des Krebsverdachtes Überweisung an einen onkologischen Schwerpunkt

... die Krebsdiagnose gesichert ist?

Bei gesicherter Krebsdiagnose sollte umgehend Rat und Hilfestellung bei einem erfahrenen Onkologen eingeholt werden.

Im ambulanten Bereich existieren bundesweit gegenwärtig etwa 250 onkologische Schwerpunktpraxen, die fast ausschließlich von „Fachärzten für Hämatologie und Internistische Onkologie" geführt werden. Aber auch die meisten großen Kliniken verfügen inzwischen sowohl über eine entsprechende Fachabteilung unter der Leitung eines internistischen Onkologen als auch über onkologische Abteilungen in anderen Disziplinen (z. B. Gynäkologie, Chirurgie, Dermatologie, Urologie, etc.). In diesen Schwerpunktabteilungen kann eine fachlich fundierte Beratung erfolgen, auf die dann ein sinnvolles und verständliches Behandlungskonzept aufgebaut wird. Dabei sollte jeder Patient offen und ehrlich über sein Krankheitsbild informiert und in Kenntnis der verschiedenen Behandlungsmöglichkeiten in den Entscheidungsprozess einbezogen werden. Nach unserer Erfahrung gibt es nur wenige Patienten, die nicht an den sie betreffenden medizinischen Entscheidungen teilhaben können oder wollen. In solchen Fällen sind Gespräche mit der Familie des Patienten um so wichtiger.

Natürlich können selbst von einem erfahrenen Arzt nicht alle möglichen Einzelheiten eines Krankheitsverlaufes bereits in dieser Situation abgeschätzt werden, so dass nach jedem einzelnen Behandlungsschritt immer wieder neu über die dann vielleicht veränderte Situation gesprochen werden muss. Wenn Ihnen als Patient etwas unklar ist, sollten Sie dies immer mit ihrem behandelnden Arzt besprechen.

Was sollte vor einer Krebstherapie besprochen werden?

- Um welche Krebserkrankung handelt es sich genau?
- Wie weit ist die Krankheit im Körper ausgebreitet?
- Besteht die Möglichkeit der Heilung?
- Welche Therapien sind für einen Heilungsversuch erforderlich und mit welchen Nebenwirkungen ist dabei zu rechnen?
- Welche Arten der Operation gibt es und welche ist im Einzelfall sinnvoll?
- Ist die Heilungschance größer, wenn vor einer Operation eine Chemo- und/oder eine Strahlentherapie zur Tumorverkleinerung durchgeführt wird?
- Muss nach der Operation eine Sicherheitstherapie erfolgen?
- Wie sehen Therapien zur Linderung der Krankheit aus, wenn keine Heilung möglich ist?
- Welche Alternativen bestehen und was passiert, wenn die Krankheit nicht behandelt wird?

... ich nicht sicher bin, ob mein Arzt mir das Richtige empfiehlt?

Jede Krebserkrankung stellt für den Patienten eine bedrohliche Situation dar, so dass alle Entscheidungen über das weitere Vorgehen gut durchdacht werden müssen. Es ist deshalb gut verständlich, dass sich einige Patienten nach Aufklärung und Beratung durch ihren Arzt noch nicht sicher sind, ob das vorgeschlagene Konzept für sie wirklich die richtige Behandlung ist. Deshalb raten wir jedem Patienten, der noch offene Fragen hat oder der trotz kompetenter Aufklärung noch eine Unsicherheit gegenüber dem empfohlenen Vorgehen verspürt, einen zweiten, fachkompetenten Rat einzuholen! Wichtig ist dabei allerdings, dass diese **Zweitmeinung** (second opinion) bei einem ausgebildeten Onkologen erfragt wird.

Was tun, wenn ich unsicher bin?

- Sprechen sie mit ihrem Arzt über ihre noch bestehende Unsicherheit.
- Holen sie eine Zweitmeinung bei einem Onkologen ein.
- Sprechen sie offen mit ihrem Arzt über diese Zweitmeinung.
- Bei unterschiedlichen ärztlichen Meinungen bitten sie beide Ärzte, sich untereinander auszutauschen.
- Entscheiden sie sich dafür, die Behandlung bei dem Arzt ihres Vertrauens durchführen zu lassen.
- Verlieren sie nicht wertvolle Zeit damit, immer wieder neue Meinungen einzuholen.
- Fallen sie nicht auf unseriöse Versprechen selbsternannter Krebsbehandler herein.

In vielen Fällen wird der zweite Spezialist das gleiche Konzept vertreten wie der zuerst aufklärende Arzt. So erhält der Patient ein höheres Maß an Sicherheit und er beginnt die Behandlung mit einer größeren Überzeugung. Diese Einstellung erleichtert es, die nicht immer nebenwirkungsarmen Therapien durchzustehen. Empfiehlt der zweite Spezialist jedoch ein anderes therapeutisches Vorgehen, sollte das Konzept insgesamt neu überdacht werden. Hierfür sollten die beteiligten Ärzte immer direkt Kontakt zueinander aufnehmen, um ihre unterschiedliche Einstellung zu erörtern und gemeinsam die sinnvollste Lösung für und mit dem Patienten zu finden.

Manchmal können sich jedoch auch in der Krebsmedizin selbst zwei ausgewiesene Spezialisten auf kein gemeinsames Konzept einigen. In diesen Situationen wird sich der Patient für den Vorschlag desjenigen Arztes entscheiden müssen, dem er persönlich das größere Vertrauen entgegenbringt. Die Behandlung sollte dann verständlicher Weise auch von genau diesem Arzt durchgeführt werden (und nicht von demjenigen, der ein anderes Konzept vertritt), denn nicht nur der Patient, sondern auch der behandelnde Arzt muss von dem gewählten Vorgehen überzeugt sein.

In sehr seltenen Fällen kommt es vor, dass Patienten nicht nur eine zweite, sondern immer weitere Meinungen einholen. Meist handelt es sich hierbei um Menschen, die vor allem eine psychologische Unterstützung benötigen und bei denen die ständig wiederholte Diskussion medizinischer Aspekte immer größere Unsicherheit auslöst. Ein solches Vorgehen hat nichts mit der empfehlenswerten Einholung einer Zweitmeinung zu tun, sondern kann für die betroffenen Patienten ausgesprochen schädlich sein, weil die erforderliche Behandlung oftmals lange hinaus gezögert wird.

... ich einen Onkologen suche?

Auf Grund der zunehmenden Komplexität der onkologischen Behandlungsmöglichkeiten sollte jeder Krebspatient von einem Onkologen behandelt werden. Nur so kann die erforderliche Qualität der Therapie sichergestellt werden.

Auch wenn ein Facharzt für „Hämatologie und Internistische Onkologie" selbst keine Krebsoperationen oder Bestrahlungen durchführt, sondern sich als internistischer Onkologe auf Diagnostik und medikamentöse Tumortherapie beschränkt, ist er für **die Entwicklung des gesamten Behandlungskonzeptes** sowie die **langfristige Begleitung** des Patienten ausgebildet. So kann er zum Beispiel auch in der Frage, wo eine Operation oder eine Strahlentherapie im Einzelfall am besten durchgeführt werden sollte, kompetent beraten.

Wie finde ich einen Onkologen?

- Fragen sie ihren Hausarzt oder ihren Gynäkologen, ob es in ihrer Region einen niedergelassenen oder am Krankenhaus tätigen hauptamtlichen Onkologen gibt.
- Rufen sie bei der Kassenärztlichen Vereinigung an und fragen sie nach einem Facharzt für „Hämatologie und Internistische Onkologie" oder, falls es einen solchen in ihrer Region noch nicht gibt, nach einer onkologischen Schwerpunktpraxis mit vergleichbarer Qualifikation.
- Manchmal kann schon ein Blick in das Telefonverzeichnis helfen, aber achten sie auch hierbei auf die entsprechende Zusatzbezeichnung des Arztes.
- Die meisten Onkologen (jedoch nicht alle!) sind in dem bundesweiten Berufsverband BNHO e.V. organisiert, über den sie Informationen und aktualisierte Adressen erhalten können (siehe hierzu im Kapitel 7: Wichtige Adressen).
- Auch im Internet sind auf verschiedenen, oftmals für Patienten geschriebenen Seiten, die Namen und Adressen der meisten onkologischen Schwerpunkte in Deutschland (ambulant oder stationär) aufgelistet. Beispiele für Institutionen, die auf ihren Internetseiten Adressen anbieten, sind:
  „Krebsinformationsdienst des deutschen Krebsforschungszentrums Heidelberg (KID)"
  „Onkologisches Forum (OF)"
  „Gesellschaft zur Förderung der ambulanten Krebstherapie (GEFAK)"
  (siehe hierzu im Kapitel 7: Wichtige Adressen).

... ich mich ambulant behandeln lassen möchte?

Während Krebsoperationen in den meisten Fällen unter stationären Bedingungen erfolgen, können fast alle übrigen in der Krebsmedizin wichtigen Untersuchungen und Behandlungen ambulant stattfinden.

Die ambulante Behandlung und Betreuung von Patienten mit einer Krebserkrankung kann dabei entweder in einer **onkologischen Schwerpunktpraxis** oder in der Ambulanz eines **Krankenhauses mit onkologischem Schwerpunkt** erfolgen. In der Praxis haben die Patienten in der Regel jedes Mal den gleichen Ansprechpartner. In Krankenhäusern kann diese Form der persönlichen kontinuierlichen Betreuung eher selten gewährleistet werden.

Nach einer abgeschlossenen Therapie übernehmen oftmals auch Hausärzte oder Ärzte anderer Fachrichtungen (z. B. Gynäkologen, Urologen, etc.) die erforderlichen Nachuntersuchungen. Auch in dieser Situation ist noch die Kooperation mit einem hauptamtlichen Onkologen wünschenswert.

Werden Patienten in weit fortgeschrittenen Krankheitsstadien unter häuslichen Bedingungen betreut und gepflegt, ist eine sehr enge Kooperation zwischen Hausarzt, Onkologem und häuslichem Pflegedienst erforderlich. Ist eine solche Zusammenarbeit gewährleistet, können auch in diesen schwierigen Situationen die meisten Probleme zu Hause gemeistert werden, solange die Familie des Patienten dadurch nicht überlastet wird.

Wenn Sie sich als Patient also entschieden haben, die bei Ihnen erforderliche Behandlung ihrer Erkrankung möglichst ambulant durchführen zu lassen, sollten sie sich zunächst nach einem **qualifizierten Onkologen** in ihrer Region umsehen (siehe hierzu auch unter Kapitel 2.4.). Dieser wird ihnen sagen, ob die geplanten Maßnahmen ambulant erfolgen können, ohne dass sie oder der Behandlungserfolg dadurch gefährdet sind.

Was ist bei Krebspatienten ambulant durchführbar?

- Fast alle Untersuchungen zur Klärung von Krankheitsausbreitung oder Behandlungserfolg
- Fast alle medikamentösen und strahlentherapeutischen Behandlungen (einschließlich Chemotherapie)
- Alle Untersuchungen im Rahmen der empfohlenen Nachsorge
- Fast alle palliativmedizinischen Behandlungen (einschließlich Blutübertragung und künstliche Ernährung)

... ich Probleme mit der Krankenkasse, dem Versorgungsamt oder der Rentenversicherung habe?

Jeder ernsthaft erkrankte Patient hat unweigerlich mit den verschiedenen Ämtern und Behörden zu tun. Leider ist nicht immer klar ersichtlich, wer eigentlich wofür zuständig ist. Deshalb zunächst an dieser Stelle eine kurze Beschreibung der Aufgaben von Krankenkasse, Versorgungsamt und Rentenversicherung.

Die Leistungen der gesetzlichen Krankenversicherungen beinhalten unter anderem:

- Ambulante und stationäre Krankheitskosten
- Kosten der zahnmedizinischen Versorgung
- Kosten für Medikamente, Verbandsmittel sowie Hilfs- und Heilmittel
- Transport- und Fahrtkosten (nur unter bestimmten Voraussetzungen)
- Vorsorgeuntersuchungen und spezielle Impfungen
- Haushaltshilfen und häusliche Krankenpflege
- Ambulante und stationäre Rehabilitationsmaßnahmen
- Verwaltung und Zuweisung von Geldern der Pflegeversicherung
- Zahlung des Krankengeldes

1. Die Krankenkasse

In Deutschland gibt es etwa 340 verschiedene gesetzliche Krankenversicherungen, die nahezu 90% der Bevölkerung im Krankheitsfall absichern. Die übrigen 10% der Bevölkerung sind Mitglieder in einer der ca. 50 privaten Krankenversicherungen.

Während das Leistungsspektrum der privaten Anbieter je nach individuellem Vertrag sehr stark variieren kann, ist die Aufgabe der gesetzlichen Krankenversicherungen vom Gesetzgeber weitestgehend festgelegt.

2. Das Versorgungsamt

Eine der wichtigsten Aufgaben des Versorgungsamtes ist die Umsetzung der im Gesetz festgeschriebenen Rechte behinderter Menschen. Darüber hinaus ist es für Entschädigungs- und Versorgungsleistungen an bestimmte „Opfer und Beschädigte" zuständig (z. B. Kriegsopfer, Impfopfer, Wehrdienstbeschädigte, Zivildienstbeschädigte etc.).

Als behindert gilt ein Mensch, wenn seine „körperliche Funktion, geistige Fähigkeit oder seelische Gesundheit mit hoher Wahrscheinlichkeit länger als 6 Monate von dem für das Lebensalter typischen Zustand abweichen und daher seine Teilhabe am Leben in der Gesellschaft beeinträchtigt ist".

Der niedrigste **Grad einer Behinderung** (GdB), der vom Versorgungsamt festgestellt werden kann, beträgt 10%, der höchste 100%. Ab einem GdB von 50% wird von einer **Schwerbehinderung** gesprochen. Liegen bei einem Patienten mehrere Behinderungen gleichzeitig vor, wird der Grad der Behinderung jeder einzelnen Störung ermittelt und dann ein Gesamtgrad (Gesamt-GdB) festgesetzt. Diese Festsetzung erfolgt nicht durch einfaches Zusammenzählen der Grade aller einzelnen Behinderungen, sondern nach sehr eigenen, nur den Gutachtern des Versorgungsamtes (wenn überhaupt) verständlichen Regeln und liegt immer unterhalb der mathematischen Summe der Einzelbehinderungen. Der

Für Patienten mit Krebserkrankungen hat das Versorgungsamt folgende Aufgaben:

- Es stellt auf Antrag des Patienten fest, ob eine Behinderung vorliegt.
- Es entscheidet über den Grad dieser Behinderung.
- Es legt fest, ob weitere Merkmale vorliegen, die einen besonderen Nachteil begründen und ausgeglichen werden müssen (z.B. besondere Gehbehinderung, Taubheit, Blindheit, etc.).

vom Versorgungsamt festgesetzte Grad einer Behinderung hat nichts mit dem Gewähren oder Verweigern einer Rente oder der Feststellung einer Arbeitsunfähigkeit zu tun.

3. Die Rentenversicherung

Die gesetzlichen Rentenversicherungsträger in Deutschland sind die Bundesversicherungsanstalt für Angestellte (BfA) sowie die einzelnen Landesversicherungsanstalten (LVA). Daneben gibt es noch einige berufständische Versorgungswerke (z. B. für Freiberufler wie Ärzte oder Rechtsanwälte).

Die Aufgaben der gesetzlichen Rentenversicherungen sind:

- Erhaltung, Besserung und Wiederherstellung der Erwerbsfähigkeit der Versicherten (zum Beispiel durch Kostenübernahme für ambulante oder stationäre Rehamaßnahmen)
- Feststellung, ob eine Minderung der Erwerbsfähigkeit (MdE) vorliegt
- Gewährung von Erwerbsminderungsrenten (früher Berufs- oder Erwerbsunfähigkeitsrente)
- Zahlung des Altersruhegeldes
- Zahlung von Renten an Hinterbliebene von Versicherten
- Förderung von Maßnahmen zur Hebung der gesundheitlichen Verhältnisse in der versicherten Bevölkerung

In der Auseinandersetzung mit diesen drei Institutionen (Krankenkasse, Versorgungsamt, Rentenversicherung) geht es praktisch immer **um Geld oder geldwerte Leistungen**. Noch vor zwanzig Jahren waren Auseinandersetzungen insbesondere von Krebspatienten mit Kassen und Behörden

Typische Konfliktsituationen sind:

Krankenkasse

- Ablehnung der Kostenübernahme für bestimmte Medikamente oder Behandlungsmethoden
- Ablehnung der Übernahme von Beförderungskosten
- Ablehnung von stationären Behandlungen in bestimmten Kliniken
- Ablehnung von Haushaltshilfen
- Ablehnung einer Einstufung oder vermeintlich zu niedrige Einstufung in die Pflegeversicherung
- Kürzung oder Beendigung der Krankengeldzahlungen
- Ablehnung von Rehabilitationsmaßnahmen
- Ablehnung von Kostenbeteiligungen für Krankensport

Versorgungsamt

- Unnötig lange Bearbeitungszeiten des Schwerbehindertenantrags
- Vermeintlich zu niedriger Ansatz des Grades der Behinderung (GdB)
- Ablehnung zusätzlicher besonderer Behinderungsmerkmale
- Ablehnung eines Verschlechterungsantrages

Rentenversicherung

- Unnötig lange Bearbeitungszeiten vor allem bei Rentenanträgen
- Ablehnung einer Erwerbsminderungsrente
- Ablehnung der Verlängerung einer bereits bewilligten, aber zeitlich befristeten Rente
- Ablehnung einer Maßnahme zur Rehabilitation
- Ablehnung der Wunschklinik für eine Rehamaßnahme

ausgesprochen selten, während sie heute als Folge der überall im sozialen Bereich bestehenden Sparzwänge leider immer alltäglicher werden.

Neben den hier aufgezählten relativ häufigen Problemstellungen können sich im Einzelfall viele verschiedene und recht individuelle Schwierigkeiten ergeben.

Grundsätzlich sollten sie bei Problemen mit Kassen oder Behörden immer persönlich (zumindest am Telefon) mit dem für sie zuständigen Sachbearbeiter sprechen. Die meisten Mitarbeiter der Kranken- und Rentenversicherungen sind ernsthaft bemüht, ihnen zu helfen! Natürlich löst das nicht immer jedes Problem.
Gelingt es nicht, die strittigen Fragen durch ein persönliches Gespräch aus der Welt zu schaffen, so tragen sie als nächstes ihr Anliegen auf jeden Fall in einem schriftlichen Antrag vor, damit sie einen (ebenfalls schriftlichen) Bescheid erhalten, gegen den sie **Widerspruch** einlegen und gegebenenfalls sozialgerichtlich vorgehen können.

Gleichzeitig mit diesem schriftlichen Antrag sollten sie mit dem Arzt ihres Vertrauens (Hausarzt, Onkologe, etc.) über die Problematik sprechen und sich von ihm beraten lassen. Vor allem wenn es sich um krebsspezifische Fragen handelt, ist es sinnvoll immer auch mit ihrem Onkologen Kontakt aufzunehmen. Entweder kann er ihnen nochmals bestätigen, dass sie tatsächlich keinen Anspruch auf die erhoffte Leistung haben. Oder er schreibt ihnen ein **Attest**, mit dem sie einen berechtigten Anspruch vielleicht durchsetzen können.

Sollte ihr zwischenzeitlich schriftlich formuliertes Anliegen, trotz ärztlichen Attestes weiterhin abgelehnt werden, müssen sie einerseits ihren Widerspruch **fristgerecht und schriftlich** gegen den Ablehnungsbescheid einreichen. Andererseits sollten sie sich jetzt auch einen juristischen Rat einholen. Nur wenn ihr Widerspruch ebenfalls abgelehnt wird und gleichzeitig sowohl ihr Arzt als auch ein fachkompetenter Jurist ihnen bestätigen, dass auch aus deren Sicht ihr Anliegen gerechtfertigt ist, sollten sie sich im nächsten Schritt den **Klageweg vor dem Sozialgericht** überlegen. Dabei sollten sie immer bedenken, dass nicht jede Streitigkeit den nicht unerheblichen persönlichen Stress eines Gerichtsverfahrens lohnt. Andererseits ist es aber auch nicht einzusehen, die gelegentlich praktizierte Willkür von Kassen oder Ämtern zu tolerieren. Entscheiden sie diesen letzten Schritt der Klage vor dem Sozialgericht nicht allein, sondern lassen sie sich am besten von verschiedenen Seiten beraten! Für sie als Versicherungsnehmer und Leistungsempfänger sind Sozialgerichtsverfahren auch weiterhin gebührenfrei. Im Falle einer Niederlage müssen sie jedoch zumindest den von ihnen beauftragten Anwalt bezahlen.

Beratung (und zum Teil auch juristische Unterstützung) in dieser Situation bieten zum Beispiel:

- Sozialdienste vieler onkologischer Schwerpunkte
- Bezirks- und Kreisstellen des Sozialverbandes VdK Deutschland
- Sozialberatungsstellen in Städten und Gemeinden
- Gewerkschaften
- Paritätischer Wohlfahrtsverband
- Diakonisches Werk
- Caritasverband

... ich Pflegegeld beantragen will?

Seit 1995 können alle Bürger der Bundesrepublik Deutschland bei einer Pflegebedürftigkeit Leistungen aus der von den Krankenversicherungen verwalteten Pflegeversicherung beantragen. Um solche Leistungen zu erhalten, muss zunächst ein Antrag an die Krankenkasse gestellt werden, der dann von einem Arzt des Medizinischen Dienstes der Krankenkassen (MdK) begutachtet wird. Er entscheidet, ob die geschilderte Pflegebedürftigkeit im Sinne des Gesetzes tatsächlich vorliegt.

Sofern der Arzt des MdK die Pflegebedürftigkeit bestätigt, erfolgt die Eingliederung des Patienten in eine von drei Pflegestufen.

In allen Pflegestufen können Geld- oder Sachleistungen aus der Pflegeversicherung bezogen werden. Bei einer **Geldleistung** lässt sich der pflegebedürftige Patient das Pflegegeld selbst auszahlen, um damit zum Beispiel einen ihn pflegenden Angehörigen zu entlohnen. Dies kann sinnvoll sein, wenn ein Angehöriger mit Hilfe des Pflegegeldes seine eigene berufliche Tätigkeit einschränkt und die so gewonnene Zeit zur Pflege nutzt. Unter **Sachleistungen** werden alle Leistungen verstanden, die von ambulanten Pflegediensten erbracht werden. Diese häusliche Krankenpflege wird direkt von der Pflegeversicherung bezahlt, wobei die Honorierung professioneller Leistungen höher ist, als diejenige für pflegende Angehörige. Geld und Sachleistungen können auch kombiniert werden.

Neben diesen Geld- und Sachleistungen kann die Pflegeversicherung auch die Finanzierung von Pflegehilfsmitteln, erforderlichen Umbaumaßnahmen im Wohnumfeld und (teil-) stationären Unterbringungen ganz oder teilweise übernehmen. Dabei weichen die Zahlungen bei teil- oder vollstationären Unterbringungen zum Teil von den oben dargestellten Geld- oder Sachleistungen ab.

Bevor sie einen **Antrag bei der Pflegeversicherung** stellen, sprechen sie mit ihrem Hausarzt oder ihrem Onkologen. Fragen sie dort ganz offen, ob sie nach ärztlicher Auffassung die Kriterien für eine Einstufung in die Pflegeversicherung erfüllen. Wenn ihre Ärzte ihnen zuraten, stellen sie den Antrag bei ihrer Krankenkasse.

Nach Eingang des Antrages bei der Krankenkasse wird sich ein Arzt des MdK bei ihnen anmelden, der sich für sein Gutachten (in Kenntnis ihres

Ob eine Pflegebedürftigkeit vorliegt, wird am Hilfsbedarf in folgenden beiden Punkten entschieden:

1. **Hilfsbedarf bei Verrichtungen in den Bereichen Körperpflege, Ernährung und Mobilität.**
   Hier wird z.B. beurteilt, inwieweit der Patient noch in der Lage ist, sich eigenständig zu waschen (auch duschen und baden), seine Zahnpflege zu betreiben und sich zu kämmen oder zu rasieren. Auch die Fähigkeit, noch selbstständig die Toilette aufzusuchen, wird beurteilt.
2. **Hilfsbedarf bei Verrichtungen der hauswirtschaftlichen Versorgung.**
   Ein solcher Hilfsbedarf wird nur anerkannt, wenn er mehrfach in der Woche erforderlich ist.

Die Höhe der Geld- bzw. Sachleistungen der Pflegeversicherung beläuft sich zur Zeit auf (Stand August 2003, Angaben in Euro):

Pflegestufe	Monatliche Geldleistung	Monatliche Sachleistung
Stufe 1	205	384
Stufe 2	410	921
Stufe 3*	665	1432

* in sogenannten Härtefällen können die Sachleistungen in Pflegestufe 3 noch höher liegen.

Antrages) noch ein persönliches Bild über ihre Situation verschaffen muss. Deshalb wird er sie zu Hause aufsuchen und ihnen eine Reihe von Fragen stellen. In einigen Fällen erfolgt auch eine Untersuchung durch diesen Arzt.

Grundsätzlich sollten sie bei der Befragung durch den ärztlichen Dienst ihre Situation wahrheitsgemäß schildern. Leider kommt es insbesondere bei älteren Patienten immer wieder vor, dass sie ihre tatsächlichen Beschwerden und somit auch ihren realen Hilfsbedarf herunterspielen, weil sie der Meinung sind „das schaffe ich schon noch irgendwie". Auf diese Weise passiert es gar nicht so selten, dass eine Einstufung abgelehnt oder eine zu niedrige Pflegestufe zugestanden wird.

Sobald sie den Bescheid über die Einstufung erhalten haben, sollten sie mit ihrem Arzt darüber sprechen. Wenn sie sich falsch beurteilt fühlen und ihr Arzt ihnen ihre Einschätzung bestätigt, sollten sie **Widerspruch** gegen den Bescheid des MdK einlegen. Bei einem solchen Widerspruch kann die Vorlage eines **Pflegegutachtens** hilfreich sein, welches fast alle ambulanten Krankenpflegedienste auf Wunsch für sie erstellen. Diese Dienste sind in der Regel auch immer bereit, sie bei der Auseinandersetzung mit ihrer Krankenkasse zu beraten und zu unterstützen. Sollte ihr Widerspruch allerdings abgelehnt werden, so müssen sie sich sehr genau überlegen, ob sich eine **Klage vor dem Sozialgericht** für sie lohnt (diesbezüglich siehe auch unter Kapitel 2.6).

Neben der Hilfestellung durch ihren Arzt sowie einem ambulanten Krankenpflegedienst können sie auch bei all jenen Institutionen, die in Kapitel 2.6 bereits aufgelistet sind, Unterstützung sowohl bei der Erstbeantragung von Leistungen nach der Pflegeversicherung als auch bei eventuellen Widerspruchsverfahren erhalten. Arzt und Pflegedienst können in dringenden Fällen zusätzlich dadurch behilflich sein, dass sie einen Eilantrag zur möglichst raschen Eingliederung in eine Pflegestufe an ihre Krankenkasse formulieren.

Pflegestufen nach den Kriterien der Pflegeversicherung:

Pflegestufe 1: Erhebliche Pflegebedürftigkeit.

Hierunter wird ein mindestens einmal täglicher Hilfsbedarf in mindestens 2 der oben genannten Verrichtungen verstanden, wobei pro Tag mindestens 45 Minuten für die Hilfe bei der körperlichen Grundpflege und mindestens 90 Minuten für Grundpflegeleistungen und Hilfe bei der hauswirtschaftlichen Versorgung zusammen anfallen müssen.

Pflegestufe 2: Schwere Pflegebedürftigkeit.

Als schwerpflegebedürftig werden Patienten eingestuft, die mindestens dreimal täglich Hilfsbedarf im Bereich "Körperpflege, Ernährung und Mobilität" haben und zudem mehrmals wöchentlich hauswirtschaftliche Hilfe benötigen.

Zudem wird gefordert, dass die Hilfe bei der körperlichen Grundpflege mindestens 2 Stunden sowie Grundpflege und Hilfe bei der hauswirtschaftlichen Versorgung zusammen mindestens 3 Stunden pro Tag in Anspruch nehmen müssen.

Pflegestufe 3: Schwerstpflegebedürftigkeit.

Schwerstpflegebedürftig ist, wer 24 Stunden am Tag auf Hilfe angewiesen ist (also auch nachts!). Dabei müssen mindestens 4 Stunden für die Hilfe zur körperlichen Grundpflege und insgesamt 5 Stunden für Grundpflege und Hilfe bei der hauswirtschaftlichen Versorgung zusammen anfallen.

… ich mit meiner Angst allein bin?

Neben körperlichen Beschwerden löst jede Krebserkrankung auch **Ängste und Sorgen** aus. Am besten ist es, wenn man darüber mit seinem Partner oder anderen Familienangehörigen sprechen kann. Leider kommt es immer wieder vor, dass solche Gespräche gar nicht oder viel zu wenig stattfinden, weil man entweder keine nahen Angehörigen hat oder diese nicht mit seinen Problemen belasten will. Es kann auch vorkommen, dass Angehörige selbst Unterstützung oder Trost benötigen. Dann ist es sowohl für den Patienten als auch für die Familie wichtig, **professionelle Hilfe** in Anspruch zu nehmen.

Der erste Ansprechpartner in dieser Situation sollte immer ihr **Hausarzt** oder ihr **Onkologe** sein. Diese können durch Aufklärung und durch ein gutes Gespräch die Ängste oftmals schon erträglicher machen. Gelegentlich kann es auch sinnvoll sein, zumindest kurzfristig **angstlösende Medikamente** einzusetzen.
Die meisten onkologischen Schwerpunkte arbeiten zudem mit ausgebildeten **Psychologen** zusammen, die ihnen auf Grund ihrer Ausbildung und Erfahrung wichtige Anregungen und Unterstützung geben können. Scheuen sie sich nicht, genau diese Hilfe in Anspruch zu nehmen!

Aber auch **Selbsthilfegruppen** können gerade in diesen Ausnahmesituationen wichtige Unterstützung leisten. In diesen Gruppen haben sich Menschen zusammen gefunden, die selbst eine Krebserkrankung haben oder hatten und die deshalb manche ihrer Sorgen auf andere und persönlichere Weise verstehen können als Ärzte und Psychologen (Adressen von Selbsthilfegruppen siehe im Kap. 7.1). Mit großer Wahrscheinlichkeit gibt es auch in ihrer Nähe eine oder sogar mehrere solcher Gruppen. Ihr Onkologe oder auch ihre Krankenkasse kann ihnen Ansprechpartner in ihrer Region nennen.

Darüber hinaus bieten viele der bereits in Kapitel 2.6 genannten **Sozialberatungsstellen**, insbesondere natürlich die kirchlichen Dienste, ebenfalls psychologische oder seelsorgerische Hilfestellung an, welche die Auseinandersetzung mit der Krankheit und ihren Folgen ein wenig erleichtern kann.

Anlaufstellen bei Ängsten durch eine Krebserkrankung:

- Hausarzt
- Onkologische Schwerpunktpraxis
- Stationärer onkologischer Schwerpunkt
- Psychologen
- Selbsthilfegruppen
- Sozialberatungsstellen

Welche Probleme kann meine Krankheit oder die Krebsbehandlung verursachen?

Schmerzen

Schmerz ist ein **Warnsymptom** des Körpers. So vielfältig die Ursachen des Schmerzes sein können, so ähnlich sind sich seine Auswirkungen: Schmerzen sind für den Betroffenen quälend und stellen alles andere in den Hintergrund. Der schmerzleidende Mensch kommuniziert nicht mehr, zieht sich zurück, wird depressiv und verliert den Lebensmut.

Besonders bei den fortgeschrittenen und nicht mehr heilbaren Krebserkrankungen sind Schmerzen ein relativ häufiges Problem. Diese sind meist durch die Krankheit selbst bedingt, können manchmal aber auch durch Therapiemaßnahmen (z. B. Operation oder Bestrahlung) hervorgerufen werden. Leider gibt es immer wieder Situationen, in denen die Schmerzen von Krebspatienten nicht optimal behandelt sind. Dies kann einerseits an der ungerechtfertigten Zurückhaltung des Arztes gegenüber starken **Schmerzmitteln** liegen. Andererseits gibt es auch Patienten, die von sich aus die Einnahme von Schmerzmedikamenten in adäquater und sinnvoller Weise verweigern. Die in der Regel unbegründete Angst vor einer **Abhängigkeit** kann hierfür ebenso ein Grund sein wie die Befürchtung, dass der Schritt zum Morphium gleichbedeutend mit einem baldigen Tod ist.

Obwohl Schmerzen bei fortschreitender Krebserkrankung häufiger vorhanden sind als zu Krankheitsbeginn, sind sie kein ausschließliches Spätsymptom. In manchen Fällen können sie bereits sehr frühzeitig auftreten und sind gelegentlich sogar der erste Hinweis für das Vorliegen eines Tumorleidens. Das bedeutet allerdings nicht, dass in solchen Situationen eine Heilung der Krankheit nicht mehr möglich wäre. In anderen Fällen wiederum kann es vorkommen, dass die Krebserkrankung z. B. durch Operation und Bestrahlung zwar vollständig beseitigt wurde, aber dennoch Schmerzen als Folge der notwendigen Therapie unter Umständen lebenslang verbleiben (z. B. Schmerzen in Schulter, Oberarm und Brustwand nach Behandlung einer Brustkrebserkrankung). Solche Situationen werden als **chronisches Schmerzsyndrom** bezeichnet.

Um Schmerzen bei Krebspatienten sinnvoll behandeln zu können, ist es wichtig, die Ursache des Schmerzes zu kennen. Dies erfordert eine gezielte Diagnostik. Nur wenn geklärt ist, ob die Krebserkrankung selbst (z. B. durch Druck auf Nerven) oder vorausgegangene Therapiemaßnahmen (z. B. durch Narbenbildung) oder vielleicht sogar ein vom Krebs unabhängiges Ereignis (z. B. Verschleiß an Gelenken) die Schmerzen verursacht, kann das Bestmögliche für den vom Schmerz geplagten Menschen getan werden.

Dabei sollten neben der medikamentösen Schmerzeinstellung auch physikalische Maßnahmen wie Lymphdrainage oder Krankengymnastik und nicht zuletzt sogar psychosoziale Aspekte mit in das therapeutische Gesamtkonzept einbezogen werden. Nur so kann es gelingen, Schmerzpatienten auch über Jahre hin derart zu betreuen, daß ihre **Lebensqualität** erhalten bleibt und sie am „normalen Leben" weiterhin teilhaben können.

Eine besondere Herausforderung in der Tumorschmerzbehandlung liegt darin, dass gerade zu Beginn der Therapie eine enge, vertrauensvolle Zusammenarbeit zwischen Arzt und Patient hergestellt werden muss. Häufig ist sogar ein täglicher persönlicher oder telefonischer Kontakt erforderlich. Nur so kann der Patient aus seiner quälenden Situation befreit und

Das Symptom „Schmerz" erfordert:

- Einen engen Arzt-Patienten-Kontakt
- Eine sofortige und ausreichende Schmerzdiagnostik
- Ein schnelles Eingreifen mit dem Ziel der Schmerzlinderung

ihm neben der medikamentösen Linderung vor allem auch psychische Sicherheit vermittelt werden.

Diagnostik

Beim Auftreten von Schmerzen sollte immer **Kontakt** zum behandelnden Arzt hergestellt werden. Dieser wird durch gezielte Befragung, körperliche Untersuchung und weitergehende diagnostische Maßnahmen (z. B. Ultraschall, Röntgen, etc.) die Ursache der Schmerzen ergründen.

Ein Großteil der Schmerzen bei Krebspatienten ist tumorbedingt (siehe auch Kap. 1.5).

Folgende Situationen lösen bei einer Krebserkrankung häufig tumorbedingte Schmerzen aus:

- Absiedelungen (Metastasen) der Krebserkrankung in den Knochen
- Schädigungen von Nerven oder Weichteilen durch Einwachsen des Tumors in diese Gewebe oder durch Druck des Tumors
- Absiedelungen (Metastasen) in Bauch- oder Brustorganen mit Druck auf die Kapsel dieser Organe
- Druck des Tumors auf den Darm mit Darmverschluss
- Befall von Rippen- oder Lungenfell

Beispiele für tumorassoziierte Schmerzen:

- Schmerzen bei Infektionen (Gürtelrose, Rippenfellentzündung, etc.)
- Schmerzen durch Druckgeschwüre bei Bettlägerigkeit (v.a. Rücken, Steiß, Ferse)
- Schmerzen durch eine Venenthrombose oder Lungenembolie

Daneben kennen wir Schmerzen, die mit dem Tumor „assoziiert“ sind, also zwar eine Abhängigkeit von der Krebserkrankung haben, jedoch nicht direkt durch die bösartigen Zellen hervorgerufen werden.

Aber auch die Behandlung einer Krebserkrankung selbst kann zu Schmerzen führen. Während in den meisten Fällen diese Schmerzen direkt nach der Behandlung auftreten und relativ rasch wieder verschwinden, kann in manchen Situationen auch ein langfristig anhaltender Schmerz verbleiben. Dies kann selbst dann passieren, wenn die Behandlung nach allen Regeln der ärztlichen Kunst erfolgte und kein Behandlungsfehler vorliegt.

Tumorunabhängige Schmerzen können beispielsweise Spannungskopfschmerz oder Migräne, aber auch Gelenk- und Wirbelsäulenbeschwerden bei bereits vorbestehenden Verschleißerscheinungen sein.

Der behandelnde Arzt wird in jedem Einzelfall versuchen, die **Ursachen** der Schmerzen exakt abzuklären, um eine möglichst gezielte Behandlung einleiten zu können. Sind die Schmerzen tatsächlich tumorbedingt, gehört neben einer zumindest kurzfristigen medikamentösen Schmerzbehandlung insbesondere auch eine adäquate Krebstherapie (z. B. Chemo- oder Strahlentherapie) zum Konzept ihres Onkologen. In diesen Fällen stellt nämlich die Behandlung der Schmerzursache (kausale Therapie) immer die beste Option dar, den Schmerz beherrschen zu können. So führt eine Verkleinerung des schmerzauslösenden Tumors in aller Regel zu einem Rückgang der Schmerzsymptomatik.

Beispiele für behandlungsbedingte Schmerzen:

- Operations- oder Wundschmerz
- Phantomschmerz nach Amputationen
- Narbenschmerzen
- Schmerzen nach Strahlentherapie („Verbrennungen“)
- Schmerzhafte Schleimhautentzündungen unter Chemotherapie

Erfassung der Schmerzintensität

Schmerz sowie seine Intensität ist trotz moderner Technik bis heute für Ärzte **nicht messbar.** Er ist ein subjektives und sehr persönliches Empfinden, was trotz unveränderter Ursache starken Schwankungen unterliegt. Jeder von uns hat bereits einmal Zahnschmerzen gehabt und weiß daher, dass Schmerz zu verschiedenen Tageszeiten unterschiedlich wahrgenommen wird. Auch Ablenkung oder Beschäftigung und sogar die Gemütsverfassung beeinträchtigen unser Schmerzempfinden sehr deutlich. In der Krebsmedizin wird Schmerz deshalb meist folgendermaßen definiert:

- Schmerz ist das, was der Patient sagt, das es ist!
- Schmerz ist so stark, wie der Patient sagt, dass er ist!

Um in dieser Situation sowohl dem Arzt als auch dem Patienten die Einschätzung der Schmerzintensität und ihre Änderung unter einer Schmerzbehandlung dennoch etwas zu erleichtern, hat sich der Einsatz von **Schmerzskalen** (siehe Kapitel 1.5, Abb. 1.30) bewährt, auf denen der Patient z. B. auf einer Skala von 0 (keine Schmerzen) bis 10 (stärkster vorstellbarer Schmerz) regelmäßig eine Selbsteinschätzung seiner Schmerzen abgibt. Die so in Form eines Zahlenwertes ermittelte Schmerzintensität ist zwar weiterhin ein subjektives Maß, kann aber in der Durchführung einer Schmerzbehandlung ein geeigneter Verlaufsparameter sein.

Grundregeln der Schmerztherapie

Die Schmerztherapie wurde bereits im Kapitel 1.5 ausführlich besprochen. An dieser Stelle sollen allerdings nochmals einige wichtige Grundregeln zusammengestellt werden.

- Für eine effektive Schmerztherapie ist ein enges und vertrauensvolles Arzt-Patienten-Verhältnis notwendig.
- In der Tumorschmerztherapie besteht für den behandelnden Arzt kein Grund, an den Schmerzangaben des Patienten zu zweifeln.
- Das WHO-Stufenschema zur medikamentösen Schmerztherapie stellt eine gute Basis für die Schmerzbehandlung dar (siehe Kap. 1.5). Dennoch erfordert die individuelle Situation des Patienten unter Umständen auch Abweichungen von diesem Schema.
- In den meisten Fällen ist eine regelmäßige Einnahme von Schmerzmedikamenten nach einem festen Zeitplan sinnvoll (Basismedikation). Bei Schmerzspitzen ist zusätzlich eine Bedarfmedikation erforderlich. Die Dosierung der Schmerzmedikamente muss regelmäßig an den Bedarf des Patienten angepasst werden. Hierfür können analoge Schmerzskalen hilfreich sein.
- Zu Beginn der Schmerztherapie sollten ausreichend hohe Dosierungen der Medikamente gewählt werden, um eine rasche Schmerzlinderung zu erreichen. Anschließend erfolgt eine individuelle Dosisanpassung entsprechend der Patientenangaben. Die Abstände zwischen den einzelnen Medikamenteneinnahmen sollten so gewählt werden, dass die Einnahme erfolgt, bevor es erneut zu Schmerzen kommt.
- In den meisten Fällen ist die Kombination verschiedener, sich in ihrer Wirkung ergänzender Schmerzmedikamente sinnvoller, als die Behandlung mit nur einem Medikament.
- Begleitmedikamente (z. B. Kortison oder Antidepressiva mit beruhigendem Effekt) und Medikamente, welche mögliche Nebenwirkungen der Schmerztherapie (z. B. Verstopfung, Übelkeit und Erbrechen) abmildern, sollten frühzeitig in Erwägung gezogen werden.
- Schmerztherapie bedeutet nicht nur medikamentöse Behandlung, sondern es können in vielen Fällen auch physikalische und psychologische (psychosoziale) Maßnahmen genutzt werden.
- Tumorschmerztherapie bedeutet in den meisten Fällen immer auch kausale Krebstherapie. Sie ist deshalb eine Aufgabe für onkologisch qualifizierte Ärzte!

Leistungsminderung und Schwäche („Fatigue-Syndrom")

„Allgemeine Schwäche" ist die deutsche Übersetzung für das lateinische Wort „fatigatio", von welchem sich der in letzter Zeit modern gewordene Begriff des **„Fatigue-Syndroms"** ableitet. Das Fatigue-Syndrom betrifft Krebspatienten im Laufe ihrer Krankheit viel häufiger als früher angenommen, insbesondere dann, wenn die Krankheit bereits Metastasen (Tochtergeschwülste) ausgebildet hat und weit fortgeschritten ist. Mattigkeit, Müdigkeit und Erschöpfung finden sich zwar auch bei Gesunden, doch im Unterschied zu dem Fatigue-Syndrom bei Krebspatienten kann diese alltägliche Form der Kraftlosigkeit in aller Regel durch ausreichend Schlaf behoben werden. Das Fatigue-Syndrom entspricht dagegen vielmehr einem **„Mangel an Lebensenergie"**. Es ist ein Überbegriff für eine Vielzahl unterschiedlicher körperlicher und psychischer Beschwerdebilder. Allen gemeinsam ist eine Verminderung der körperlichen, geistigen oder psychosozialen Leistungsfähigkeit.

Die verschiedenen Symptome eines Fatigue-Syndroms:

- Körperliche Schwäche
- Leistungsminderung
- Müdigkeit
- Schlafstörungen
- Abgeschlagenheit
- Lustlosigkeit
- Antriebsarmut
- Konzentrationsmangel
- Gedächtnisstörungen
- Gleichgültigkeit
- Kontaktarmut
- Appetitlosigkeit
- Hoffnungslosigkeit

Eine wichtige Ursache für ein Fatigue-Syndrom ist die bei Krebspatienten recht häufig auftretende Blutarmut (Anämie, siehe auch Kapitel 3.5), worunter ein Mangel an roten Blutkörperchen (bzw. rotem Blutfarbstoff) verstanden wird. Aufgabe des Farbstoffes in den roten Blutkörperchen ist der Transport von Sauerstoff innerhalb unseres Körpers. Bei einem Mangel an roten Blutkörperchen kommt es zu einer Unterversorgung der inneren Organe mit diesem lebenswichtigen Gas. Da Sauerstoff insbesondere für unseren Energiestoffwechsel unentbehrlich ist, hat sein Mangel direkte Auswirkungen auf unsere geistige und körperliche Leistungsfähigkeit. Einige der bei einem Fatigue-Syndrom auftretenden Beschwerden lassen sich direkt auf eine Blutarmut zurückführen.

Wird eine Blutarmut bei Krebspatienten nicht erkannt oder nicht behandelt, verschlechtert sie sich in vielen Fällen kontinuierlich. Die Schwäche der Patienten nimmt dann immer weiter zu und letztendlich können sie das Bett nicht mehr verlassen. Sie ha-

Beispiele für Faktoren, die ein Fatigue-Syndrom verursachen oder verstärken können:

- Blutarmut
- Eisenmangel
- Ernährungsdefizite mit Mangel an Vitaminen, Nährstoffen oder Kalorien
- Flüssigkeitsdefizit oder Verschiebungen der Blutsalze
- Nebenwirkungen der Krebstherapie (v.a. bei Chemotherapie oder Strahlentherapie)
- Nebenwirkungen anderer Medikamente (z. B. starke Schmerzmittel, Psychopharmaka)
- Leber- oder Nierenschädigungen
- Sauerstoffmangel durch Lungenschädigungen
- Hormonelle Störungen
- Hirnschäden (z. B. nach Bestrahlung oder bei Durchblutungsstörungen)
- Isolation, Einsamkeit, Depression
- Sonstige Begleiterkrankungen (z. B. Infektionen)

ben jegliche Energie verloren, wollen nur noch in Ruhe gelassen werden und haben eine sehr geringe Lebensqualität.

Wenn die Blutarmut die ausschlaggebende Ursache für ein Fatigue-Syndrom ist, lassen sich die Beschwerden durch eine Blutübertragung oder aber durch die Gabe von Substanzen, welche die körpereigene Blutbildung anregen, recht gut behandeln (siehe auch Kap. 1.4 Supportivtherapie). Allerdings handelt es sich beim Fatigue-Syndroms meist um ein vielschichtiges Zusammenspiel verschiedener Faktoren, was die Behandlung entsprechend erschwert.

Krebskranke Menschen sollten über die Symptome eines Fatigue-Syndroms informiert sein und offen mit ihrem Arzt über diese Beschwerden sprechen. Auch wenn dieser nicht immer Leistungsfähigkeit und Lebensqualität vollständig wiederherstellen kann, wird er sich doch auf jeden Fall bemühen, beides zu verbessern.

Appetitlosigkeit und Gewichtsverlust

Appetitlosigkeit und ungewollter Gewichtsverlust deuten in vielen Fällen auf ein **Fortschreiten der Krebserkrankung** hin. Als Folge des hohen Energiebedarfs der Krebszellen sowie einer Stoffwechseländerung unter dem Einfluss bestimmter körpereigener Botenstoffe verliert der Patient mehr an Muskelmasse, Fett- und Zuckerspeichern, als er neu bilden kann. Dabei kommt es häufig durch die tumorbedingten Stoffwechselveränderungen selbst dann bereits zu einem Gewichtsverlust, wenn der Patient noch genügend Appetit hat und scheinbar ausreichend Nahrung zu sich nimmt.
Tritt zusätzlich Appetitlosigkeit ein, wird der Gewichtsverlust durch die dann unzureichende Nahrungsaufnahme mit Mangel an Eiweiß, Spurenelementen und Kohlehydraten weiter verschärft. Da Eiweißmangel zu einer vermehrten Wassereinlagerung in unser Körpergewebe führt (z. B. in das Unterhautfettgewebe), ist der effektive **Verlust an Körperzellmasse** oft deutlich höher als es der auf der Waage gemessene Rückgang des Gewichtes widerspiegelt.

Neben einer Verschlechterung der Krebserkrankung gibt es jedoch auch noch andere Ursachen für einen Gewichtsverlust bei Krebspatienten. Deshalb sollte in jedem Fall eine sorgfältige Abklärung durch den behandelnden Arzt erfolgen.
Der Mangel an lebenswichtigen Eiweißbausteinen (Aminosäuren), aber auch der Mangel an Spurenelementen sowie eine ungenügende Energie- und Vitaminzufuhr können neben einem Gewichtsverlust auch eine **Schwächung des Immunsystems** verursachen. Deshalb müssen bei einer Krebserkrankung Nutzen und Risiko jeglicher Therapiemaßnahmen für den Patienten stets gegeneinander abgewogen werden. Gegebenenfalls müssen Therapiepausen eingelegt werden, damit der Patient die Gelegenheit hat, Nährstoffdefizite auf natürliche Weise auszugleichen und sich so seine körperlichen Widerstandskräfte erholen können.

Mögliche Ursachen für Appetitlosigkeit und Gewichtsverlust bei Krebspatienten

1. **Krankheitsbedingte Ursachen**
   - Hoher Energiebedarf der Krebszellen
   - Änderung des Stoffwechsels bei Krebserkrankungen
   - Schluckstörungen z. B. durch tumorbedingte Verengung der Speiseröhre
   - Störung der Darmfunktion z. B. durch tumorbedingte Verengung des Dickdarms
   - Blutarmut und Fatigue-Syndrom
2. **Therapiebedingte Ursachen**
   - Entzündungen der Mundschleimhaut z. B. durch eine Chemotherapie
   - Chronische Übelkeit z. B. während einer Chemotherapie
   - Schluckstörungen bei Entzündungen der Speiseröhre durch Strahlentherapie
   - Mundtrockenheit unter Strahlentherapie
   - Geschmacks- und Geruchstörungen unter Chemo- oder Strahlentherapie
   - Fatigue-Syndrom unter Chemo- oder Strahlentherapie
   - Schluckstörungen bei operationsbedingten Verengungen der Speiseröhre
   - Operationen an Magen- oder Darm (z. B. Magenentfernung, Darmteilverlust)
   - Übelkeit und Verstopfung unter Schmerztherapie
   - Unzureichend behandelte Schmerzen
3. **Sonstige Ursachen**
   - Angst
   - Depressionen
   - Isolation
   - Mangelnde Bewegung
   - Zahnprobleme oder schlecht angepasstes Gebiss
   - Infektionen (z. B. bakterielle Besiedlung eines Venenkatheters, Pilzbefall der Schleimhäute)

Diagnostik

Eine regelmäßige gezielte Befragung des Patienten durch den Arzt nach Allgemeinsymptomen wie Appetitlosigkeit, Geschmackstörungen oder Leistungsminderung, die konsequente Erfassung des Körpergewichts sowie eine wiederholte körperliche Untersuchung (Nachweis z. B. von Wassereinlagerungen, Mundschleimhautentzündungen, Pilzbefall im Mund-Rachen-Raum, Zahnproblemen, etc.) sind einfache, aber wichtige Hilfsmittel, um den Ernährungszustand eines Krebspatienten zuverlässig einschätzen zu können.

Insbesondere bei kommunikationsgestörten Patienten kann aber auch eine Befragung der Familienangehörigen zu den Ernährungsgewohnheiten sehr nützlich sein.

Therapeutische Maßnahmen

Bestehen behebbare Ursachen für Appetitlosigkeit und Gewichtsverlust, wie z. B. Zahnprobleme oder Infektionen im Mundbereich, sollten diese zunächst gezielt beseitigt werden. In vielen Fällen aber sind die Ursachen relativ komplex und lassen sich nicht durch solch einfache Maßnahmen beheben. Dennoch muss auch in diesen Fällen möglichst frühzeitig eine Intervention erfolgen. Dabei sind die **Wünsche des Patienten** zu berücksichtigen. Kein Patient sollte zur oralen (durch den Mund) Nahrungsaufnahme gezwungen werden! Wenn subjektiv eine Abneigung gegen die Nahrungsaufnahme besteht, kann allein der Geruch von Speisen bei den betroffenen Patienten Übelkeit und Rückzug hervorrufen.

Solange aber eine ausreichende Nahrungsaufnahme auf natürlichem Wege möglich ist, sollte dieser Weg bevorzugt werden. Es ist sinnvoll, häufiger kleinere Portionen (evtl. auch nachts) zu sich zu nehmen. Ein Glas Rotwein, ein Bier oder auch andere alkoholhaltige Getränke in kleinen Mengen können den Appetit ebenso positiv beeinflussen wie die Anwesenheit vertrauter Menschen und ein gutes Gespräch.

Körperliche Bewegung sowie Spaziergänge an der frischen Luft sind ebenfalls hilfreich.

Die Patienten sollten immer wieder zur Nahrungsaufnahme ermuntert werden. Nahrungsmittel mit einem hohen **Energiegehalt** (viel Fett, viel Zucker), wie Vollmilchprodukte, Käse, Pudding und Milcheis, sind zu bevorzugen. Sie sind besser geeignet als Nahrungsmittel, die schnell ein Völlegefühl vermitteln, aber wenig Energie enthalten (z. B. Rohkost, Früchte, Vollkornbrot).

Sinnvoll sind z. B. gekochtes Gemüse (möglichst mit Butter angerichtet), Fruchtsaft und leichtes Brot ebenfalls mit Butter und Belag nach Wunsch des Patienten. Bei Abneigung gegen Fleisch können kalte Kalbs- oder Geflügelstückchen, geräucherter Fisch oder Rührei, jeweils in kleinen Portionen, versucht werden. Auch Quarkdesserts sind geeignet.

An dieser Stelle soll ausdrücklich vor sogenannten Krebsdiäten gewarnt werden. Oftmals fördern diese Diäten lediglich eine einseitige Ernährung, in deren Folge Mangelerscheinungen auftreten können, die ihrerseits das Immunsystem weiter schwächen und das Fortschreiten der Krebserkrankung fördern.

Wenn der Patient feste Speisen ablehnt oder nicht mehr zu sich nehmen kann, sind trinkbare Ernährungslösungen eine Alternative. Sie werden von einigen Firmen in verschiedenen Geschmacksrichtungen angeboten.

Sollte trotz all dieser Maßnahmen der weitere Gewichtsverlust des Patienten nicht zu verhindern sein, können unterstützend appetitsteigernde Medikamente oder sogar eine künstliche Ernährung durch eine im Magen liegende Sonde oder direkt über eine Vene erforderlich werden (s. Kap. 1.5, Ernährungstherapie).

Gewichtszunahme

Gelegentlich kommt es im Rahmen der medikamentösen Therapie einer Krebserkrankung zu einer Gewichtszunahme. Aber auch Komplikationen anderer Therapieformen, der Grunderkrankung selbst oder auch von Begleiterkrankungen, können das Gewicht eines Krebspatienten steigern, wobei dieses dann meist die Folge einer abnormen Wasseransammlung im Körper ist. Unabhängig von der Ursache kann eine Gewichtszunahme schleichend und zunächst ohne wesentliche Beeinträchtigung des Lebensgefühls oder aber auch relativ plötzlich und unter Umständen mit erheblichen Beschwerden einhergehen.

Um eine Gewichtszunahme rechtzeitig erkennen und bessern zu können, sind die gleichen diagnostischen Maßnahmen wie bei einem Gewichtsverlust erforderlich (Befragung durch den Arzt, Wiegen, körperliche Untersuchung). Darüber hinaus wird ihr Arzt insbesondere bei dem Verdacht auf eine abnorme Wasseransammlung im Körper weitere technische Untersuchungen veranlassen (vor allem Laboruntersuchungen, Ultraschall und Röntgen).

Sofern die Gewichtszunahme durch eine Hormontherapie verursacht wird, ist eine Ernährungsberatung mit konsequenter Umstellung der Ernährungsgewohnheiten sowie regelmäßige körperliche Bewegung (Sport) erforderlich. Dennoch ist es für die betroffenen Patienten oft schwer, eine weitere Gewichtszunahme zu verhindern. Bei einer Schilddrüsenunterfunktion, die insbesondere nach Bestrahlung des oberen Brustkorbes auftreten kann, führt eine Behandlung mit Schilddrüsenhormonen zu einer raschen Normalisierung der Stoffwechsellage und oft auch des Gewichtes. Ist die Gewichtszunahme durch Wassereinlagerungen bedingt, können medikamentöse Maßnahmen (harntreibende oder herzstärkende Medikamente), eine physikalische Behandlung (Lymphdrainage) oder auch eine Punktion (bei Ergüssen in Körperhöhlen) Besserung herbeiführen.

Mögliche Ursachen für eine ungewollte Gewichtszunahme bei Krebspatienten:

1. Hormonelle Ursachen
- Hormontherapie bei Brustkrebs
  Tamoxifen (sehr häufig)
  Gestagene (sehr häufig, aber heute nur noch selten eingesetzt)
  Aromatasehemmer (seltener als bei Tamoxifen)
- Hormontherapie bei Prostatakrebs
- Hormontherapie bei Gebärmutterkrebs
- Auslösung der Wechseljahre durch Operation, Bestrahlung oder Chemotherapie
- Behandlung mit Kortison
- Schilddrüsenunterfunktion (z. B. nach Bestrahlung)

2. Komplikationen der Erkrankung, der Therapie oder einer Begleiterkrankung
- Wassereinlagerungen bei Ergüssen in Körperhöhlen
  Erguss im der Brusthöhle (Pleuraerguss)
  Erguss in der Bauchhöhle (Aszites)
- Wassereinlagerung im Gewebe bei
  Eiweißmangel
  Lymphstau (z. B. als Folge einer Krebsoperation)
  Thrombose
  Herzschwäche (z. B. als Folge einer Chemotherapie)
  Nierenschwäche (z. B. als Folge einer Chemotherapie)
  Leberschäden

3. Sonstige Ursachen
- Fehl- und Überernährung bedingt durch
  Psychische Faktoren
  Organische Hirnschäden (z. B. bei Hirntumor)

Blutungen und Blutarmut

Unter dem Begriff Blutarmut (Anämie) wird ein Mangel an roten Blutkörperchen verstanden. Diese bestehen zum größten Teil aus dem roten Blutfarbstoff Hämoglobin und sind für den Sauerstofftransport in unserem Körper zuständig. Bei Tumorpatienten ist ein Mangel an diesen roten Blutkörperchen ein recht häufiges Problem. Insbesondere bei Krebserkrankungen des Magen-Darmtraktes kann eine Anämie bereits in frühen Krankheitsstadien durch Blutungen (Verlust von roten Blutkörperchen sowie Eisen über den Stuhlgang) bedingt sein. Dabei muss das über den Stuhlgang ausgeschiedene Blut nicht unbedingt mit bloßem Auge sichtbar sein, sondern oft sind es so geringe Mengen, dass diese nur durch einen Labortest nachgewiesen werden können (unsichtbares oder okkultes Blut, z.B. Hämoccult-Test).

Bei vielen anderen Krebserkrankungen entwickelt sich eine Blutarmut allerdings erst sehr viel später und ist in diesen Fällen meist nicht durch Blutungen, sondern durch eine Hemmung der Blutbildung im Knochenmark bedingt. Eine solche Verminderung der Blutbildung kann dadurch entstehen, dass sich bösartige Zellen im Knochenmark ausgebreitet haben und den Zellen der Blutbildung nicht mehr genügend Raum lassen. Diese Ursache der Blutarmut ist typisch für Lymphome und Leukämien, kann aber auch bei anderen Krebserkrankungen (z.B. Prostatakrebs, Brustkrebs) vorkommen.

Häufiger noch ist allerdings eine Beeinflussung der Blutbildung durch bisher nicht eindeutig definierte Botenstoffe (vermutlich Substanzen unserer eigenen Immunabwehr), die bei allen Krebserkrankungen freigesetzt werden und die Produktion von Blutzellen hemmen. Darüber hinaus können Ernährungsprobleme, verschiedene Organschädigungen, aber auch die Behandlung der Krebserkrankung

Mögliche Ursachen einer Blutarmut bei Krebspatienten:

1. **Blutungen**
   - Blutverluste über den Magen-Darmtrakt
   - Blutverluste über den Urin
   - Blutverluste aus dem weiblichen Genitaltrakt
   - Blutungen bei offenen Wunden (z.B. bei Hautkrebs oder durch Druckgeschwüre bei Bettlägerigkeit)
   - Blutungen aus der Lunge
   - Blutungen aus dem Nasen- Rachenraum
2. **Eisenmangel**
   - Chronische Blutverluste
   - Fehlernährung
3. **Vitaminmangel (v.a. Vitamin B12 und Folsäure)**
   - Fehlernährung
   - Verlust des Magens oder von Teilen des Darms durch Operation
4. **Hemmung der Blutbildung im Knochenmark**
   - Verdrängung der gesunden Knochenmarkszellen durch Krebszellen
   - Hemmung der blutbildenden Zellen durch krankheitsbedingt gebildete Botenstoffe
   - Hemmung der blutbildenden Zellen durch Chemo-, Strahlen- oder Zytokintherapie
5. **Sonstige Ursachen**
   - Nierenschädigung
   - Milzvergrößerung
   - Leberschädigung
   - Zerstörung von roten Blutkörperchen (z.B. durch die körpereigene Abwehr)

selbst (v.a. bei Chemo- oder Strahlentherapie) eine Blutarmut verursachen.

Solange sich eine Blutarmut langsam entwickelt, bemerkt der Patient sie häufig erst sehr spät, da der Körper über verschiedene Anpassungsmechanismen verfügt. Daher muss der behandelnde Arzt bei jeder Untersuchung auf **typische Symptome** einer Anämie achten und gegebenenfalls deren Ursache abklären.

Je nach Ursache der Blutarmut stehen verschiedene **Behandlungsmöglichkeiten** zur Verfügung:

Symptome einer Blutarmut können sein:

- Müdigkeit und Schwäche (Fatigue-Syndrom)
- Mattigkeit und Schweregefühl der Beine und Arme
- Vergesslichkeit und Konzentrationsschwäche
- Lustlosigkeit und Mühe beim Erledigen der täglichen Arbeit
- Morgendliche Abgeschlagenheit trotz ausreichendem Schlaf
- Grundlose Reizbarkeit oder auch der Wunsch sich zurückzuziehen
- Traurigkeit und Depressionen
- Körperliche Leistungsminderung und Luftnot
- Herzrasen und Herzstolpern
- Haut- und Lippenblässe

Bei einer Blutung (z.B. durch eine Operation) wird man versuchen, den weiteren Blutverlust zu unterbinden. Bei einem Mangel an Eisen- oder Vitaminen können diese Stoffe in Form von Tabletten oder Spritzen (Vitamin B12) ersetzt werden. Die Verdrängung des Knochenmarks durch Krebszellen kann eine gezielte Krebstherapie erforderlich machen (z.B. Chemotherapie). Wird die Blutarmut durch die Krebsbehandlung verursacht, muss diese zunächst unterbrochen werden, damit sich die Zellen der Blutbildung erholen können.

Häufig ist eine Blutübertragung oder die Gabe von Medikamenten zur Steigerung der körpereigenen Blutbildung notwendig. Vorteile der Blutübertragung sind die sehr viel schnellere Wirksamkeit sowie die deutlich geringeren Kosten gegenüber der Medikamentengabe. Demgegenüber steht ein sehr geringes Risiko bei der Blutübertragung eine Virusinfektion (Hepatitis, HIV) zu verursachen. Zumindest Patienten, die häufig Blutübertragungen benötigen, können zudem Abwehrstoffe gegen das fremde Blut bilden, mit der Folge, dass allergische Reaktionen auftreten können, oder aber übertragenes Blut so schnell abgebaut wird, dass die Besserung der Anämie nur von sehr kurzer Dauer ist.
Darüber hinaus kann das mit jeder Blutübertragung dem Patienten zugeführte Eisen Schädigungen an inneren Organe hervorrufen (v.a. an Leber, Herz und Bauchspeicheldrüse).

Fieber und Infektionen

Unter Fieber versteht man die Erhöhung der Körpertemperatur auf Werte über 38,5° C. Bei Werten zwischen 37,0° C und 38,5° C spricht man im allgemeinen von erhöhter Temperatur.

Fieber und erhöhte Temperatur sind nicht nur bei Menschen mit einer Krebserkrankung ein typisches Symptom für eine **Infektion** durch Bakterien, Viren oder seltener auch Pilze. Da Krebspatienten eine **gesteigerte Infektanfälligkeit** aufweisen, ist Fieber immer als ein Alarmzeichen aufzufassen und sollte dem behandelnden Arzt sofort mitgeteilt werden.

Dieser wird durch Befragung, körperliche Untersuchung, Laborbestimmungen und gegebenenfalls weitere technische Untersuchungen versuchen, die Ursache des Fiebers zu ergründen. Da Fieber zunächst immer den Verdacht auf eine Infektionserkrankung lenkt, wird ihr Arzt zudem verschiedene Proben entnehmen, um den Erreger der Infektion möglichst eindeutig nachzuweisen. Dieses sind vor allem Blut-, Urin- und Stuhlproben, aber auch Haut- oder Schleimhautabstriche. Findet man in ihnen einen krankheitsauslösenden Keim, kann eine gezielte Therapie eingeleitet werden. Andernfalls wird der Arzt die Behandlung auf Grund seiner Erfahrung auch ohne Erregernachweis festlegen.

Mögliche Ursachen für Fieber bei Krebspatienten:

1. Infektionen

- Bakterielle Infektionen:
  Lungenentzündungen oder Infekte der oberen Luftwege
  Harnwegsinfekte
  Infektionen von Portkathetern
  Hautinfektionen (z.B. Wundrose)
  Darminfektionen
- Virusinfektionen:
  Lungenentzündungen oder Infekte der oberen Luftwege
  Hautinfektionen (z.B. Gürtelrose)
  Infektionen lymphatischer Organe (z.B. Pfeiffersches Drüsenfieber)
  Magen-Darminfektionen
- Pilzinfektionen:
  Pilzbefall der Schleimhäute des Mund-Rachenbereiches
  Pilzbefall des Magen-Darmtraktes
  Pilzbefall der Bronchien und der Lunge
  Pilzbefall innerer Organe
  Haut- und Nagelpilzbefall
  Pilzinfektion von Portkathetern (sehr selten)

2. Tumorfieber

- Lymphome und Leukämien
- Andere schnell wachsende Tumorerkrankungen

3. Medikamentenfieber

- Bisphosphonate
- Zytokine
- Antikörper
- Fremdeiweiße (z.B. Mistelpräparate)
- Blutprodukte
- Unverträglichkeitsreaktion gegen Medikamente (sehr selten)

4. Sonstige Ursachen

- Hormonelle Störungen (sehr selten)
- Hirnschädigungen

Bei Krebspatienten kann Fieber auch ohne das Vorliegen einer Infektion auftreten. Vor allem bei Lymphomen und Leukämien kann es ein **Symptom der Krebserkrankung** selbst sein. Aber auch Medikamente (z.B. Biphosphonate) und Blutprodukte (Zytokine) können gelegentlich eine Fieberreaktion auslösen, die trotz Fortführung der Behandlung in der Regel von allein verschwindet (siehe Kap. 1.4). Meistens ist Fieber jedoch ein Zeichen für eine Unverträglichkeit und zwingt zum Absetzen des auslösenden Medikamentes.
Tumorfieber und **Medikamentenfieber** sind zwar beide selten, müssen jedoch bei der Abklärung von Fieberschüben ebenso wie einige weitere mögliche Ursachen bedacht werden, da ihre Behandlung anders als bei einer Infektionskrankheit verläuft.

Neben Fieber gibt es eine ganze Reihe weiterer Symptome und Untersuchungsergebnisse, die auf das Vorliegen einer Infektion hinweisen. Einige dieser Befunde sind **allgemeine Krankheitszeichen** und treten bei den meisten Infektion gleichermaßen auf. Andere sind wiederum davon abhängig, welches Organ oder welcher Bereich unseres Körpers infiziert ist oder aber welcher Keim die Infektion verursacht.

Allgemeine Krankheitszeichen bei Infektionen:

- Fieber
- Schwäche
- Abgeschlagenheit
- Erhöhte Blutsenkung
- Veränderungen von Zahl und Zusammensetzung der weißen Blutkörperchen (unter einer Chemotherapie oft nicht nachweisbar!)
- Erhöhung der Blutplättchen
- Veränderung der Zusammensetzung der Bluteiweiße

Risikofaktoren für Fieber und Infektionen

Neben allgemeinen Risikofakroren wie Alter, schlechter Allgemein- und Ernährungszustand sowie chronische Begleiterkrankungen kommt bei **Krebspatienten** erschwerend hinzu, dass auch viele Therapieformen die körpereigene Abwehr weiter schwächen (z.B. Operation, Chemotherapie, Strahlentherapie). Zudem gibt es Situationen, in denen die normalen **Schutzbarrieren** des Körpers (wie z.B. Haut oder Schleimhäute) geschädigt sind (z.B. Schleimhautentzündungen durch Chemotherapie oder Druckgeschwür bei Bettlägerigkeit). Keime finden dann leichter Eintrittspforten in den Körper. Aber auch die in den Körper zur Durchführung einer Krebsbehandlung eingebrachten Nadeln, Katheter oder Schläuche stellen weitere mögliche Eintrittspforten für Krankheitserreger dar.

Ist dann auch noch durch eine gerade durchgeführte Chemotherapie die Zahl der weißen Blutkörperchen erniedrigt, können selbst normalerweise harmlose Keime schwere und unter Umständen sogar lebensbedrohliche Infektionen verursachen. Am meisten gefährdet sind Patienten, die eine **Hochdosis-Chemotherapie** zur Vorbereitung einer Knochenmarks- oder Blutstammzell-Transplantation erhalten haben (siehe Kap. 1.4, Chemotherapie). Bei diesen Menschen ist die Immunabwehr für einige Zeit nahezu vollständig lahmgelegt, so dass sie in möglichst keimarmen Räumen isoliert werden müssen. Dennoch sind Infektionen häufig nicht zu verhindern und stellen trotz wirkungsvoller Medikamente für diese Patienten solange ein hohes Risiko dar, bis sich die körpereigene Abwehr von der Therapie erholt hat.

Beispiele für Infektionen bei Krebspatienten

1. **Infektionen der unteren Atemwege und der Lunge:**

Atemwegsinfektionen (Entzündungen der Bronchien und der Lunge) stellen die häufigste infektiöse Komplikation bei krebskranken Menschen dar. **Bettlägerigkeit**, fortgeschrittenes **Krankheitsstadium** und Hemmung der **körpereigenen Abwehr** sind dabei begünstigende Faktoren. Aber auch **Begleiterkrankungen** wie z. B. eine Herzschwäche oder eine Zuckerkrankheit können die Infektneigung weiter verstärken.

Bei Patienten mit Lungenkrebs oder Lungenmetastasen ist die durch Tumorbefall bedingte Verengung von Bronchien oder sogar deren kompletter Verschluss ein zusätzlicher Risikofaktor für Infektionen der Atemwege. Bei bettlägerigen Patienten kann das Verschlucken von Speiseresten in die Atemwege ein möglicher Auslöser einer schweren Infektion sein.

Besonderheiten bei bakteriellen Lungeninfektionen:
Als Erreger kommen viele verschiedene Bakterien in Betracht. Neben solchen, die auch bei ansonsten gesunden Menschen Lungenentzündungen auslösen können (z. B. Pneumokokken, Streptokokken, Staphylokokken) muss bei abwehrgeschwächten Patienten auch an Tuberkuloseerreger und an Bakterien gedacht werden, die für AIDS-Patienten typisch sind!

Bakterielle Lungeninfektionen gehen häufig mit starken Krankheitssymptomen einher:

- Hohes Fieber
- Ausgeprägte körperliche Schwäche
- Schnelle Atmung
- Luftnot
- Husten mit häufig gelb-grünlichem Auswurf
- Gelegentlich Verwirrtheitszustände

Bakterielle Infektionen der Lunge müssen mit Antibiotika behandelt werden!

Besonderheiten bei Virusinfektionen der Lunge:
Schwere Virusinfektionen der Lunge sind bei Krebspatienten im Vergleich zu bakteriellen Infekten relativ selten. Allerdings können für stark abwehrgeschwächte Patienten bereits harmlose Erkältungs- oder Grippeviren gefährlich werden.

Antibiotika sind gegen Virusinfektionen wirkungslos! Nur für wenige Virusinfekte der Lunge stehen geeignete Medikamente zur Verfügung.

Besonderheiten bei Pilzinfektionen der Lunge:
Pilzinfektionen sind noch seltener als Virusinfektionen und treten in der Regel nur bei schwerster Abwehrschwäche auf. Sie können durch eine vorausgegangene Behandlung mit Antibiotika gegen Bakterien begünstigt werden. Erreger sind vor allem Hefen und Schimmelpilze die meist über den Mund-Rachenraum in den Körper gelangen.

Für die Behandlung von Pilzinfektionen sind Antibiotika wirkungslos!

Es kommen Medikamente zum Einsatz, die als **Antimykotika** bezeichnet werden. Diese können während einer Chemotherapie bereits vorbeugend in Form von Lutschtabletten oder Spüllösungen eingesetzt werden, um Mund- und Rachenraum möglichst von Pilzen zu befreien.

2. **Infektionen im Bereich von Mund, Rachen, Hals, Nase oder Ohren:**

Bei unklarem Fieber ist es wichtig, auch in diesen Bereichen sorgfältig nach Infektionsherden zu suchen. Dabei sind Rötungen, Schwellungen oder sonstige Veränderungen der Schleimhäute (z. B. Belege, offene Stellen oder Geschwüre) Zeichen, die auf eine **Eintrittspforte** für Krankheitserreger hinweisen können. Bei auffälligen Befunden wird ihr Arzt mit einem Wattetupfer Material von den veränderten Schleimhäuten entnehmen (Schleimhautabstrich), welches dann auf Bakterien- oder Pilzbefall untersucht wird. Der sichere Nachweis einer Virusinfektion ist weitaus schwieriger und erfolgt meist über Blutuntersuchungen.

Infektionen der Schleimhäute dieses Bereiches (einschließlich der Nasennebenhöhlen) sind in manchen Fällen Ausdruck einer durch die Krebserkrankung hervorgerufenen **Schwäche des Immunsystems** (v.a. bei Lymphomen und Leukämien). Viel häufiger treten sie allerdings als Folge einer Krebsbehandlung auf. Einige Therapieformen (v.a. Chemotherapie und Bestrahlung) verursachen mitunter schwere Schäden an den Schleimhäuten, wodurch deren natürliche Schutzfunktion herabgesetzt wird. Zudem führen diese Behandlungsmaßnahmen auch zu einer Abwehrschwäche, so dass die in eine geschädigte Schleimhaut eindringenden Keime sehr leicht lokale, aber auch sich auf den ganzen Körper ausbreitende Infektionen auslösen können.

Aus diesem Grund wird oftmals bereits zu Beginn einer Tumortherapie vorbeugend eine verstärkte **Mundhygiene** verordnet. Ist es jedoch bereits zu einer Infektion im Mund-, Rachen- oder Halsbereich gekommen, sollte die Mundpflege intensiv zur Anwendung kommen. Dabei werden häufig Spülungen mit entzündungshemmenden oder keimtötenden Lösungen (z.B. Salbei aber auch Jod- oder Hexetidinlösungen, Gentiana-Violett) sowie lokal schmerzstillende Maßnahmen oder Medikamente (z.B. Lutschen von Eiswürfeln oder Benetzen der Schleimhaut mit örtlichen Betäubungsmitteln) mehrmals täglich eingesetzt.

Bei schweren bakteriellen Infektionen können einzelne **Antibiotika** (z.B. Vancomycin) zwar ebenfalls als Spüllösung verwendet werden, jedoch müssen diese bakterientötenden Medikamente dann üblicherweise auch in Tablettenform oder über die Vene verabreicht werden, um ihre Wirkung über den Blutweg zu entfalten.

Ist eine Infektion durch Pilze hervorgerufen, werden pilztötende Medikamente **(Antimykotika)** bevorzugt als Spüllösung eingesetzt. Sie sollten nach gründlicher Spülung des Mund- und Rachenraumes geschluckt werden, da sie so auch eine Wirkung in der nicht selten ebenfalls entzündeten Speiseröhre entfalten. Im Einzelfall sollten sie jedoch immer ihren Arzt fragen, ob die von ihm verordneten Präparate geschluckt werden sollen oder lediglich der Spülung des Mund-Rachenraumes dienen.

Auch Virusinfektionen der Schleimhäute können insbesondere bei starker Abwehrschwäche auftreten. Gegen einige Viren stehen spezifische Medikamente **(Virostatika)** zur Verfügung, während andere nur mit lokal lindernden Maßnahmen behandelt werden (z.B. Salbeispülungen, Schmerzlinderung durch örtliche Betäubungsmittel).

Bei den meist bakteriellen Infektionen der Ohren müssen der äußere Gehörgang und das Trommelfell durch den Arzt untersucht werden. Ist lediglich der äußere Gehörgang durch die Entzündung betroffen, kann in Einzelfällen eine lokale Behandlung (z.B. Einträufeln von Myrrhe-Tinktur) ausreichend sein. Meistens wird jedoch der Einsatz von Antibiotika unumgänglich sein.

3. Infektionen des Magen-Darmtraktes:

Bei leichteren Infektionen des Magen-Darmtraktes muss nicht unbedingt Fieber auftreten. Schwere bakterielle Infektionen sind meistens mit hohem Fieber und **Schüttelfrost** verbunden.

Folgende Beschwerden können auf eine Infektion im Magen-Darmtrakt hinweisen:

Infektion der Speiseröhre:
- Schmerzen im Brustkorb
- Sodbrennen
- Schluckstörungen
- Erbrechen unverdauter Speisen

Infektionen im Magen und oberem Dünndarm
- Schmerzen v.a. im Oberbauch
- Übelkeit
- Erbrechen von Mageninhalt oder Galle
- Durchfall

Infektionen im unteren Dünndarm und Dickdarm
- Schmerzen oft im Mittel- und Unterbauch
- Durchfall
- Übelkeit
- Erbrechen (selten)
- Sichtbares Blut im Stuhl

Bei Beschwerden wie Übelkeit, Erbrechen und Durchfall ohne gleichzeitiges Fieber muss keinesfalls immer eine Infektion im Bauchbereich die auslösende Ursache sein. Eine Krebserkrankung im Magen-Darmtrakt, eine Chemo- oder Strahlentherapie, aber auch viele Medikamente (z.B. Antibiotika) können ganz ähnliche Symptome hervorrufen. Im Einzelfall kann es durchaus schwierig sein, die Ursache für diese Beschwerden eindeutig zu klären.

Unabhängig von der Ursache wird ihr Arzt bei Beschwerden im Magen-Darmtrakt neben einer körperlichen Untersuchung auch eine Ultraschall- und gelegentlich eine Röntgendiagnostik des Bauchraumes veranlassen, um vor allem einen drohenden **Darmverschluss** rechtzeitig zu erkennen. Zudem sind Blutabnahmen wichtig, um gefährliche Salzverluste durch Erbrechen und Durchfall nachzuweisen. Stuhluntersuchungen dienen schließlich dazu, Bakterien oder Pilze als Ursache für eine Infektion zu erkennen.
Gelegentlich kann eine **Spiegelung** der Speiseröhre, des Magens oder des Dickdarms (Endoskopie) erforderlich sein, um eine Pilzinfektion oder Schädigungen durch den Tumor, Medikamente oder Strahlung nachzuweisen.

Sobald eine Infektion durch Bakterien oder Pilze als Ursache der Beschwerden gesichert ist, kommen neben „symptomatischen“ Maßnahmen (Medikamente gegen Übelkeit, Erbrechen, Durchfall, ausreichend Flüssigkeits- und Salzzufuhr) in aller Regel Antibiotika oder pilztötende Medikamente (Antimykotika) zum Einsatz. Dagegen werden Virusinfektionen in den meisten Situationen nur symptomatisch behandelt. Vor allem bei Patienten mit stark geschwächter Abwehr (z.B. nach aggressiver Chemotherapie) können Infektionen des Magen-Darmtraktes durchaus lebensbedrohlich verlaufen.

4. Infektionen der Harnwege:
Wichtigste Symptome bei Infektionen der Harnwege sind Schmerzen (Brennen) im Unterbauch und in der Harnröhre, häufiger Harndrang, Harnverhalten oder, bei Infektionen im Bereich der Nierenbecken, auch Schmerzen in den Flanken.

Neben einer körperlichen Untersuchung sowie einer Ultraschalldiagnostik der Nieren und ableitenden Harnwege wird ihr Arzt Blut- und Urinanalysen veranlassen. Insbesondere die Untersuchung des Urins auf Krankheitserreger **(Urinkultur)** zeigt sehr schnell, ob eine Infektion der Harnwege vorliegt.

In den meisten Fällen sind Harnwegsinfekte durch Bakterien bedingt. Solange sie auf die Harnblase beschränkt sind, ist Fieber selten. Bei einem Aufsteigen der Bakterien bis in die Nierenbecken **(Nierenbeckenentzündung)** oder einem Übertreten der Bakterien in das Blut **(Sepsis, Blutvergiftung)** tritt hohes Fieber und Schüttelfrost auf. Insbesondere Krebspatienten mit deutlich geschwächter Abwehr oder mit Begleiterkrankungen wie z. B. Zuckerkrankheit oder Prostatavergrößerung sind für solche schweren Formen der Harnwegsinfektionen anfällig.

Bei Harnwegsinfektionen ohne wesentliche Beschwerden kann gelegentlich versucht werden, die Krankheitserreger durch **reichlich Flüssigkeitszufuhr** und eine dadurch gesteigerte Urinproduktion auszuscheiden (z. B. reichlich Nieren- und Blasentee). In allen anderen Fällen muss eine möglichst gezielte antibiotische Therapie erfolgen, insbesondere wenn eine Chemotherapie durchgeführt oder der Patient aus anderen Gründen in seiner eigenen Abwehr geschwächt ist.

Bei Patienten mit **Dauerkathetern** zur Urinableitung eingelegt sind Harnwegsinfektionen ein besonders häufiges und schwieriges Problem. In einigen Fällen kann durch Intensivierung der **Katheterpflege** (Hygienemaßnahmen, häufigeres Wechseln des Katheters) oder aber durch medikamentöse Ansäuerung des Urins eine Besserung erzielt werden. In vielen Situationen jedoch sind bei diesen Patienten wiederholte Antibiotikagaben auch über lange Zeiträume unumgänglich.

5. **Infektionen der Haut:**
Eine typische Hautinfektion bei abwehrgeschwächten Patienten ist die **Gürtelrose** (Herpes zoster). Sie verläuft meist ohne Fieber, dafür aber mit starken Schmerzen und Bläschen im Bereich der betroffenen Körperregion. Der Erreger dieser Erkrankung ist das gleiche Virus, das bei Kindern Windpocken verursacht. Deshalb können sich Menschen (v.a. Kinder), die noch keine Windpocken hatten, bei Patienten mit einer Gürtelrose anstecken, während für alle anderen Gesunden keine Ansteckungsgefahr besteht.

Folgende Faktoren können Hautinfektionen bei Krebspatienten begünstigen:

- **Schwäche der körpereigenen Abwehr, z. B. durch**
  Aggressive Chemotherapie
  Fehlernährung
  Akute Leukämien
  Fortgeschrittener Krankheitssituation
- **Lymphstau, z. B. durch**
  Operative Entfernung von Lymphknoten (z. B. bei Brustkrebs)
  Tumorbefall von Lymphknoten
- **Mechanische Schädigung der Haut, z. B. durch**
  Längere Bettlägerigkeit
  Falsch sitzende Prothesen

Eine Gürtelrose tritt durch „Wiederaufflackern“ einer eigentlich schon vor vielen Jahren durchgemachten Windpockeninfektion auf. Einige der Windpockenviren können lebenslang in bestimmten Nervenzellen unseres Körpers „schlummern“, um bei einem Nachlassen der Wachsamkeit unserer Abwehrzellen dann eine Gürtelrose zu verursachen. Da eine Gürtelrose nicht nur unangenehm ist, sondern auch eine lebensbedrohliche Verlaufsform annehmen kann, sollte sie in jedem Fall möglichst rasch medikamentös behandelt werden. Für die Behandlung stehen wirksame Medikamente zur Verfügung (z. B. Aciclovir).
Die bei der Gürtelrose oft vorhandenen Schmerzen können noch lange Zeit nach Abheilen der Hautbläschen bestehen bleiben und sind manchmal durch Medikamente nur schwer zu beeinflussen.

Andere Hautinfektionen bei Krebspatienten mit Abwehrschwäche sind zum Beispiel der **Lippenherpes** (durch Herpes simplex Viren) oder der **Hautpilz** (nicht selten im Genitalbereich). Aber auch eitrige bakterielle Infektionen treten in solchen Situationen gehäuft auf.

Patienten mit einem Lymphstau neigen dagegen zur Ausbildung einer

Wundrose (Erysipel). Hierbei handelt es sich um eine bakterielle Infektion, die zunächst in den unter der Haut gelegenen aufgestauten Lymphspalten abläuft und meist durch Streptokokken verursacht wird. Dieses Krankheitsbild macht sich durch eine starke Rötung, Überwärmung und Schmerzhaftigkeit der betroffenen Hautregion bemerkbar. Oft schwellen Lymphknoten in der Achselhöhle oder der Leiste an und es kommt zu Fieber und Schüttelfrost. Eine Wundrose sollte möglichst frühzeitig mit Antibiotika (z.B. Penicillin) behandelt werden, da sich sonst eine Sepsis (Blutvergiftung) und auch eine Infektion von Herzklappen einstellen kann. Die Wundrose kann auch Patienten mit völlig intakter Immunabwehr betreffen. Bei geschwächtem Abwehrsystem tritt sie allerdings nicht selten wiederholt hintereinander auf.

Da die Bakterien, welche eine Wundrose verursachen, praktisch immer durch kleine **Hautverletzungen** in den Körper des Patienten gelangen, sollte man sich z.B. durch Tragen von Gummihandschuhen (vor allem bei der Gartenarbeit) oder durch andere Maßnahmen, die das Risiko einer Hautverletzung mindern, vor dieser Infektion schützen.

Bei bettlägerigen Patienten können auch Druckstellen der Haut Eintrittspforten für Krankheitserreger sein. Die Bakterien verursachen dann schlecht heilende, eitrige Infektionen. Möglich ist auch ein Übertritt der Bakterien in das Blut mit nachfolgender Blutvergiftung (Sepsis), die durch ein schweres Krankheitsgefühl, hohes Fieber und Schüttelfrost gekennzeichnet ist. Um solche Infektionen zu vermeiden, sollte der Patient häufig umgelagert werden. Dies sollte durch geschultes Pflegepersonal oder gut angeleitete Angehörige sowie mittels geeigneter Pflegehilfsmittel (Kissen, weiche Unterlagen, Antidekubitusmatratzen, etc.) erfolgen.

Ist es trotz geeigneter Pflegemaßnahmen zu einem Druckgeschwür gekommen, sollte es möglichst trocken gehalten werden (Feuchtigkeit aufnehmende, nicht klebende Wundauflagen), da praktisch alle Keime in feuchter Wärme besser gedeihen. Bei eingetretener Infektion sind lokale keimtötende Maßnahmen nicht immer ausreichend. Dann kann eine Operation der infizierten Wundfläche oder die Gabe von Antibiotika in Form von Tabletten oder Spritzen erforderlich werden.

Nicht zuletzt können Hautinfektionen auch an Stellen des Körpers entstehen, an denen die Schutzbarriere der Haut durch **medizinische Eingriffe** durchbrochen wurde (Nadeleinstiche, Operationswunden, etc.). Dieses macht sich gewöhnlich durch eine Rötung, Überwärmung, Schmerzen sowie gelegentlich auch Juckreiz bemerkbar. Solche Veränderungen nach einem Eingriff sollten sie immer ihrem Arzt zeigen, damit dieser entscheiden kann, welche Maßnahmen getroffen werden müssen.

6. Infektionen des zentralen Nervensystems:

Diese Form der Infektion ist bei Krebspatienten sehr selten, kann aber bei starker Abwehrschwäche in Einzelfällen vorkommen. Es handelt es sich dann im allgemeinen um einen **Befall der Hirnhäute** durch Viren oder Bakterien (Meningitis), die über die Blutbahn dorthin transportiert wurden.

Das entstehende Beschwerdebild ist dabei anfänglich oft relativ unspezifisch. Es treten Fieber, Kopfschmerzen und eine allgemeine Abgeschlagenheit auf. Erst wenn Verwirrtheitszustände, Sprach- oder Sehstörungen sowie Nackensteifigkeit hinzukommen, wird der Verdacht auf eine **Hirnhautentzündung** gelenkt, wobei vor allem die Nackensteifigkeit für ihren Arzt ein wichtiges Symptom ist.

Bei jeder Infektion der Hirnhäute ist schnelle ärztliche Hilfe erforderlich. Neben der körperlichen Untersuchung sowie der Blutabnahme wird ihr Arzt einige weitere Maßnahmen veranlassen. Dies sind vor allem die Spiegelung des Augenhintergrundes, eine Computer- oder Kernspintomographie des Kopfes sowie eine **Punktion des Nervenwassers**, die für den Nachweis der krankheitsauslösenden Erreger erforderlich ist. Im Zweifelsfall sollte aber mit einer antibiotischen oder virushemmenden Therapie nicht zu lange gewartet werden, da eine Meningitis schnell lebensbedrohlich werden kann.

Allgemeine Tipps bei Fieber

Fieber geht in vielen Fällen mit Abgeschlagenheit, Frösteln oder sogar Schüttelfrost, Schwitzen, Unwohlsein, Erschöpfung und Kopfschmerzen einher. Diese Symptome können manchmal belastender sein als die Krebserkrankung selbst.

Neben einer gründlichen Diagnostik zur Klärung der Fieberursache und einer möglichst bald einsetzenden spezifischen Behandlung sollten immer auch unterstützende Allgemeinmaßnahmen eingeleitet werden.

Allgemeinmaßnahmen bei Fieber:

- Warme Decken bei Schüttelfrost
- Verabreichung fiebersenkender Mittel (z. B. Paracetamol, Aspirin)
- Kalte Wadenwickel nur, wenn kein Schüttelfrost (mehr) besteht
- Viel trinken (vor allem kühle Getränke)
- Körperliche Schonung
- Rechtzeitig den Arzt informieren

Luftnot

Luftnot ist bei Tumorpatienten ein häufig auftretendes Symptom und kann verschiedenste Ursachen haben. In einigen Fällen entwickelt sich die Luftnot langsam über Wochen oder Monate und ist anfänglich dann meist nur bei körperlicher Belastung spürbar. In anderen Fällen kann sie aber auch plötzlich und ohne Vorzeichen selbst in körperlicher Ruhe einsetzen. Luftnot ist immer als ein **Warnsymptom** zu betrachten; deshalb sollten sie stets dem Arzt über dieses Symptom berichten.

Luftnot kann durch die Krebserkrankung selbst oder durch die Krebstherapie verursacht sein. Sie kann aber auch unabhängig davon durch die verschiedensten Begleiterkrankungen entstehen. Ihr Arzt wird sich zunächst die Symptome schildern lassen und eine körperliche Untersuchung durchführen. In den meisten Fällen reichen diese Maßnahmen jedoch nicht aus, um die Ursache der Beschwerden zu klären, so dass weitere diagnostische Schritte erforderlich werden. Dazu gehören ein Röntgenbild des Brustkorbes, ein Elektrokardiogramm (EKG) sowie eine Ultraschalluntersuchung von Bauchraum, Herz (Echokardiogramm) und Brusthöhlen (der Raum zwischen Rippen- und Lungenfell). Auch eine Messung der Lungenfunktion, der Sauerstoffkonzentration des Blutes sowie weiterer Blutwerte ist häufig notwendig. Wenn der Verdacht auf eine Lungenembolie (Verstopfung von Lungenarterien durch ein Blutgerinnsel) besteht, wird ihr Arzt zusätzlich noch eine Lungenszintigraphie (siehe Kap. 1.3) veranlassen.

Da Luftnot einerseits für den betroffenen Patienten immer sehr belastend

Mögliche Ursachen für Luftnot bei Krebspatienten:

1. **Luftnot durch die Krebserkrankung**
   - Befall von Luftröhre, Bronchien oder Lungen (Lungenkrebs, Lungenmetastasen)
   - Befall von Lymphknoten im Brustkorb oder von Lymphspalten in der Lunge
   - Befall des Rippen- und Lungenfells mit Ergussbildung
   - Befall des Herzbeutels mit Schwächung der Herzkraft
   - Lungenentzündungen bei tumorbedingter Einengung oder Verschluss von Bronchien
   - Lungen- oder Rippenfellentzündungen bei Abwehrschwäche (z. B. bei Leukämie)
   - Starke Vergrößerung von Bauchorganen durch eine Krebserkrankung
   - Ausgeprägte Wasseransammlung im Bauchraum (z. B. bei Befall des Bauchfells)
   - Blutarmut als Folge der Krebserkrankung
   - Lungenembolie bei Thrombose (viele Krebserkrankungen fördern Thrombosen!)
2. **Luftnot durch die Krebsbehandlung**
   - Operationen an der Lunge (z. B. Lungenteilentfernung bei Lungenkrebs)
   - Verletzung der Lunge bei Punktionen des Rippenfells (Zusammenfallen der Lunge)
   - Bestrahlung im Bereich des Brustkorbes mit Schädigung von Lungengewebe
   - Herz- oder Lungenschäden durch eine Chemotherapie
   - Akute allergische Reaktion auf Krebsmedikamente
   - Lungen- oder Rippenfellentzündungen unter Chemotherapie (Abwehrschwäche)
   - Überwässerung bei intravenöser Behandlung oder Ernährung
   - Blutarmut als Folge der Therapie
3. Luftnot durch andere Ursachen
   - Begleiterkrankungen (z. B. Herzschwäche, Herzinfarkt, chronische Bronchitis, Infekte)
   - Erbrechen oder Verschlucken (Mageninhalt/Nahrung gelangt in Luftröhre/Bronchien)
   - Psychische Ursachen

und beängstigend ist, andererseits sich in einigen Fällen rasch zu einer lebensbedrohlichen Situation entwickeln kann, ist es wichtig, bei neu aufgetretener Symptomatik rasch den Arzt aufzusuchen. Je nach Ursache der Luftnot wird dieser ganz unterschiedliche Therapien durchführen (z. B. Punktion bei Ergüssen, Antibiotikagabe bei Infektionen, harntreibende Medikamente bei Herzschwäche oder Blutübertragung bei Blutarmut und vieles mehr). In einigen Situationen kann auch die Gabe von Sauerstoff über eine Maske, die über Mund und Nase aufgesetzt wird, als lindernde Maßnahme erforderlich werden.

Die meisten Formen von Luftnot lassen sich ohne weiteres ambulant behandeln. Liegt jedoch eine akute Gefährdung des Patienten vor (z. B. bei Herzinfarkt, Lungenembolie oder manchen Formen von Herzrhythmusstörungen), ist eine stationäre Einweisung unumgänglich.

Juckreiz

Juckreiz (Pruritus) ist eine Missempfindung der Haut, die mit dem Bedürfnis einhergeht, sich zu kratzen. Diese Symptomatik kann von leichten, den Patienten wenig beeinträchtigenden, bis hin zu schweren und quälenden Formen mit Schlafstörungen, heftiger innerer Unruhe und kratzbedingten, nicht selten infizierten Hautwunden reichen.
Oftmals lässt sich die Ursache für diese Missempfindung nicht erfassen. Ihr Arzt spricht dann von einem **„essentiellen Juckreiz"**. In anderen Fällen kann es sein, dass die Ursache erst nach intensiver und ausführlicher Diagnostik geklärt werden kann. Manchmal liegen auch mehrere Ursachen gleichzeitig vor.

Bevor ihr Arzt eine Therapie des Juckreizes einleitet, wird er trotz aller Vielfältigkeit zunächst versuchen, die Ursache der Beschwerden abzuklären. Je sicherer dies gelingt, umso wirksamer kann die Behandlung ausfallen.
Ist die Symptomatik durch eine Krebserkrankung selbst bedingt, steht deren Behandlung natürlich ganz im Vordergrund (z. B. Chemo- oder Strahlentherapie.

Mögliche Ursachen für Juckreiz:

- Krebserkrankungen selbst können Juckreiz verursachen (z. B. Lymphome und Leukämien)
- Erkrankungen im Bereich der Gallenwege, der Leber oder der Bauchspeicheldrüse, vor allem bei einer Gelbsucht (z. B. durch Metastasen der Krebserkrankung in diesen Organen oder bei einer Leberentzündung durch Viren)
- Hormonelle Störungen (z. B. erhöhter Blutzucker oder Schilddrüsenstörungen)
- Nierenerkrankungen (z. B. Nierenschwäche, Dialyse)
- Unverträglichkeit oder Nebenwirkungen von Medikamenten oder Substanzen der natürlichen Umwelt (z. B. allergische Reaktionen, Nebenwirkung von Opiaten)
- Trockene Haut (z. B. bei Eisenmangel oder nach Strahlentherapie)
- Hautinfektionen (z. B. Hautpilzerkrankungen)
- Hautentzündungen (z. B. Schuppenflechte)
- Schädigung von Nerven (z. B. bei einer Gürtelrose)
- Hirnschäden
- Psychische Gründe

Bei einem Aufstau der Gallenwege mit dadurch bedingter Gelbsucht kann die Wiederherstellung des Gallenabflusses durch die Einlage eines Kunststoffröhrchens die Beschwerden oftmals rasch beseitigen. Liegt die Ursache in einer Medikamentenunverträglichkeit, muss die Substanz abgesetzt werden. Allerdings kann in manchen Fällen auch nach Beendigung der Therapie die Besserung der Beschwerden nur zögerlich einsetzen.

Sollte die Behandlung einer bekannten Ursache nicht möglich sein oder nur einen unzureichenden Erfolg haben oder sollte sich die Ursache trotz aller Untersuchungen nicht finden lassen, stehen symptomatische (lindernde) Behandlungsmöglichkeiten zur Verfügung.

Symptomatische Behandlungsmöglichkeiten bei Juckreiz:

Allgemeine Maßnahmen

- Frische Luft und ausreichend hohe Luftfeuchtigkeit vor allem in den Schlafräumen
- Wärme und Schwitzen können Juckreiz verstärken, deshalb Räume nicht überheizen, juckende Stellen kühlen
- Weite, luftdurchlässige Kleidung
- Verhinderung der Hautaustrocknung (nicht zu häufig waschen, Zurückhaltung gegenüber Seife oder Shampoo, keine Desinfektionsmittel)
- Verwendung fettender Lotionen oder Cremes, auch als Badezusatz
- Alkohol und scharf gewürzte Speisen können den Juckreiz verstärken, deshalb in diesen Fällen beides meiden
- Entspannungsverfahren nutzen (z. B. autogenes Training)

Medikamentöse Maßnahmen

- Äußerlich Salben, Lotionen oder Puder mit juckreizlindernen Substanzen (pflanzliche Stoffe, allergie- oder entzündungshemmende Medikamente wie z. B. Kortison)
- Allergie- oder entzündungshemmende Tabletten (z. B. Kortison, Antihistaminika)
- Bei Gallenstau werden Medikamente zur Bindung von Gallensäuren eingesetzt (z. B. Colestyramin)
- In einzelnen Fällen können sogenannte 5-HT3-Antagonisten („Serotonin-Hemmer") oder auch Opiatantagonisten (z. B. Naloxon) den Juckreiz wesentlich bessern
- Auch Beruhigungsmittel und einige Medikamente gegen Depressionen können den Juckreiz lindern

Schwitzen

Schwitzen und starke Schweißausbrüche sind relativ häufige Symptome bei Patienten mit einer Krebserkrankung, die oft zusammen mit Juckreiz auftreten. Dabei kann die bösartige Krankheit, ihre Therapie oder auch eine Begleiterkrankung für das Beschwerdebild verantwortlich sein.

Ist die Krebserkrankung die Ursache der Beschwerden, so steht deren Behandlung im Vordergrund. Bei Schweißausbrüchen in Folge von Begleiterkrankungen lassen sich die Symptome nur durch eine Therapie dieser Krankheitsbilder bessern. Besonders schwierig gestaltet sich die Linderung von Schweißausbrüchen, die auf eine Krebsbehandlung (z. B. Hormontherapie) zurückzuführen sind. Da die Hormontherapie ja fortgesetzt werden muss, bleiben lediglich symptomatische Therapiemaßnahmen.

Mögliche Ursachen für starkes Schwitzen bei Krebspatienten:

Die Krebserkrankung
- V. a. bei Lymphomen und Leukämien, aber auch bei anderen schnell wachsenden Tumoren als Zeichen einer hohen Krankheitsaktivität, meist in Form eines extremen Nachtschweißes: Schlafanzug und Bettwäsche müssen unter Umständen mehrmals pro Nacht gewechselt werden! Gelegentlich nur Schweiß im Bereich des oberen Brustkorbes.
- Schweißausbrüche bei starker körperlicher Schwäche in Folge einer fortgeschrittenen Krebserkrankung, dabei oft Schweißausbrüche bei geringer Belastung, sowohl am Tag als auch in der Nacht.
- Krebserkrankungen mit Überproduktion bestimmter Hormone (selten). In solchen Situationen gehen die Schweißausbrüche oft mit plötzlicher Hautrötung einher.

Die Krebsbehandlung
- Häufiges Symptom unter Hormontherapie z. B. bei Brust- oder Prostatakrebs, dabei plötzliche Hitzewallungen und starke Schweißausbrüche ohne erkennbare Ursache (wie z. B. körperliche Belastung), meist am Tag, gelegentlich auch nachts.
- Nebenwirkung einer Schmerztherapie z. B. mit Metamizol oder starken Schmerzmitteln (Opiaten).
- Bei allgemeiner körperlicher Schwäche unter Chemotherapie oder nach Operationen.
- Auslösung der Wechseljahre bei Frauen z. B. durch eine Chemotherapie oder nach gynäkologischen Operationen

Begleiterkrankungen
- Hormonelle Störungen (z. B. Schilddrüsenüberfunktion, Zuckerkrankheit)
- Akute oder chronische Infektionen (oft Nachtschweiß wie bei Leukämien oder Lymphomen)
- Bluthochdruck

Symptomatische Behandlungsmöglichkeiten von Schweißausbrüchen:

Allgemeine Maßnahmen
- Kühle Räume, frische Luft
- Nicht zu warme, weite Kleidung
- Kühl duschen
- Viel trinken, dabei auf ausreichende Aufnahme von Salzen (Elektrolyten) achten
- Entspannungsverfahren nutzen (z. B. autogenes Training)

Medikamentöse Maßnahmen
- Pflanzliche Präparate, die hormonartige Stoffe beinhalten (sogenannte Phytohormone)
- Salbeipräparate
- Pflanzliche Beruhigungsmittel (z. B. Johanniskraut)
- Chemische Beruhigungsmittel oder Medikamente gegen Depressionen (nur in sehr seltenen Fällen hilfreich)
- Gestagene (eine Form der weiblichen Hormone)

Kopfschmerzen

Kopfschmerz ist nicht nur bei Krebspatienten ein häufiges und meist unspezifisches Symptom.
In manchen Fällen kann Kopfschmerz jedoch auch direkt von der Krebserkrankung oder ihrer Behandlung verursacht werden.
Krebspatienten sollten ihrem Arzt immer über aufgetretene Kopfschmerzen berichten. Dieser wird je nach Art, Schwere und Häufigkeit der Beschwerden über die Notwendigkeit einer Abklärung entscheiden. Bewertet er den Kopfschmerz nicht als allgemeines Krankheitssymptom, wird er neben einer körperlichen Untersuchung (inklusive Messung des Blutdruckes) sowie einer Blutabnahme vor allem auch eine Computer- oder Kernspintomographie des Kopfes und eine Röntgenaufnahme der Halswirbelsäule veranlassen. Auch eine neurologische Untersuchung einschließlich der Ableitung der Hirnströme (EEG) kann in Einzelfällen erforderlich werden.

Sofern möglich ist die wichtigste Behandlung des Kopfschmerzes die Beseitigung seiner Ursache (z.B. operative Entfernung oder Bestrahlung von Hirnmetastasen, Antibiotikatherapie bei Infektionen, etc.). In vielen Fällen wird man sich jedoch auf die Behandlung des Symptoms Kopfschmerz beschränken müssen.

Mögliche Ursachen für Kopfschmerzen bei Krebspatienten:

Die Krebserkrankung
- Tumoren oder Metastasen im Gehirn oder an den Hirnhäuten
- Knochenmetastasen im Bereich des Schädels
- Blut- oder Lymphstau im Kopfbereich (z. B. bei Tumoren im oberen Brustkorb)
- Blutungen in das Gehirn bei tumorbedingten Gerinnungsstörungen

Die Krebsbehandlung
- Blutstau im Kopfbereich durch ein Blutgerinnsel (Thrombose) in der oberen Hohlvene (z. B. bei infiziertem Portkatheter, siehe Kap. 1.5.)
- Nebenwirkung von Medikamenten (selten)
- Nach Operationen im Kopf- oder Halsbereich

Begleiterkrankungen
- Hormonelle Störungen (z. B. Schilddrüsenüberfunktion)
- Infektionen im Bereich des Gehirns oder der Hirnhäute
- Chronische Entzündungen im Bereich der Ohren oder der Nasennebenhöhlen
- Bluthochdruck
- Blutungen in das Gehirn oder zwischen die Hirnhäute
- Durchblutungsstörungen des Kopfes
- Verschleißerscheinungen der Halswirbelsäule oder Fehlhaltung
- Verschleißerscheinungen im Kiefergelenk oder Zahnprobleme
- Sehfehler
- Depressionen, psychische Konflikte, Stress

Symptomatische Behandlungsmöglichkeiten von Kopfschmerzen:

Allgemeine Maßnahmen
- Kühle Räume, frische Luft
- Spazieren gehen, Sport
- Alkohol und Zigaretten meiden
- Gesunde Ernährung, ausreichend trinken
- Stress abbauen, ausreichend Schlafen
- Entspannungsverfahren nutzen (z. B. autogenes Training)

Medikamentöse Maßnahmen
- Schmerzmedikamente (siehe Kap. 1.5 und 3.1)
- Medikamente gegen Muskelverspannungen
- Pflanzliche Beruhigungsmittel (z. B. Johanniskraut)
- Chemische Beruhigungsmittel oder Antidepressiva
- Gelegentlich Kortison oder Schlafmittel

Muskelkrämpfe

Vor allem in fortgeschrittenen Erkrankungsstadien kommt es zu einer **Abnahme der Muskelmasse**, was häufig zu Muskelkrämpfen führt. Diese können sowohl unter Belastung als auch spontan auftreten.

Aber auch eine veränderte Zusammensetzung der **Salze (Elektrolyte) im Blut** oder ein Salzmangel können Muskelkrämpfe verursachen. Ursache hierfür ist seltener eine Fehlernährung als die Gabe von harntreibenden Medikamenten, die auch zur Ausscheidung von Salzen führt. Eine besondere Bedeutung kommt dabei den Salzen Kalzium und Magnesium zu. Bei Veränderungen dieser Stoffe im Blut kann sowohl eine lang anhaltende, in der Regel sehr schmerzhafte Verkrampfung ganzer Muskeln **(Spasmen)** als auch ein schnelles, meist nicht spürbares Zucken einzelner Muskelfasern **(Faszikulationen)** auftreten.

Sehr selten finden sich Muskelkrämpfe auch als Nebenwirkung von **Medikamenten.** Die wichtigsten Therapiemaßnahmen bei Muskelkrämpfen sind der Ausgleich der Blutsalze (z. B. Gabe von Kalzium oder Magnesium), der Wiederaufbau von Muskelmasse durch Ernährungstherapie sowie konsequenter Krankengymnastik (oder Sport in Eigenverantwortung) sowie die Überprüfung der verabreichten Medikamente. Bei den krankengymnastischen oder sportlichen Aktivitäten sollten vor allem Dehnübungen durchgeführt werden.

Reichen diese Maßnahmen nicht aus, können muskelentspannende und krampflösende **Medikamente** (z. B. Chinin, Theophillin, Baclofen, Memantine), Schlafmittel (Benzodiazepine) oder nervendämpfende Substanzen (Antiepileptika wie Carbamazepin oder Phenytoin) nötig werden.

Krampfanfälle

Unter dem Begriff Krampfanfälle werden echte epileptische Anfälle verstanden, die mit oder ohne Bewusstseinsverlust des Patienten auftreten können. Neu auftretende epileptische Anfälle stellen eine **Notfallsituation** dar! Es muss sofort ein Arzt gerufen oder ein Arzt aufgesucht werden!

Die den Krampfanfällen zugrunde liegenden Veränderungen der Hirnströme können ihre Ursache sowohl im als auch außerhalb des Gehirns haben. Allerdings muss bei Patienten mit einer Krebserkrankung immer zuerst an das Vorliegen von Hirnmetastasen gedacht werden. Ihr Arzt wird deshalb unverzüglich eine Computer- oder Kernspintomographie veranlassen. Auch eine neurologische Untersuchung mit Ableitung der Hirnströme ist in vielen Fällen sinnvoll.

Insbesondere kleine Krampfanfälle (petit mal), also Situationen ohne Bewusstseinsverlust und ohne starke Muskelverkrampfungen am ganzen Körper, sind manchmal relativ schwer als solche zu erkennen. Gelegentlich kommt es lediglich zu einem Zittern der Hand oder zu Gefühlsstörungen einer Extremität. Auch spontaner, nicht kontrollierbarer Urinabgang kann Ausdruck eines kleinen Krampfanfalles sein. Es ist deshalb wichtig, dass sie ihren Arzt auch über solche Ereignisse informieren.

Sofern möglich, sollte die Ursache von Krampfanfällen beseitigt werden (z. B. operative Entfernung eines Hirntumors, Ausgleich des Blutzuckers). Allerdings kann selbst eine erfolgreiche Gehirnoperation neue Krampfanfälle auslösen, da auch die operationsbedingten Narben die elektrische Aktivität des Gehirns stören können. So bleibt in vielen Fällen nichts anderes übrig, als zusätzlich eine symptomatische, krampfunterdrückende Therapie mit sogenannten **„Antiepileptika"** zu beginnen. Aber selbst diese Behandlung kann Krampfanfälle nicht immer vollständig verhindern. Bei erneutem Krampfanfall können geschulte Angehörige (oder auch häusliches Pflegepersonal) durch Gabe von **Akutmedikamenten** (vor allem Diazepam als Zäpfchen oder Tropfen) den Ablauf des Anfalles lindern und verkürzen.

Mögliche Ursachen für Krampfanfälle bei Krebspatienten:

Die Krebserkrankung
- Tumoren oder Metastasen im Gehirn
- Befall der Hirnhäute durch Krebszellen
- Knochenmetastasen im Bereich des Schädels mit Druck auf das Gehirn
- Blutungen in das Gehirn bei tumorbedingten Gerinnungsstörungen (z. B. bei Leukämie)
- Tumorbedingte schwere Blutarmut

Die Krebsbehandlung
- Nach Operationen am Gehirn
- Nebenwirkung von Medikamenten (selten und meist nur, wenn zusätzliche Schäden am Gehirn vorliegen)
- Während einer Strahlentherapie des Gehirns (sehr selten)

Begleiterkrankungen
- Sauerstoffmangel im Gehirn (z. B. bei Herz- oder Lungenerkrankungen, bei starker Blutarmut)
- Infektionen im Bereich des Gehirns oder der Hirnhäute
- Blutungen in das Gehirn oder zwischen die Hirnhäute
- Durchblutungsstörungen des Gehirns (z. B. bei Arterienverkalkungen)
- Unterzuckerung (z. B. bei Diabetikern nach Gabe von zuviel Insulin)
- Starke Veränderung der Blutsalze

Bei großen Krampfanfällen (grand mal), die mit **Bewusstseins- und Kontrollverlust** einhergehen, besteht eine erhebliche Verletzungsgefahr für den Patienten. Passiert ein solches Ereignis zum Beispiel beim selbstständigen Autofahren, können zudem auch andere Menschen in großem Maße gefährdet sein. Die betroffenen Patienten und deren Angehörige müssen deshalb gut über solche Risiken aufgeklärt werden und wissen, was unterlassen werden sollte (z. B. Autofahren, Besteigen auf Gerüsten, Schwimmen ohne Aufsicht, etc.).

Allgemeine Maßnahmen zum Schutz vor Krampfanfällen:

- Ausreichend Schlaf
- Stressabbau
- Kein Alkohol
- Gesunde Ernährung
- Medikamente nicht ohne Rücksprache mit dem Arzt verändern
- Zusätzliche Medikamente nur nach Rücksprache mit dem Arzt einnehmen
- Zeitintervalle der Medikamenteneinnahme einhalten
- Bei Fieber frühzeitig fiebersenkende Medikamente einnehmen
- Keine Therapien durchführen, die Fieber auslösen können (z. B. Misteltherapie!)
- Flackerlicht meiden (z. B. in Diskotheken)
- Vorsicht mit Entspannungsverfahren (z. B. autogenes Training)

Sprachstörungen und Verwirrtheitszustände

Plötzlich auftretende **Sprachstörungen** oder **unklare Verwirrtheitszustände** sind ebenso wie Krampfanfälle ein **Warnsymptom** und stellen ebenfalls eine Notfallsituation dar. Sprachstörungen sind nicht immer sofort zu erkennen, da der Patient unter Umständen Umschreibungen verwendet und so manche Wortfindungsstörung zunächst elegant umgangen wird. Einfacher sind dagegen Störungen der Artikulation zu erkennen.

Auch Verwirrtheitszustände sind bei milder Ausprägung oft zunächst nur von Angehörigen wahrnehmbar, da Außenstehende meist nicht den Wahrheitsgehalt einer Aussage überprüfen können. Deshalb ist bei diesen Störungen der Gehirnfunktion die Aufmerksamkeit der Angehörigen sowie deren Mitteilung an den Arzt von großer Bedeutung. In schwereren Fällen, vor allem bei Verlust der Orientierung oder des „Wachheitsgrades", aber auch bei Auftreten von Wahnvorstellungen und außergewöhnlicher Unruhe ist dagegen die Diagnose unkompliziert.

Bei der Abklärung von Sprachstörungen und Verwirrtheitszuständen sind neben einer körperlichen Untersuchung (einschließlich Mund-Rachenbereich) vor allem Laboranalysen,

Mögliche Ursachen für Sprachstörungen und Verwirrtheitszustände bei Krebspatienten:

Die Krebserkrankung
- Tumoren oder Metastasen im Gehirn
- Befall der Hirnhäute durch Krebszellen
- Knochenmetastasen im Bereich des Schädels mit Druck auf das Gehirn
- Blutungen in das Gehirn bei tumorbedingten Gerinnungsstörungen (z. B. bei Leukämie)
- Tumorbedingte schwere Blutarmut
- Allgemeine Schwäche bei weit fortgeschrittener Erkrankung

Die Krebsbehandlung oder die Krebsdiagnostik
- Operationen am Gehirn
- Narkose wegen einer Krebsoperation
- Operationen und intensivmedizinische Behandlungen („Durchgangssyndrom")
- Nebenwirkung oder Überdosierung von Medikamenten (vor allem starke Schmerzmedikamente (Opiate), Psychopharmaka, Schlafmittel, gelegentlich Kortison oder Interferon)
- Während einer Strahlentherapie des Gehirns (sehr selten)
- Bei starkem Erbrechen oder Durchfällen unter Chemotherapie mit Flüssigkeits- und Salzmangel
- Nach Gabe jodhaltiger Röntgenkontrastmittel über die Vene (z. B. bei einer Computertomographie), hierbei kann eine extreme Schilddrüsenüberfunktion ausgelöst werden

Begleiterkrankungen
- Sauerstoffmangel im Gehirn (z. B. bei Herz- oder Lungenerkrankungen, bei starker Blutarmut)
- Infektionen im Bereich des Gehirns oder der Hirnhäute
- Schwere Allgemeininfektionen
- Blutungen in das Gehirn oder zwischen die Hirnhäute
- Durchblutungsstörungen des Gehirns z. B. bei Artereinverkalkungen
- Unterzuckerung (z. B. bei Diabetikern nach Gabe von zuviel Insulin) oder deutlich zu hoher Blutzucker
- Starke Veränderung der Blutsalze
- Starke Austrocknung, Flüssigkeitsmangel
- Hormonelle Störungen (v.a. Schilddrüsenüberfunktion)
- Extrem hoher oder extrem niedriger Blutdruck
- Funktionsstörungen von Leber oder Niere

Ultraschall (Herz, Leber, Nieren) und Röntgenuntersuchungen (v.a. Computer- oder Kernspintomographie des Gehirns) erforderlich. Aber auch eine genaue Überprüfung aller vom Patienten eingenommenen Medikamente einschließlich deren Dosierung sollte erfolgen.

Eine erfolgreiche Behandlung kann meist nur durchgeführt werden, wenn die Ursache der Hirnleistungsstörung erkannt und behoben wird. Bei krebsbedingten Wasseransammlungen im Gehirn („Hirnödem“) kann die Gabe von Kortison zumindest kurzfristig zu einer raschen Besserung der Symptome führen. Andere symptomatische Therapieformen gibt es dagegen nur sehr wenige und diese führen in vielen Fällen eher zu einer „Ruhigstellung“ des Patienten als zu einer wirklichen Besserung der Beschwerden. Dennoch haben diese Behandlungsformen insbesondere bei sehr unruhigen oder schlafgestörten Patienten natürlich ihre Berechtigung.

Während die Störung des Sprechvermögens für den Patienten oft belastend und beängstigend ist (er bemerkt dieses Problem in den meisten Fällen), sind Verwirrtheitszustände eher für die Angehörigen ein Problem. Der Patient selbst nimmt diese Veränderung seiner Persönlichkeit oft nicht wahr.

Schlafstörungen, Angst und Depressionen

Schlafstörungen, Angst und Depressionen sind bei Krebspatienten häufig anzutreffende Symptome und stellen meist eine **Reaktion auf die besondere Lebenssituation** dar. Sie können einzeln oder als Mischbild in jeder Krankheitsphase auftreten und sind in ihrer Ausprägung oft unabhängig von der Schwere des körperlichen Leidens.

Milde Formen dieses Beschwerdebildes sind nicht unbedingt als krankhaft oder bedenklich zu bewerten, sondern stellen eine natürliche Reaktion des Menschen auf die besonders belastende Lebenssituation dar, in der Gedanken an Schmerz und Tod zwangsläufig aufkommen und verarbeitet werden müssen. Bei dieser Verarbeitung kommt dem familiären und sozialen Umfeld des Patienten, aber auch dem betreuenden Arzt eine große Bedeutung zu. Offene Gespräche, einfühlsame Ehrlichkeit und die Bereitschaft seitens der gesunden Gesprächspartner zum Zuhören erleichtern die Auseinandersetzung mit der beängstigend Situation und können im besten Fall dazu führen, dass die Krankheit als ein unumstößlicher Abschnitt des eigenen Lebens angenommen wird.

Im Gegensatz dazu nimmt man Patienten, denen die Wahrheiten vorenthalten wird oder die wissentlich falsch informiert werden, diese Verarbeitungsmöglichkeit. Darüber hinaus schürt ein solches **Verhalten** das Misstrauen des Erkrankten. Da die Wahrheit sich in aller Regel nicht auf Dauer verbergen lässt, wird der Patient irgendwann die kleinen Unehrlichkeiten erkennen und anschließend jeder weiteren (vor allem jeder positiven) Information misstrauen.
Aber nicht nur ein solch problematisches Verhalten der Umwelt gegenüber dem Krebspatienten, sondern auch dessen individuelle Reaktionsweise auf Problemsituationen können dazu führen, dass sich Schlafstörungen, Angst und Depressionen verselbstständigen und zu einem **eigenständigen Krankheitsbild** anwachsen. In einer solchen Situation ist der Patient selbst bei fürsorglicher Unterstützung durch die Familie nicht mehr in der Lage, diese Symptome zu kontrollieren und abzubauen. In manchen Fällen eskalieren die Beschwerden derart, dass die Familie des Erkrankten, die der Situation hilflos gegenüber steht, überfordert ist, sich zurückzieht und sogar Aggressionen gegenüber dem Patienten entwickelt.

Bei dieser krankhaften Form des Beschwerdebildes reicht die Hilfestellung, die Familie und betreuender Arzt durch Gespräche und Zuwendung leisten können, nicht mehr aus. Es werden dann sowohl ergänzende psychologische als auch in vielen Fällen medikamentöse Therapiemaßnahmen erforderlich.
Unter den psychologischen Behandlungsformen kommt insbesondere der Gesprächstherapie eine wichtige Bedeutung zu. Diese kann mit dem Patienten allein oder im Beisein und unter Einbeziehung wichtiger Bezugspersonen erfolgen. Aber auch Entspannungstechniken wie autogenes Training oder Yoga können hilfreich sein.
Bei ausgeprägtem Beschwerdebild, bei dem die psychische Verfassung des Patienten sogar körperliche Symptome wie Antriebsarmut, Energieverlust, Müdigkeit, Appetitmangel, Gewichtsverlust und fehlendes sexuelles Interesse (siehe auch Kap. 3.1 Fatigue-Syndrom) hervorrufen kann, ist die Gabe von unterstützenden Medikamenten oft unumgänglich. In dieser Situation werden angstlösende, stimmungsaufhellende und schlaffördernde Substanzen verabreicht. Gelegentlich kann es auch notwendig sein, starke Beruhigungsmittel einzusetzen. Die medikamentöse Behandlung sollte allerdings immer wieder kritisch hinterfragt und, wenn es die Situation des Patienten erlaubt, auch wieder beendet werden.

Gangunsicherheit, Lähmungen und Gefühlsstörungen

Ähnlich wie Krampfanfälle oder Sprachstörungen können auch diese Symptome unter anderem auf eine Schädigung des Gehirns durch die Krebserkrankung hinweisen. Treten sie neu auf, sind sie deshalb immer als **Alarmzeichen** zu werten und sollten dem behandelnden Arzt sofort mitgeteilt werden.
Neben Hirnschäden kommen aber auch eine Reihe weiterer krankheits- oder behandlungsbedingter Komplikationen sowie Probleme durch Begleiterkrankungen als mögliche Ursache in Betracht.

Ihr Arzt wird bei neu aufgetretener Symptomatik neben einer genauen Befragung und körperlichen Untersuchung auch Laboranalysen sowie weitere technische Untersuchungsschritte (v.a. Computer- oder Kernspintomographie des Schädels, der Wirbelsäule oder, je nach Beschwerdebild, auch anderer Körperregionen) veranlassen. In vielen Fällen ist auch eine zusätzliche neurologische Diagnostik sinnvoll.

Sobald die Ursache der Störung geklärt ist, sollte möglichst schnell versucht werden, diese zu beseitigen (z.B. operative Entfernung eines Hirntumors, Operation oder Bestrahlung einer Wirbelkörpermetastase). Gelingt dies, bilden sich die Be-

Mögliche Ursachen für Gangunsicherheit, Lähmungen und Gefühlsstörungen bei Krebspatienten:

Die Krebserkrankung
- Tumoren oder Metastasen in Gehirn oder Rückenmark
- Befall der Hirnhäute durch Krebszellen
- Knochenmetastasen im Bereich des Schädels mit Druck auf das Gehirn
- Blutungen in das Gehirn bei tumorbedingten Gerinnungsstörungen (z. B. bei Leukämie)
- Tumorbedingte schwere Blutarmut
- Tumorbedingte Schädigung von Nervensträngen (z. B. bei Metastasen an der Wirbelsäule oder Lymphknotenmetastasen, die Nerven abdrücken)
- Nervenschäden durch Tumoreiweiße (bei bestimmten Lymphomen und Leukämien)
- Schmerzhafte Knochenmetastasen (z. B. im Bereich des Hüftgelenkes)
- Allgemeine Schwäche bei weit fortgeschrittenem Krankheitsstadium

Die Krebsbehandlung
- Operationen am Gehirn
- Jede andere Krebsoperation, bei der Nervenstränge verletzt oder durchtrennt wurden
- Nervenschäden durch Chemotherapie (vor allem Vincaalkaloide und Taxane, siehe Kap. 1.4)
- Nervenschäden durch Strahlentherapie
- Nebenwirkungen der Schmerztherapie (vor allem bei Opiaten)
- Nebenwirkungen von Psychopharmaka und Schlafmitteln

Begleiterkrankungen
- Sauerstoffmangel im Gehirn (z. B. bei Herz- oder Lungenerkrankungen, bei starker Blutarmut)
- Infektionen im Bereich des Gehirns oder der Hirnhäute
- Blutungen in das Gehirn oder zwischen die Hirnhäute
- Durchblutungsstörungen des Gehirns (z. B. bei Arterienverkalkungen)
- Nervenschädigende Stoffe (z. B. Alkohol oder Lösungsmittel)
- Hormonelle Störungen (z. B. Zuckerkrankheit)
- Zu hoher oder zu niedriger Blutzucker
- Starke Veränderung der Blutsalze
- Flüssigkeitsmangel
- Leber- oder Nierenerkrankungen
- Schmerzhafte Erkrankungen des Bewegungsapparates

schwerden in den Fällen, in denen eine **Nervenschädigung** eingetreten ist, in aller Regel nicht sofort zurück, sondern können noch längere Zeit anhalten. Ist der betroffene Nerv bereits zu stark geschädigt (z. B. durch Medikamente, Strahlung oder Druck durch den Tumor), können Lähmungen, Taubheitsgefühle, Missempfindungen und auch Nervenschmerzen sogar **lebenslang** verbleiben. Deshalb sollte eine Behandlung immer ohne unnötigen Zeitverlust einsetzen!

Unabhängig davon, ob die Ursache der Beschwerden zu beseitigen war oder nicht, sollten symptomatische (lindernde) Maßnahmen, wie z. B. **Krankengymnastik oder Ergotherapie**, veranlasst werden. Krankengymnastik ist insbesondere bei Lähmungen sinnvoll, da intakte Muskelgruppen lernen können, die Funktion der gelähmten Muskulatur nach und nach zu übernehmen. Dadurch kann oftmals eine erhebliche Verbesserung für den Patienten erzielt werden. Bei Taubheitsgefühl, Missempfindungen und Nervenschmerzen können **Medikamente** (Schmerzmittel und sogar Antiepileptika) hilfreich sein. Aber auch **Akupunktur** kann bei einzelnen Patienten zu einer Linderung führen.

Bei anhaltenden Lähmungen oder körperlicher Schwäche ist oftmals auch eine **Hilfsmittelversorgung** des Patienten erforderlich. Neben Gehhilfen (Unterarmgehstützen, Rollator) kann auch ein Rollstuhl notwendig sein, damit der Patient weiterhin mit Hilfe seiner Angehörigen das Haus verlassen kann. Auch zusätzliche Hilfsmittel für das Badezimmer des Kranken können benötigt werden, um die Körperpflege sicherzustellen (z. B. Duschhocker, Toilettensitzerhöhung, Wanneneinstiegshilfe, Haltegriffe).

Sind die **Ausscheidungsorgane** von einer Lähmung betroffen (meist in Folge einer Schädigung des Rückenmarks), ist eine Versorgung des Patienten mit einem Dauerkatheter der Harnblase oftmals nicht zu umgehen. Der Stuhlgang kann ihm in diesen Situationen durch Gabe von Abführmitteln oder Einläufen erleichtert werden.

Schwellungen

Schwellungen können an jeder Stelle des Körpers auftreten. Sind sie neu entstanden, sollten sie auf jeden Fall dem Arzt gezeigt werden.

Obwohl es viele verschiedene Ursachen für Schwellungen gibt, unterscheidet man grundsätzlich zwischen Schwellungen ohne und mit den Zeichen einer Entzündung. Als Hinweise für eine Entzündung werden **Rötung, Überwärmung und Schmerz** angesehen. Liegt eine schmerzhafte, warme und gerötete Schwellung vor, spricht dieses eher für eine Infektion (oder eine andere Entzündung) als für eine bösartige Ursache, während schmerzlose Schwellungen auf bösartige Veränderungen hindeuten können. Allerdings gibt es viel zu viele Ausnahmen von dieser Regel. So kann sich ihr Arzt nicht allein auf dieses Beschwerdebild verlassen, sondern er wird immer eine weitere Abklärung veranlassen. Dabei können Laboranalysen, Ultraschall- und Röntgenuntersuchungen zwar hilfreich sein, jedoch ist meist eine **Probeentnahme** aus dem geschwollenen Bereich nötig, um eine mikroskopische Untersuchung durchzuführen. Zumindest bösartige Schwellungen können nur auf diese Weise sicher diagnostiziert werden.

Einige Schwellungen treten sehr lokalisiert auf (z. B. vergrößerte Lymphknoten, Hauttumore), andere wiederum sind flächenhaft und betreffen mitunter eine ganze Extremität (z. B. Lymphödem, Wundrose, Thrombose). Auch diese Befunde sind für ihren Arzt wichtig, um die Ursache der Schwellung richtig einzuschätzen.

Sobald der Grund für eine Schwellung bekannt ist, sollte dieser nach Möglichkeit behandelt werden. Dies kann bei Hauttumoren oder Lymph-

Sicht- oder tastbare Schwellungen können in folgenden Situationen auftreten:

Gutartige Veränderungen
- Infektionen von Haut, Weichteilen oder Lymphknoten (z. B. Wundrose, Pfeiffersches Drüsenfieber)
- Muskelverspannung
- Fehlhaltung oder Skoliose der Wirbelsäule
- Thrombose
- Lymphstau nach Operationen
- Gutartige Tumore (z. B. Fettgeschwülste, Furunkel)
- Blutergüsse in Haut, Weichteilen oder Gelenken
- Flüssigkeitsansammlungen in Weichteilen oder Gelenken
- Verschleiß an Gelenken

Bösartige Veränderungen
- Krebserkrankungen der Haut oder der Weichteile (z. B. Melanom)
- Krebserkrankungen der Lymphdrüsen (Lymphome und Leukämien)
- Metastasen in Haut, Weichteilen oder Lymphknoten
- Lymphstau durch Metastasen in Lymphknoten

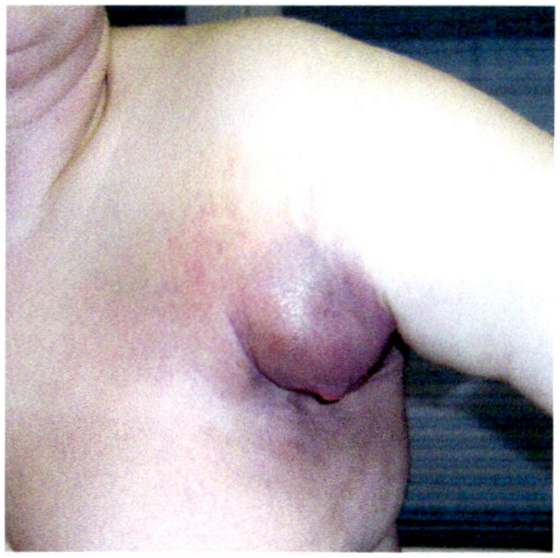

Abb. 3.1: Starke Schwellung eines Lymphknotens der linken Achselhöhle durch Tumorbefall

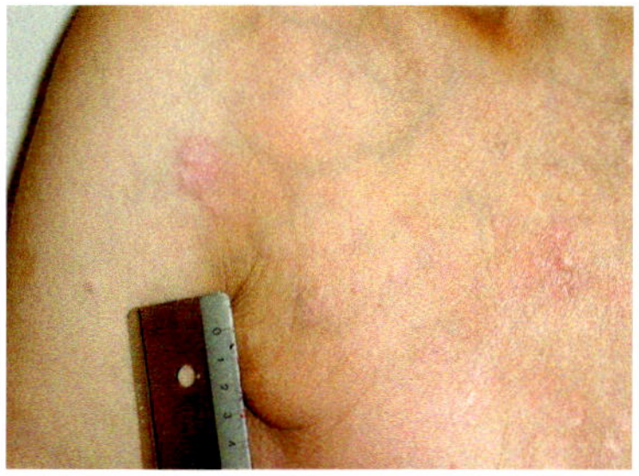

Abb. 3.2: Leichte Schwellungen der Haut durch Hautmetastasen

knotenmetastasen z.B. durch Operation, Bestrahlung oder Chemotherapie erfolgen. Bei bakteriellen Infektionen sind Antibiotika erforderlich, um eine rasche Besserung zu erzielen. In manch anderen Situation muss man sich allerdings auf symptomatische Behandlungen beschränken. So kann bei einem Lymphödem eine Lymphdrainage die Schwellung bessern, ohne deren Ursache zu beheben. Deshalb muss eine solche Therapieform regelmäßig wiederholt werden (siehe Kap. 1.6). Fehlhaltungen und Muskelverspannungen werden durch Krankengymnastik positiv beeinflusst, während bei einer Thrombose eine medikamentöse Blutverdünnung und eine Kompression der Extremität erforderlich sind.

Schluckstörungen und Schluckauf

Eine **Schluckstörung** (Dysphagie) bei Krebspatienten erfordert eine genaue Untersuchung von Mund und Rachen sowie von Speiseröhre und Mageneingang. Ist es in diesen Bereichen zu einem Tumorwachstum gekommen, so wird hierdurch der normale Schluckakt erschwert oder ganz verhindert. Gerade bei Krebserkrankungen von Mund, Rachen oder Kehlkopf, sowie bei Tumoren der Speiseröhre und des Mageneinganges ist die Schluckstörung ein häufiges Symptom. Doch auch andere Krebserkrankungen des Brustkorbes (z.B. der Bronchien oder der Lymphknoten) können gelegentlich ein solches Beschwerdebild verursachen.

Ihr Arzt wird deshalb neben einer körperlichen Untersuchung sowie einer Blutanalyse vor allem eine Spiegelung des Rachenraumes, der Speiseröhre und des Magens sowie eine Computertomographie des Brustkorbes veranlassen. Da Schluckstörungen auch durch **Nervenschädigungen** entstehen können, kann auch noch ein Computer- oder Kernspintomogramm des Schädels erforderlich werden.

Schluckstörungen können aber auch Nebenwirkungen der Krebsbehandlung sein. Vor allem Schleimhautentzündungen unter Chemo- oder Strahlentherapie können für den Patienten so schmerzhaft sein, dass er aus diesem Grunde nicht mehr schlucken kann. Sehr selten können zudem Medikamente, die gelegentlich gegen Übelkeit unter Chemotherapie zum Einsatz kommen (z.B. Metoclopramid, Neuroleptika), durch die von ihnen verursachten Krämpfe im Rachen- und Halsbereich das Schlucken unmöglich machen. Diese **Nebenwirkung** ist für die betroffenen Patienten extrem belastend.

Auch eine **Strahlentherapie** im Bereich des Brustkorbes oder des Halses kommt als Ursache für Schluckstörungen in Betracht. Während der Bestrahlung kann eine akute Entzündung der Speiseröhre mit starker Schleimhautschwellung auftreten, so dass ein Schlucken von Nahrung kaum noch möglich ist. Diese sehr schmerzhafte Nebenwirkung klingt nach Beendigung der Behandlung relativ schnell wieder ab. In seltenen Fällen entwickelt sich Jahre später jedoch eine erneute, diesmal in der Regel schmerzlose Schluckstörung mit Erbrechen unverdauter Speisen. Hierbei handelt es sich um einen strahlenbedingten **Spätschaden** der Speiseröhre, die durch eine chronisch vernarbende Entzündung im Laufe der Zeit (meist nur an einer eng umschriebenen Stelle) soweit eingeengt wird, dass vor allem feste Nahrung nicht mehr hinunterrutschen kann. Eine Aufdehnung der Engstelle durch einen Ballon kann die Beschwerden rasch beheben.
In seltenen Fällen sind Schluckstörungen auch psychisch bedingt.

Üblicherweise wird bei einer Schluckstörung versucht, die Ursache gezielt zu behandeln (z.B. Entfernung eines Tumors, Therapie einer Schleimhautentzündung). Wenn dieses nicht möglich ist, kann die Einleitung einer künstlichen Ernährung (siehe Kap. 1.5) erforderlich werden. Bei Einengungen der Speiseröhre durch einen Tumor besteht zudem in manchen Fällen die Möglichkeit, durch die Einlage eines ausreichend weiten Röhrchens (Stent) die enge Stelle zu überbrücken und soweit offen zu halten, dass dem Patienten noch eine normale Nahrungsaufnahme möglich ist.

Schluckauf (Singultus), eine Verkrampfung des Zwerchfells, kann bei Krebspatienten wie auch bei jedem Gesunden gelegentlich kurzfristig auftreten und ist dann im allgemeinen eine harmlose Episode. Es gibt unzählige Gründe für diesen **normalen Schluckauf**, der dadurch gekennzeichnet ist, dass er nur kurz anhält, eventuell sogar durch einfache Manipulationen (z.B. kaltes Wasser trinken) gestoppt werden kann und anschließend über längere Zeit nicht erneut auftritt.

Gelegentlich zeigen Krebspatienten allerdings einen häufig wiederkehrenden oder nicht unterdrückbaren Schluckauf, der unter Umständen über Tage, Wochen oder sogar Monate anhalten kann und für die Betroffenen äußerst quälend ist. Ursache hierfür kann eine Schädigung des Zwerchfells, des Zwechfellnervens oder des Gehirns durch die Krebserkrankung selbst sein. Manchmal lässt sich eine eindeutige Ursache dieses **„bösartigen" Schluckaufs** nicht finden. Seine Behandlung stellt Arzt und Patient nicht selten vor große Probleme. Ist die Krebserkrankung Ursache der Symptomatik, so ist die beste Therapieform immer deren spezifische Behandlung (z. B. Operation, Bestrahlung, Chemotherapie). Zusätzlich wird eine symptomatische Therapie mit beruhigenden und krampflösenden Medikamenten (oft mit zweifelhaftem Erfolg) versucht.

Mögliche Ursachen von Schluckauf:

Gutartige Ursachen
- Zu schnelles Essen
- Kalte Speisen und Getränke
- Zu große Mahlzeiten
- Alkoholmissbrauch
- Lebererkrankungen
- Erkrankungen des Gehirns
- Stress und andere psychische Faktoren

Bösartige Ursachen
- Hirntumor oder Hirnmetastasen
- Krebserkrankungen im Brustkorb
- Magenkrebs
- Krebsbefall im Bereich des Zwerchfells

Übelkeit und Erbrechen

Völlegefühl, Übelkeit und Erbrechen können die Lebensqualität eines Patienten ganz erheblich beeinträchtigen. In den meisten Fällen treten diese Beschwerden erst durch die Behandlung einer Krebserkrankung auf. Seltener sind sie durch den Tumor selbst oder durch Begleiterkrankungen verursacht.

Wie kommt es zu Übelkeit und Erbrechen?

Es gibt zwei wichtige Mechanismen, die diese Symptomatik auslösen:

1. Eine **Störung des Nahrungstransportes** durch den Magen-Darmtrakt, die mechanisch (z. B. Verschluss des Darmes durch einen Tumor) oder durch Lähmung der Darmwandmuskulatur (z. B. bei langer Bettlägerigkeit oder Zuckererkrankung) bedingt sein kann. In beiden Fällen kommt es zu einem Aufstau des Darminhaltes und zu einer Erweiterung von Magen oder Darm, wodurch zunächst ein Völlegefühl verursacht wird. Durch Nervenimpulse aus der gedehnten Magen- oder Darmwand kommt es schließlich zu einer Reizung des Brechzentrums im Gehirn, wodurch Übelkeit und Erbrechen ausgelöst wird.

2. Eine direkte Reizung des **Brechzentrums im Gehirn** (ohne vorhergehende Erweiterung von Magen oder Darm) kann die gleichen Beschwer-

Mögliche Ursachen für Übelkeit und Erbrechen bei Krebspatienten:

Die Krebserkrankung

- Erhöhter Druck im Gehirn bei Hirntumoren oder Hirnmetastasen
- Tumorbedingte Einengung der Speiseröhre oder des Magens
- Drohender oder bestehender Darmverschluss durch Krebserkrankungen im Bauchraum
- Tumorerkrankungen im Bereich von Leber, Gallenwegen oder Bauchspeicheldrüse
- Starke Wasseransammlung im Bauch bei Krebserkrankung von Bauchfell oder Leber
- Fortgeschrittene Krankheitsstadien mit Bewegungsstörungen von Magen oder Darm

Die Krebsbehandlung

- Viele Formen der Chemotherapie
- Selten auch bei einer Hormontherapie
- Strahlentherapie, vor allem im Bereich des Magen-Darmtraktes oder des Gehirns
- Schmerztherapie, vor allem bei Gabe von morphinartigen, starken Schmerzmitteln
- Nach Gabe von Narkosemitteln wegen einer Krebsoperation
- Bewegungsstörungen des Darmes direkt nach Operationen im Magen-Darmtrakt
- Verwachsungsbedingter Darmverschluss (z.T. erst viele Jahre später) nach einer Operation im Bauchraum oder im kleinen Becken
- Schleimhautentzündungen (z. B. Pilzbefall) nach Chemotherapie
- Psychische Ursachen (z. B. Angst vor einer Therapiemaßnahme)

Begleiterkrankungen und weitere Ursachen

- Zuckerkrankheit
- Extrem hoher Blutdruck
- Durchblutungsstörungen oder Blutungen im Gehirn
- Infektionen von Magen oder Darm („Magen-Darmgrippe")
- Erkrankungen von Leber, Gallenwege oder Bauchspeicheldrüse (z. B. Gallensteine)
- Magenschleimhautentzündung oder Magengeschwür
- Unverträglichkeiten gegenüber bestimmten Nahrungsbestandteilen
- Überdosierung oder Unverträglichkeit von Medikamenten

(Fortsetzung nächste Seite)

den auslösen. Dieses ist vor allem bei erhöhtem Hirndruck (z. B. bei Hirntumor, Hirnblutung oder extremer Blutdruckerhöhung), bei Chemo-, Strahlen- oder Schmerztherapie und nicht zuletzt bei reflektorischem oder psychisch bedingtem Erbrechen von Bedeutung. Während eine Chemotherapie erst nach Gabe der Medikamente Beschwerden auslöst, kann bereits die Angst vor der nächsten Chemotherapie bewirken, dass Übelkeit und Erbrechen schon beim Betreten der onkologischen Praxis (also noch vor jeder Medikamentengabe) auftreten. Diese Form des vorverlegten Erbrechens wird medizinisch als **antizipatorisches Erbrechen** bezeichnet und ist bei Patienten, die mehrfach eine belastende Therapie erhalten, nicht selten.

Unabhängig von der Art einer Stimulation unseres Brechzentrums kommt es neben den Beschwerden „Übelkeit und Erbrechen" in den meisten Fällen noch zu weiteren Symptomen wie Speichel- und Tränenfluss, Blässe der Haut, schneller Atem, Schwitzen und Verlangsamung des Herzschlages. Dies zeigt, wie komplex die Nervenzellen des Brechzentrums mit anderen Hirnarealen des „unbewussten" Nervensystems (vegetatives Nervensystem) verschaltet sind.

(Fortsetzung)

- Reflektorisches Erbrechen (Auslösung des Brechreflexes z. B. durch Reizung des Rachens oder hastiges Schlucken großer Nahrungsmengen)
- Reizung des Gleichgewichtsorganes (z. B. bei Seekrankheit oder Durchblutungsstörungen des Innenohres, beides ebenfalls eine Form des reflektorischen Erbrechens)
- Psychische Ursachen

Sofern Übelkeit und Erbrechen nicht in einem direkt ersichtlichen Zusammenhang mit einer gerade durchgeführten Krebsbehandlung (z. B. Chemotherapie) stehen, wird der behandelnde Arzt den Patienten zunächst nach Beginn, Häufigkeit und Begleitsymptomen, aber auch nach Nahrungsgewohnheiten und Medikamenteneinnahme befragen. Die Art der Symptomatik kann bereits Aufschluss über deren mögliche Ursache geben.
Bei der anschließenden körperlichen Untersuchung sollte auch eine Mundinspektion erfolgen, um zum Beispiel einen Pilzbefall der Schleimhäute nicht zu übersehen. Die Untersuchung des Bauches in Verbindung mit einem Ultraschall, einem Röntgenbild oder sogar einer Computertomographie kann mögliche Krebserkrankungen dieses Bereiches oder aber einen beginnenden Darmverschluss aufdecken. Neben der Analyse der Blutwerte werden häufig noch weitere Untersuchungen erforderlich (z. B. Magenspiegelung, Darmspiegelung, Computer- oder Kernspintomographie des Gehirns), um eine zunächst unklare Ursache von Übelkeit und Erbrechen zu klären.

Die akute Form von Übelkeit und Erbrechen

Treten Beschwerden während oder spätestens **innerhalb von 24 Stunden** nach Durchführung einer Chemo- oder Strahlentherapie auf, spricht man von „akuter Übelkeit" und „akutem Erbrechen". Diese Reaktion entspricht einer an sich gesunden Abwehrreaktion des Körpers, der aufgenommene Giftstoffe hierdurch wieder auszuscheiden versucht. Im Rahmen einer Chemo- oder Strahlentherapie ist dieser Schutzmechanismus allerdings unerwünscht. Deshalb versucht man, durch die vorsorgliche Gabe von Medikamenten Übelkeit und Erbrechen zu unterdrücken.

Vier Formen von Übelkeit und Erbrechen werden unterschieden:

Akut einsetzende Übelkeit und Erbrechen z. B.
- während oder kurz nach einer Chemo- oder Strahlentherapie
- bei Magen-Darminfektionen
- nach Narkosen
- bei akuter Hirndrucksteigerung z. B. durch extreme Blutdruckerhöhung
- bei reflektorischem Erbrechen

Verzögert einsetzende Übelkeit und Erbrechen z. B.
- nach einer Chemotherapie
- nach einer Strahlentherapie

Vorweg auftretende („antizipatorische") Übelkeit und Erbrechen z. B.
- bei wiederholter Chemotherapie
- bei unregelmäßiger Schmerztherapie

Chronische Übelkeit und Erbrechen z. B.
- bei anhaltender Einengung des Magen-Darmtraktes
- Bewegungsstörungen von Magen oder Darm
- bei Schmerztherapie
- bei Hormontherapie (selten)

Die verzögerte Form von Übelkeit und Erbrechen

Treten Beschwerden erst **später als 24 Stunden** nach einer Krebsbehandlung auf, so sprechen wir von verzögerter Übelkeit und verzögertem Erbrechen. Die Übergänge zwischen akutem und verzögertem Erbrechen sind allerdings fließend, so dass ein und derselbe Patienten beide Formen gleichzeitig oder aber bei einer Therapie die eine und bei der nächsten Therapie die andere Form entwickeln kann. Gegen verzögertes Erbrechen müssen Patienten, die eine ambulante Krebstherapie erhalten, entsprechende Medikamente mit nach Hause bekommen, die entweder im Bedarfsfall oder aber auch vorbeugend eingenommen werden können.

Die vorweg auftretende („antizipatorische") Form von Übelkeit und Erbrechen

Kommt es bei aufeinander folgenden Chemotherapien zu starker Übelkeit und Erbrechen, kann sich diese negative Erfahrung mit all ihren äußeren Begleitumständen derart in unser Gehirn einprägen, dass bei weiteren Chemotherapien Übelkeit und Erbrechen bereits vor Beginn der Behandlung einsetzen. Es hat sich dann ein sogenannter **„bedingter Reflex"** entwickelt. Er bewirkt, dass schon beim Betreten der onkologischen Praxis oder aber beim Anblick des Arztes, der die schlecht vertragene Chemotherapie durchgeführt hat, eine Brechschale benötigt wird. Manche Patienten berichten auch, dass allein der Geruch der Arztpraxis ausreicht, um diesen Brechreflex auszulösen. Da die Unterdrückung eines einmal aufgetretenen antizipatorischen Erbrechens sehr schwierig ist, sollte alles getan werden, um seine Entstehung im Vorfeld zu verhindern. Deshalb sollten bei allen Therapien Übelkeit und Erbrechen von Anfang an konsequent vorbeugend behandelt werden. Aber auch bei noch so guter Behandlung und Betreuung ist diese Form des Erbrechens nicht immer zu vermeiden.

Die chronische Form von Übelkeit und Erbrechen

Für Patienten, die längere Zeit oder wiederholt eine Chemo- oder aber auch eine Schmerztherapie erhalten, können Übelkeit, Würgereiz und Erbrechen zu einem ständig wiederkehrenden Problem werden. Die Lebensqualität kann dadurch so beeinträchtigt sein, dass diese Patienten jeden Lebensmut verlieren. Da die Ursache der Symptomatik oftmals nicht einfach abgestellt werden kann, müssen der behandelnde Arzt, das betreuende Pflegepersonal, aber auch die Familie versuchen, dem Patienten die Situation sowohl durch Medikamente, als auch durch psychische Einflussnahme möglichst positiv und erträglich zu gestalten.

Therapiemöglichkeiten bei Übelkeit und Erbrechen

Behandlung der Ursache:

Ist die Krebserkrankung selbst die Ursache für Übelkeit und Erbrechen, steht die Behandlung der Krebserkrankung im Vodergrund. Dabei wird vielfach eine Operation oder eine Bestrahlung erforderlich sein. Gelegentlich kann auch eine Chemotherapie Übelkeit bessern, wenn diese dazu führt, dass z. B. ein zuvor durch einen Tumor eingeengter Darm für die Nahrung wieder normal passierbar wird.

Medikamente gegen Übelkeit und Erbrechen (Antiemetika):

Bei der Behandlung von Krebspatienten werden in vielen Fällen bereits vorsorglich Medikamente gegen Übelkeit und Erbrechen eingesetzt. Die verschiedenen zur Verfügung stehenden Wirkstoffe werden dabei oftmals miteinander kombiniert, da sie sich gegenseitig ergänzen können.

Die Nebenwirkungen der meisten gegen Übelkeit eingesetzten Medikamente sind relativ gering. Die wegen ihrer starken Wirksamkeit bei Erbrechen unter Chemotherapie häufig eingesetzten 5-HT_3-Antagonisten können eine unangenehme **Verstopfung** verursachen. Medikamente zur Steigerung der Magen-Darmbeweglichkeit sowie einige Psychopharmaka (Neuroleptika) rufen dagegen in seltenen Fällen Bewegungsstörungen und Muskelkrämpfe hervor. Bei einem Einsatz von Kortison muss vor allem an eine mögliche Steigerung des Blutzuckers gedacht werden.
Der Hanfinhaltsstoff Cannabinol wird in Deutschland außerhalb onkologischer Schwerpunktpraxen noch relativ selten eingesetzt, obwohl er vor allem bei chronischer Übelkeit hilfreich sein kann und zudem appetitsteigernde und schmerzstillende Eigenschaften aufweist.
Reicht die Behandlung von Übelkeit und Erbrechen durch Tropfen, Tabletten oder Zäpfchen nicht aus, sollten die entsprechenden Medikamente über die Vene verabreicht werden.

Psychologische Hilfestellung:

Besonders bei Menschen, die eine starke psychische Reaktion auf die Krankheit selbst oder auf die Krebstherapie zeigen oder Symptome des antizipatorischen Erbrechens entwickeln, sind neben dem Einsatz beruhigender und angstlösender Medikamente vor allem auch psychotherapeutische Maßnahmen sowie Entspannungsverfahren sinnvoll.

Beispiele für Medikamente, die bei Krebspatienten gegen Übelkeit und Erbrechen eingesetzt werden können:

Medikamente zur Verbesserung der Magen-Darmbeweglichkeit
- Metoclopramid
- Cisaprid

Medikamente zur „Beruhigung" des Brechzentrums
- 5-HT_3 Antagonisten (Serotonin-Hemmer wie z. B. Ondansetron, Granisetron oder Tropisetron)
- NK_1 Antagonisten (Neurokinin$_1$-Hemmer, bisher ist nur das Mittel Aprepitant verfügbar)

Medikamente gegen Verstopfung
- Laktulose-Sirup
- Quellstoffe mit reichlich Flüssigkeit
- Pflanzliche und chemische Abführmittel

Psychopharmaka
- Angstlösende Medikamente (z. B. Diazepam)
- Beruhigende Medikamente (Neuroleptika)

Sonstige Medikamente
- Kortison
- Cannabinol (Inhaltsstoff der Hanfpflanze)

Psychologische Methoden, die zur Behandlung von Übelkeit und Erbrechen eingesetzt werden können:

- Gesprächstherapie
- Verhaltenstherapie
- Entspannungsverfahren (z. B. autogenes Training, Jacobsen Training)
- Hypnose (sehr selten eingesetzt)

Häusliche Verhaltensweisen:

Einige praktische Tipps bei Übelkeit und Erbrechen:

- Patienten mit Übelkeit und Erbrechen suchen Ruhe. So sollten insbesondere zu Hause Rückzugsmöglichkeiten vorhanden sein.
- Für angenehme Ablenkung sorgen (leise Musik, vertrauensvolles Gespräch, gutes Buch).
- Der Patient sollte selbst bestimmen, wen er sehen möchte. Lärm und Aufregung sollten vermieden werden.
- Einübung von Entspannungstechniken, wie tiefes Ein- und Ausatmen bei aufkommendem Übelkeitsgefühl.
- Fette und gebratene Speisen ebenso wie unangenehme Gerüche meiden. Ansonsten kann gegessen werden, worauf man Appetit hat.
- Viel Flüssigkeit, aber in kleinen Mengen. Alkohol möglichst meiden, ansonsten gilt: Alles, worauf der Patient „Lust hat", darf er trinken.
- Lutschen von gefrorenen Ananasstückchen oder Zitronen- und Pfefferminzbonbons. Gelegentliches Ausspülen des Mundes z. B. mit Kamillentee.
- Soweit möglich, Medikamente nicht in Tablettenform, sondern besser als Zäpfchen oder Spritzen zuführen. Auch Tropfen sind in dieser Situation oft besser als Tabletten. Manche Kapseln mit Pulverinhalt können geöffnet und in Flüssigkeit eingenommen werden (immer vorher mit ihrem Arzt besprechen!). Einige Medikamente stehen auch als Lutsch- oder Schmelztablette zur Verfügung.

Durchfall

Unter Durchfall (Diarrhoe) versteht man eine Steigerung der Stuhlhäufigkeit von mehr als 2 – 3 mal pro Tag bei gleichzeitiger Abnahme der Festigkeit, so dass er breiig oder wässrig wird. Die Ursachen von Durchfall bei Tumorpatienten sind äußerst vielfältig.

Neu aufgetretene Durchfälle sollten dem behandelnden Arzt möglichst bald mitgeteilt werden. Dieser wird den Patienten dann zunächst nach Häufigkeit, Beschaffenheit und Farbe des Stuhls sowie nach weiteren **Begleiterscheinungen** fragen (z. B. Fieber, Bauchschmerzen, Krämpfe, Blut- oder Schleimauflagerungen zum Stuhl). Häufig ergibt diese Befragung bereits wichtige Hinweise auf die Ursache der Probleme. In jedem Fall wird sich eine körperliche Untersuchung einschließlich Analysen von Blut- und Stuhlproben sowie eine Ultraschalluntersuchung des Bauchraumes anschließen. Sollte danach der Grund für die Durchfälle weiterhin unklar sein, so können zusätzliche diagnostische Schritte wie Magen- und Darmspiegelung oder Computertomographie des Bauchraumes erforderlich werden.

Mögliche Ursachen für Durchfall bei Krebspatienten:

Die Krebserkrankung
- Gelegentlich bei Krebserkrankungen des Dickdarms
- Hormonproduzierende Krebserkrankungen (z. B. Karzinoide, hormonaktive Tumoren der Bauchspeicheldrüse und des Darms, insgesamt sehr selten!)
- Infektionen des Magen-Darmtraktes bei Immunschwäche (z. B. bei Lymphomen und Leukämien oder bei weit fortgeschrittenen anderen Krebserkrankungen)

Die Krebsbehandlung oder die Krebsdiagnostik
- Einige Formen der Chemotherapie verursachen direkte Schleimhautschäden im Magen-Darmtrakt (z. B. 5-Fluorouracil)
- Infektionen im Magen-Darmtrakt bei Immunschwäche durch Chemotherapie
- Schleimhautschäden durch Strahlentherapie im Bereich des Magen-Darmtraktes
- Nach operativer Entfernung des Magens oder von Teilen des Darmes
- Schilddrüsenüberfunktion nach Gabe von jodhaltigem Kontrastmittel z. B. bei einer Computertomographie im Rahmen der Krebsdiagnostik
- Künstliche Zusatzernährung („Astronautenkost")
- Komplette künstliche Ernährung über eine Magen- oder Dünndarmsonde
- Psychische Ursachen (z. B. Angst vor weiteren Therapiemaßnahmen)

Begleiterkrankungen und weitere Ursachen
- Infektionen von Magen oder Darm („Magen-Darm-Grippe", Bakterien, Viren, Pilze oder Parasiten)
- Entzündungen des Darmes durch Fehlfunktion des körpereigenen Abwehrsystems (z. B. Morbus Crohn, Colitis ulcerosa)
- Erkrankungen von Leber, Gallenwege oder Bauchspeicheldrüse (z. B. Bauchspeicheldrüsenentzündung)
- Hormonelle Störungen (z. B. Schilddrüsenüberfunktion, Zuckerkrankheit)
- Unverträglichkeiten gegenüber bestimmten Nahrungsbestandteilen (z. B. Milcheiweiß)
- Genussmittel (z. B. Alkohol)
- Überdosierung von Medikamenten (z. B. Schilddrüsenhormone, Abführmittel)
- Nebenwirkung von Medikamenten (z. B. Antibiotika)
- Psychische Ursachen

Bei starken Durchfällen muss gelegentlich bereits eine symptomatische Behandlung eingeleitet werden, bevor die Ursache der Beschwerden bekannt ist, da es sonst durch den nicht unerheblichen **Wasser- und Salzverlust** rasch zu einer Schwächung des Patienten kommen kann. Besonders gefährlich wird dieser Verlust, wenn gleichzeitig Übelkeit und Erbrechen vorliegen, wodurch eine ausreichende Flüssigkeitsaufnahme verhindert wird, und der Patient zudem durch hohes Fieber und starkes Schwitzen viel Körperwasser verliert. In einer solchen Situation kann die Austrocknung des Körpers innerhalb von Stunden lebensgefährlich werden!

Die wichtigste Maßnahme bei der Behandlung von Durchfällen ist allerdings die Behandlung ihrer Ursache. So werden Infektionen des Magen-Darmtraktes antibiotisch behandelt, wenn Bakterien als Erreger gefunden wurden. Bei Viren oder Pilzen sind Antibiotika dagegen wirkungslos.

Mögliche Folgen einer starken Durchfallerkrankung:

- Austrocknung des Körpers bis hin zur akuten Lebensgefahr
- Verstärkte Neigung zu Thrombosen und Embolien
- Blutdruckabfall
- Beschleunigung des Herzschlages
- Salzverluste mit Muskelkrämpfen und Herzrhythmusstörungen
- Schwäche bis hin zur Bettlägerigkeit
- Verwirrtheitszustände
- Schlaganfall

Bei Durchfällen durch Chemo- oder Strahlentherapie hilft häufig eine Unterbrechung oder eine Beendigung dieser Behandlung. Vor allem nach einer Bestrahlung im Magen-Darmtrakt können die Durchfälle aber auch jahrelang mit wechselnder Intensität anhalten. In dieser Situation ist eine entzündungshemmende Behandlung (z.B. mit Acetylsalicylsäure, Mesalazin oder Kortison als Zäpfchen, Einlauf oder Tabletten) oft unumgänglich. Je nach Ursache gibt es einige weitere spezifische Behandlungsmöglichkeiten von Durchfällen. Als lindernde (symptomatische) Therapieverfahren kommen zudem **„stopfende" Medikamente** (z.B. Kohletabletten, Loperamid, Opiumtinktur und andere morphinartige Präparate) und vor allem der **Ausgleich des Wasser- und Salzverlustes** zur Anwendung. Hierfür muss eine ausreichende Trinkmenge pro Tag sichergestellt sein, wobei Tee oder Mineralwasser aber auch „Cola und Salzstangen" geeignet sind. Kann der Patient den Mangel an Flüssigkeit nicht durch Trinken beheben, muss diese in Form von Salzlösungen über die Vene zugeführt werden. Bei schweren Durchfällen können mehrere Liter Infusionen pro Tag erforderlich sein!
Gelegentlich können auch Verdauungsenzyme der Bauchspeicheldrüse oder lebende Darmbakterien (z.B. bei Fehlbesiedelung des Darmes durch Pilze nach einer Antibiotikatherapie) therapeutisch genutzt werden.

Flüssigkeitsmangel

Ein Flüssigkeitsmangel kann durch starke Durchfälle, häufiges Erbrechen, Fieber, starkes Schwitzen, übermäßige Urinproduktion sowie eine ungenügende Flüssigkeitsaufnahme bedingt sein. Treten mehrere dieser Faktoren gleichzeitig auf, kann ein Flüssigkeitsmangel rasch zu einer lebensbedrohlichen Situation werden.

Normalerweise tritt man bereits einem leichten Flüssigkeitsmangel durch vermehrtes Trinken entgegen. Ältere oder geschwächte Menschen nehmen einen sich anbahnenden Flüssigkeitsmangel aber häufig nicht adäquat wahr, so dass sich dieser langsam über Tage oder Wochen verstärkt. So kann es zu einer leichten, später dann aber zunehmenden **Veränderung des Bewusstseins** kommen. Die Patienten wirken müde, abwesend und schläfrig. Auch Depressionen können sich in dieser Situation einstellen. Wahrnehmung und Urteilsfähigkeit sind eingeschränkt. Ohne entsprechende Behandlung tritt ein zunehmender Verfall ein.
Gerade bei bettlägerigen Patienten ist es deshalb unbedingt erforderlich, dass die Pflegekräfte sowie die Angehörigen auf eine ausreichende Flüssigkeitszufuhr des Kranken achten. Im Normalfall sollte sie **mindestens 1,5 - 2 Liter täglich** betragen. Bei erhöhtem Flüssigkeitsverlust liegt sie jedoch unter Umständen erheblich darüber. Obwohl sich die meisten Patienten zunächst gegen eine Steigerung der Flüssigkeitszufuhr sträuben, erleben sie die Flüssigkeitszufuhr wieder als positiv, wenn ihr „Wachheitsgrad“ und ihre Anteilnahme am Familienleben dadurch zunimmt.

In einigen Fällen ist eine ausreichende Flüssigkeitsaufnahme durch Austrocknung und Schädigung der Mundschleimhäute zusätzlich erschwert. In diesen Situationen können Lippensalben, Luftbefeuchtung des Zimmers und auch vorsichtiges Austupfen des Mund- und Rachenraumes (z. B. mit feuchten Wattestäbchen) sowie das mehrfach tägliche Lutschen von Eisbröckchen zu einer Linderung führen. Auch sogenannter **„künstlicher Speichel“** und sogar das gelegentliche Kaugummikauen kann hilfreich sein.

Können Pflegekräfte und Angehörige bei bettlägerigen Patienten die notwendige Trinkmenge nicht sicherstellen, muss Flüssigkeit (und gegebenenfalls auch die Ernährung) über eine Vene zugeführt werden. Sobald sich das Problem der Austrocknung abzeichnet, sollte damit begonnen werden. Dabei dürfen nicht in kurzer Zeit große Infusionsmengen verabreicht werden, da es sonst zu einer Überlastung von Herz und Kreislauf kommen kann (z. B. Lungenstauung). Vielmehr ist eine ausreichende Flüssigkeitsgabe über 12 bis 24 Stunden pro Tag anzustreben. Hierfür muss der Patient mit einem **Venenkatheter** versorgt werden (z. B. einen Portkatheter, siehe Kap. 1.5). Darüber hinaus ist der Einsatz entsprechend erfahrener Pflegekräfte, aber auch eine ausreichende Schulung und Einbindung von Angehörigen, notwendig.
Über die Nase in den Magen eingelegte Sonden zur künstlichen Ernährung sind für die Patienten oft störend und verursachen nicht selten Druckgeschwüre, weshalb sie heute nicht mehr für diese Zwecke benutzt werden sollten. Auch Sonden, die direkt durch die Bauchdecke in den Magen oder Dünndarm eingelegt werden (z. B. PEG-Sonden), haben sich in der Betreuung von Krebspatienten nicht bewährt, da sie Beweglichkeit und Lebensqualität oft in erheblichem Maße einschränken. Sie stellen deshalb keine brauchbare Alternative zu einer intravenösen Gabe von Flüssigkeit und Nährlösungen dar.

Verstopfung

Von Verstopfung (Obstipation) sprechen wir, wenn Stuhlentleerungen zu selten erfolgen (weniger als dreimal pro Woche), **länger** als 10 - 12 Minuten dauern oder der Stuhl zu hart ist, was gelegentlich auch eine Veränderungen seiner Form bewirkt.

Eine Verstopfung geht oft mit einem belastenden Völlegefühl und gelegentlich sogar Übelkeit und Erbrechen einher. Auch weitere Beschwerden wie Bauchschmerzen, Schmerzen bei der Stuhlentleerung oder sogar Fieber können eintreten. Darüber hinaus kann ein häufiges starkes Pressen bei der Stuhlentleerung Brüche der Bauchdecke hervorrufen, insbesondere wenn diese durch Operationsnarben geschwächt ist. Verstopfung ist in vielen Fällen ein chronisches Problem.

Tritt eine Verstopfung ohne klar ersichtliche Ursachen ein (z. B. Bettlägerigkeit, Therapie mit Opiaten), wird der Arzt sie zunächst nach weiteren Lebensgewohnheiten befragen, die ein solches Problem fördern können (Blutdruckmedikamente, Ernährungsgewohnheiten, Bewegungsmangel, etc.). Zudem wird er eine körperliche Untersuchung einschließlich Ultraschall des Bauchraumes sowie Laboranalysen durchführen. Lässt sich die Ursache der Beschwerden hierdurch

Mögliche Ursachen einer Verstopfung bei Krebspatienten:

Die Krebserkrankung

- Einengung oder Verschluss des Darmes durch Krebserkrankungen des Dick- oder Enddarmsdarms
- Einengung oder Verschluss des Darmes durch andere Krebserkrankungen innerhalb des Bauch- oder Beckenbereiches (z. B. Lymphome, Lymphknotenmetastasen, Sarkome, gynäkologische Tumoren, Bauchspeicheldrüsenkrebs, u.a.)
- Behinderung der Darmbeweglichkeit durch Wasseransammlung in der Bauchhöhle (Bauchhöhlenerguss, Aszites) bei Tumorbefall des Bauchfells
- Behinderung der Darmbeweglichkeit durch Nervenschädigung im Gehirn oder Rückenmark (z. B. bei Metastasen im Gehirn oder durch Knochenmetastasen in der Wirbelsäule)

Die Krebsbehandlung oder die Krebsdiagnostik

- Chemotherapie mit nervenschädigenden Medikamenten
- Medikamente zur Behandlung von Übelkeit und Erbrechen
- Schmerzmedikamente (v.a. Opiate und morphinartige Mittel)
- Durch Verwachsungen des Bauchfells nach Operationen im Bauchraum
- Durch Verengungen des Magens oder des Darms nach Operation oder Strahlentherapie
- Schilddrüsenunterfunktion nach Operation oder Radiojodbehandlung eines Schilddrüsenkrebses
- Bewegungsmangel oder Bettlägerigkeit bei fortgeschrittener Krebserkrankung
- Fehlernährung (Mangel an Ballaststoffen), Veränderung der Blutsalze oder Flüssigkeitsmangel bei fortgeschrittener Krankheit
- Komplette Ernährung über die Vene wegen ungenügender Nahrungsaufnahme über den Magen-Darmtrakt
- Psychische Ursachen (z. B. Angst vor weiteren Therapiemaßnahmen)

Begleiterkrankungen und weitere Ursachen

- Hormonelle Störungen (z. B. Schilddrüsenunterfunktion, Zuckerkrankheit)
- Einengung oder Verschluss des Darmes durch chronische Entzündungen
- Flüssigkeitsmangel oder Veränderungen der Blutsalze
- Nebenwirkungen von Medikamenten (z. B. harntreibende Medikamente, manche Blutdruckmittel, einige Psychopharmaka)
- Missbrauch von Medikamenten (z. B. „stopfende" Mittel wie Loperamid)
- Fehlernährung (z. B. viele Ballaststoffe bei nur geringer Trinkmenge)
- Erkrankungen des Nervensystems (z. B. Schlaganfall, Parkinson-Erkrankung)
- Bewegungsmangel und Bettlägerigkeit
- Psychische Ursachen

noch nicht klären, können auch eine Röntgenaufnahme und eine Computertomograpie des Bauches, sowie die Spiegelung des Darmes (evtl. auch des Magens) erforderlich werden. Besteht der Verdacht auf eine Einengung des Dünndarmes, erfolgt zusätzlich eine Röntgendiagnostik mit Gabe eines Kontrastmittels, das entweder getrunken werden muss oder vom Arzt als Einlauf in den Darm eingebracht wird. Eine willkommene Nebenwirkung dieses Röntgenkontrastmittels ist seine stark abführende Wirkung.

Die **therapeutischen Maßnahmen** richten sich nach der auslösenden Ursache sowie nach Zustand und Beschwerdebild des Patienten. Im Allgemeinen wird man versuchen, den Grund einer Verstopfung zu beseitigen, z.B. durch Operation, Bestrahlung oder Chemotherapie einer Krebserkrankung, die zur Einengung des Darmes geführt hat. In manchen Fällen ist das auf Grund der Gesamtsituation (z.B. weit fortgeschrittenes Krankheitsstadium) jedoch nicht sinnvoll, auch wenn es technisch möglich wäre. Vor allem in Situationen, in denen kein kompletter Darmverschluss vorliegt, wird man sich dann auf eine symptomatische (lindernde) Behandlung beschränken. Ist der Darm jedoch komplett verschlossen, ist eine Operation oft unumgänglich (z.B. Anlage eines künstlichen Darmausganges zur Ableitung des Stuhlgangs durch die Bauchdecke, siehe Kap. 1.5). Wird in dieser Situation nicht operiert, muss jede weitere Aufnahme von Nahrung und Flüssigkeit auf natürlichem Wege unterbleiben und der Patient statt dessen künstlich über die Vene ernährt werden.

Symptomatische Behandlungsmöglichkeiten bei Verstopfung:

- Reichlich trinken
- Nahrungsumstellung (weniger Ballaststoffe, mehr abführende Nahrungsmittel wie Sauerkraut, Sauerkrautsaft, Früchte)
- Viel Bewegung
- Pflanzliche Abführmittel (z. B. Sennesblätter, Quellstoffe)
- Abführende Medikamente (als Saft, Tropfen, Tabletten oder Zäpfchen)
- Einläufe mit Salz- oder Glycerinlösungen (z. B. Klistier oder Schwenkeinlauf)
- Ausräumung des Enddarmes mit den Fingern

Blähungen

Auch bei Gesunden befindet sich im Magen-Darmtrakt stets eine gewisse (meist geringe) Menge an Luft, die entweder beim Essen verschluckt oder durch Verdauungsprozesse im Darm selbst gebildet wird. Normalerweise verursacht dieses keine Beschwerden.

Nimmt aber die Luftansammlung im Darm zu, oder wird deren Weitertransport behindert, so kommt es zu unangenehmen Beschwerden wie Völlegefühl, Schmerzen oder Bauchkrämpfen. Dies bezeichnet man als Blähungen (Meteorismus).

Blähungen haben selten etwas mit der Krebserkrankung selbst zu tun. Meist treten sie unabhängig von dieser auf, wobei vor allem den **Ernährungsgewohnheiten** eine große Bedeutung zu kommt.

Wenn den Blähungen keine schwerwiegenden Ursachen wie zum Beispiel Darmverschluss oder Erguss in der Bauchhöhle zugrunde liegen, genügen in aller Regel symptomatische (lindernde) Behandlungsmaßnahmen. So empfiehlt sich eine ausreichende Flüssigkeitszufuhr (Getränke ohne Kohlensäure!), viel Bewegung möglichst an frischer Luft (bei Bettlägerigen häufige Lageänderung des Kör-

Mögliche Ursachen für Blähungen bei Krebspatienten:

Die Krebserkrankung
- Einengung oder Verschluss des Darmes durch Krebserkrankungen im Bauch- oder Beckenbereich (Darmkrebs, gynäkologische Tumoren, Lymphome, etc.)
- Krebserkrankungen im Bereich von Leber, Gallenwegen oder Bauchspeicheldrüse mit verminderter Abgabe von Verdauungssekreten
- Behinderung der Darmbeweglichkeit durch Wasseransammlung in der Bauchhöhle (Bauchhöhlenerguss, Aszites) bei Tumorbefall des Bauchfells
- Behinderung der Darmbeweglichkeit durch Nervenschädigung im Gehirn oder Rückenmark (z. B. bei Metastasen im Gehirn oder durch Knochenmetastasen in der Wirbelsäule)

Die Krebsbehandlung oder die Krebsdiagnostik
- Medikamente zur Behandlung von Übelkeit und Erbrechen (selten)
- Verwendung von Milchzucker als Abführmittel (Laktulosesirup)
- Durch Verwachsungen des Bauchfells nach Operationen im Bauchraum
- Durch Verengungen des Magens oder des Darms nach Operation oder Strahlentherapie
- Nach Spiegelungen von Magen oder Darm (bei diesen Untersuchungen wird Luft in Magen oder Darm geleitet, um deren Schleimhäute besser beurteilen zu können)
- Bewegungsmangel oder Bettlägerigkeit bei fortgeschrittener Krebserkrankung

Begleiterkrankungen und weitere Ursachen
- Unverträglichkeit gegenüber Nahrungsmitteln (z. B. gegen Milchzucker)
- Einengung, Verschluss oder Bewegungsstörung des Darmes durch chronische Entzündungen (z. B. Morbus Crohn, Colitis ulcerosa)
- Chronische Darminfektionen und Fehlbesiedelung des Darmes (z. B. Pilzbefall)
- Erkrankungen im Bereich von Leber, Gallenwegen oder Bauchspeicheldrüse mit verminderter Abgabe von Verdauungssekreten (z. B. Leberzirrhose, Bauchspeicheldrüsenentzündung)
- Erkrankungen des Nervensystems (z. B. Schlaganfall, Parkinson-Erkrankung)
- Bewegungsmangel und Bettlägerigkeit
- Ernährungsgewohnheiten (häufig blähende Speisen wie Salat, Kohl, Hülsenfrüchte, Zwiebeln, Lauch, frisches Brot, kohlensäurehaltige Getränke, etc.)
- Vermehrtes Schlucken von Luft beim Essen (hastiges Essen)

pers) und eine konsequente Vermeidung blähender Speisen. Zusätzlich können verschiedene Teesorten (z. B. Fenchel-, Früchte-, Kümmel- oder Pfefferminztee) helfen, die Beschwerden zu lindern. Medikamentös werden darüber hinaus Substanzen eingesetzt, die zu einer verminderten Schaumbildung im Darm führen oder fehlende Verdauungsenzyme ersetzen.

Lassen sich die Beschwerden hierdurch nicht bessern, sollten sie ihrem Arzt auf jeden Fall davon berichten, der dann die gleiche Diagnostik wie bei Durchfall oder Verstopfung einleiten wird.

Entzündungen der Schleimhäute

Schleimhautentzündungen sind ein relativ häufiges Problem bei Patienten, die eine **Chemotherapie** erhalten. Sie können aber auch unter einer Bestrahlung oder bei Menschen mit einem krankheitsbedingt geschwächten Immunsystem auftreten. In vielen Fällen sind die Schleimhäute von Mund und Rachen betroffen, was vor allem beim Kauen und Schlucken starke Schmerzen verursacht und Krankheitserregern die Möglichkeit verschafft, durch die geschädigte Schleimhautbarriere in den Körper einzudringen.

Sind die Schleimhäute des Magen-Darmtraktes entzündet, macht sich dies durch oftmals ausgeprägte, meist wässrige, teilweise auch blutige Durchfälle sowie Krämpfe und Schmerzen im Bauchbereich bemerkbar. Veränderungen der Harnblasen- oder Genitalschleimhäute führen dagegen zu Brennen beim Wasserlassen, gelegentlich blutigem Urin und Schmerzen im Unterbauch.

In seltenen Fällen können als Nebenwirkung einer Chemotherapie (z. B. bei einer Hochdosis-Chemotherapie oder bei Gabe von 5-Fluorouracil) alle Schleimhäute des Körpers stark entzündet sein. Dies ist für den betroffenen Patienten immer eine lebensbedrohliche Situation.

Faktoren, die eine Schleimhautentzündung begünstigen können:

- Chemotherapie
- Strahlentherapie
- Abwehrschwäche (z. B. bei Verminderung der weißen Blutkörperchen)
- Mundtrockenheit
- Austrocknung
- Mangelernährung
- Antibiotikatherapie (kann Fehlbesiedlung z. B. mit Pilzen begünstigen)
- Mangel an Eisen oder Vitaminen

Patienten mit Beschwerden im Bereich der Schleimhäute sollten dieses frühzeitig ihrem behandelnden Arzt mitteilen, der sich dann zunächst die **Mundschleimhäute** anschauen wird. Von kleinsten (dennoch oft sehr schmerzhaften) Schäden an Wangenschleimhäuten, Gaumen oder Zunge bis zu hin großen Geschwüren reicht das Spektrum der sichtbaren Veränderungen. Auch Belege auf der Zunge sind nicht selten, insbesondere wenn es zu einer Besiedlung der Schleimhäute mit Keimen (z. B. Pilze) gekommen ist. Liegen die Beschwerden im Bereich des Magen-Darmtraktes oder der Harnblase, kann nur durch eine Spiegelung dieser Organe das Ausmaß der Schädigung festgestellt werden.

Da in den meisten Fällen die Ursache einer bestehenden Schleimhautentzündung nicht behoben werden kann, stehen symptomatische Therapiemaßnahmen im Vordergrund. Allerdings muss immer überlegt werden, ob bei weiteren geplanten Chemotherapien eventuell die Dosis reduziert werden muss. Oft wird unter einer Chemotherapie bereits vorbeugend eine schleimhautschützende Behandlung durchzuführen (Verbesserung der Mundhygiene durch Spülungen mit Salbei- oder Hexetidinlösungen, Zahnsanierung vor Beginn einer Chemotherapie erforderlich!).

Symptomatische Behandlungsmöglichkeiten bei Schleimhautentzündungen:

Entzündungen im Mund und Rachenbereich
- Spülungen mit Salbeilösungen
- Lutschtabletten mit vitaminartigen Substanzen (z. B. Panthenol)
- Spülungen mit keimtötenden Mitteln (z. B. Hexetidin, Jodverbindungen, Antibiotika oder Medikamente gegen Pilze)
- Betupfen offener Stellen mit keimtötenden Mitteln (z. B. Gentiana-Violett)
- Lokal schmerzstillende Maßnahmen (z. B. Eiswürfel, Spülungen mit örtlichen Betäubungsmitteln)
- Austrocknung der Schleimhäute verhindern (ausreichend Trinken, Eiswürfel, künstlicher Speichel)
- Heiße und stark gewürzte Speisen meiden
- Umstellung der Ernährung auf breiige oder flüssige Kost
- Gabe stark wirkender Schmerzmittel (z. B. Opiate)
- Bei schweren Verläufen künstliche Ernährung und Gabe von Antibiotika über die Vene

Entzündungen im Magen-Darmtrakt
- Gabe von Medikamenten gegen Durchfall (z. B. Kohletabletten, Loperamid)
- Ersatz des Flüssigkeits- und Salzverlustes über die Vene
- Bei länger anhaltenden Durchfällen auch künstliche Ernährung über die Vene
- Bei Nachweis einer Keimbesiedlung (Bakterien oder Pilze) Gabe von Antibiotika oder Medikamenten gegen Pilze (Antimykotika)
- Entzündungshemmende Medikamente (z. B. Kortison als Tabletten, Zäpfchen, Spritzen oder in Einläufen)
- Gabe von krampflösenden Mitteln

Entzündungen im Harnblasen- oder Genitalbereich
- Bei Nachweis einer Keimbesiedlung (Bakterien oder Pilze) Gabe von Antibiotika (meist als Tabletten) oder Medikamenten gegen Pilze (z. B. in Form von Vaginalzäpfchen)
- Viel trinken, vor allem bei Harnblasenentzündungen
- Entzündungshemmende Medikamente (in Form von Tabletten oder Vaginalzäpfchen)
- Bei Entzündung der weiblichen Genitalschleimhäute Gabe von Hormonen (Östrogene in Form von Vaginalzäpfchen oder Salben) oder Milchsäurebakterien (Vaginalzäpfchen)
- Gabe von Schmerzmitteln

Trockener Mund, trockene Nase, trockene Augen

Die Austrocknung der Schleimhäute kommt nicht nur durch einen **Flüssigkeitsmangel** zustande, sondern ist in vielen Fällen eine Folge der **Chemo- oder Strahlentherapie**.

Vor allem die sogenannten Taxane (Paclitaxel, Docetaxel), die z. B. zur Behandlung von Brust-, Eierstock- oder Lungenkrebs eingesetzt werden, verursachen diese Form von Nebenwirkung. Dabei sind die Schleimhäute nicht nur trocken, sondern neigen auch leicht zu Blutungen. Oft sind gleichzeitig Geschmack und Geruch deutlich getrübt.

Eine Strahlentherapie im Kopfbereich kann ebenfalls zu diesen Symptomen führen.

Dagegen hat die Behandlung von Krebserkrankungen mit Hormonen (z. B. Antiöstrogenen bei Brustkrebs) wenig Einfluss auf die Bildung von Speichel, Nasen- oder Tränenflüssigkeit.

Sie sollten in jedem Fall ihrem behandelnden Arzt von den trockenen Schleimhäuten berichten. Dieser wird immer dann, wenn keine klar ersichtliche Ursache vorliegt (z. B. gerade durchgeführte Chemotherapie mit Taxanen), eine Abklärung anstreben, wofür nicht selten augenärztliche sowie Hals-Nasen-Ohren-ärztliche Untersuchungen erforderlich sind.

Sind die Beschwerden durch eine Chemotherapie bedingt und nicht allzu stark ausgeprägt, genügt in vielen Fällen die Aufklärung des Patienten über Harmlosigkeit und baldige Rückbildung der Symptome. In anderen Situationen werden lindernde Therapiemaßnahmen zusätzlich erforderlich. Hierbei kommen vor allem häufiges Trinken oder Ausspülen des Mundes mit Flüssigkeit, künstlicher Speichel, fetthaltige Nasensalben und Augentropfen mit künstlichen Tränen zum Einsatz. Aber auch die Inhalation von Wasserdampf (z. B. mit Kamillezusatz zur Geruchsverbesserung) sowie die Steigerung der Luftfeuchtigkeit (insbesondere in den Schlafräumen) können hilfreich sein.

Mögliche Ursachen für Trockenheit der Schleimhäute des Mundes, der Nase oder der Augen:

- Chemotherapie
- Strahlentherapie
- Lähmungen des Augenlides
- Schädigung von Nerven, die für die Flüssigkeitsproduktion der Schleimhäute zuständig sind
- Zu geringe Flüssigkeitsaufnahme
- Trockene Raumluft
- Schnarchen
- Zu häufige Anwendung von „Schnupfenspray"
- Medikamentennebenwirkung (z. B. Blutdruckmedikamente)
- Erkrankungen des Immunsystems (sehr selten)

Haut- und Nagelveränderungen

Veränderungen an Haut oder Nägeln können sowohl durch die Krebserkrankung selbst, als auch durch deren Behandlung oder durch Begleiterkrankungen hervorgerufen werden. Jede diesbezüglich neu aufgetretene Veränderung sollte dem behandelnden Arzt gezeigt werden. Dieser wird dann neben einer körperlichen Untersuchung sowie gegebenenfalls einer Analyse von Blutwerten nicht selten eine hautärztliche Abklärung veranlassen. In den Fällen, in denen die Ursache der Symptome trotz allem unklar bleibt, ist meist auch eine **Probeentnahme** aus den auffälligen Stellen zur Durchführung mikroskopischer Untersuchungen erforderlich.

Bösartige Veränderungen an der Haut (Hautkrebs, Hautmetastasen) werden meist durch Operation, Bestrahlung oder medikamentöse Maßnahmen (z. B. Chemotherapie, Hormontherapie) behandelt. Veränderungen, die durch Krankheitserreger wie Bakterien, Pilze oder Viren verursacht wurden, erfordern die Gabe von Medikamenten, die zur Abtötung dieser Keime führen (z. B. Antibiotika bei bakteriellen Infektionen, desinfizierende Lösungen zur direkten Auftragung auf die Haut). Ist die Schädigung durch Chemo- oder Strahlentherapie bedingt, muss diese

Mögliche Ursachen für Haut- und Nagelveränderungen bei Krebspatienten:

Die Krebserkrankung

- Hautkrebs (z. B. Melanom. Hautkrebs kann auch unter einem Nagel auftreten!)
- Hautmetastasen bei verschiedenen Krebserkrankungen (häufig z. B. bei Brustkrebs)
- Stippchenartige (oder seltener flächenhafte) Einblutung in die Haut bei starker krankheitsbedingter Verminderung der Blutplättchen (v.a. bei akuten Leukämien)
- Gelbverfärbung von Haut und Schleimhäuten bei Krebserkrankungen der Leber, der Gallenwege oder der Bauchspeicheldrüse
- Ausbildung von Hautflecken oder Hautverfärbungen als Begleitreaktion bei einer Krebserkrankung („paraneoplastisches Syndrom", Ursache unbekannt)

Die Krebsbehandlung oder die Krebsdiagnostik

- Allergische Reaktion auf Medikamente mit Rötung, Fleck- oder Quaddelbildung der Haut (z. B. bei Chemotherapie oder nach Gabe von Röntgenkontrastmitteln. Jedes Medikament kann im Einzelfall eine Allergie verursachen!)
- Direkte Schädigungen durch die im Rahmen einer Chemotherapie eingesetzten Medikamente:
  - Verfärbung, Wachstumsstörung oder Ablösung der Nägel (z. B. bei Taxantherapie)
  - Entzündungen und Verfärbung der Haut bei versehentlicher Infusion von Medikamenten unter die Haut statt in eine Vene (z. B. bei Vincristin)
  - Bräunliche oder rötliche Verfärbung von Haut und Venen (z. B. bei 5-Fluorouracil)
  - Rötung, Schwellung und schmerzhafte Schuppung von Händen und Füßen (Hand-Fuß-Syndrom, z. B. bei 5-Fluorouracil oder Capecitabine)
- Hautschäden durch Strahlentherapie mit Rötung, Austrocknung oder Ausbildung von Geschwüren („Verbrennung")
- Hautveränderungen nach Operationen (Narbenbildungen, Verfärbungen)
- Stippchenartige (oder seltener flächenhafte) Einblutung in die Haut bei starker Verminderung der Blutplättchen unter einer Chemotherapie
- Entzündungen durch Bakterien oder Pilze bei starker Abwehrschwäche (z. B. bei Leukämie oder unter einer Chemotherapie)
- Virusinfektionen bei Abwehrschwäche (z. B. Hautrötung und schmerzhafte Pusteln bei Gürtelrose)
- Schmerzhafte Rötung, Schwellung und Überwärmung der Haut bei einer Wundrose (z. B. begünstigt durch Lymphstau nach operativer Entfernung von Lymphknoten, häufig bei Brustkrebspatientinnen)
- Entzündungen der Haut und Ausbildung von Druckgeschwüren bei Bettlägerigkeit

(Fortsetzung)

Begleiterkrankungen und weitere Ursachen
- Allergien gegenüber Medikamenten, Nahrungsmitteln oder Umweltstoffen
- Hautinfektionen
- Fehlernährung mit Mangel an Vitaminen oder Spurenelementen (z. B. Zink- oder Eisenmangel)
- Erkrankungen im Bereich von Leber, Gallenwegen oder Bauchspeicheldrüse mit Ausbildung einer Gelbsucht (z. B. Leberzirrhose, Gallensteine)
- Fehlreaktionen des körpereigenen Abwehrsystems („Autoimmunerkrankungen")
- Gutartige Hauttumoren (z. B. Fettgeschwülste, Lipome)
- Psychische Ursachen

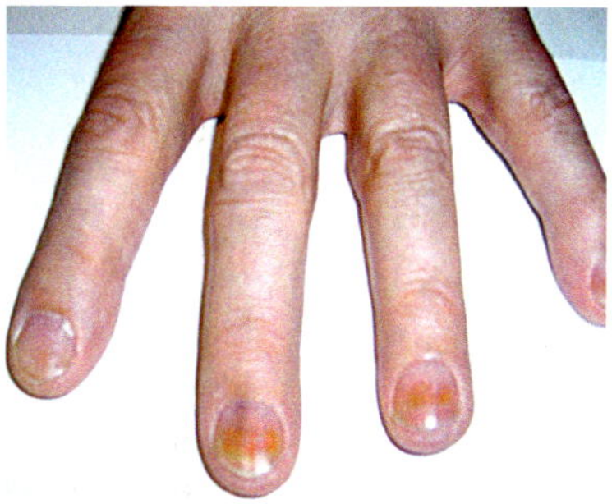

Abbildung 3.4: Bräunliche Nagelverfärbung und Teilablösung unter Chemotherapie

Behandlung in vielen Fällen abgebrochen oder zumindest pausiert werden. Zur Linderung können fetthaltige Salben oder entzündungshemmende Mittel (z. B. Kortison) eingesetzt werden. Bei schmerzhaften Hautreaktionen sind sowohl lokale Maßnahmen (kühlen!) als auch die Gabe von Schmerzmitteln sinnvoll.

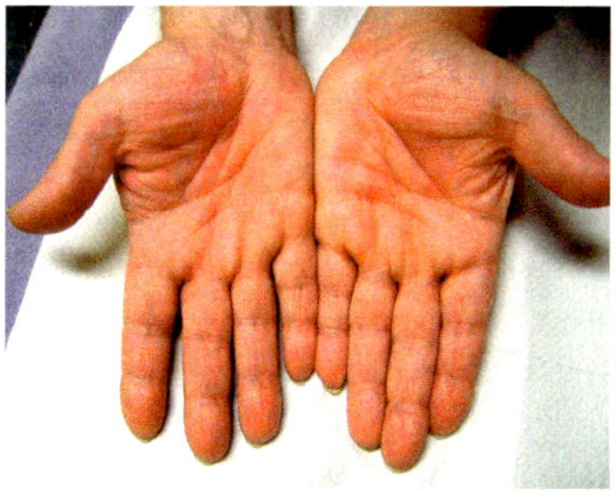

Abbildung 3.3: Hände eines Patienten mit Hand-Fuß-Syndrom

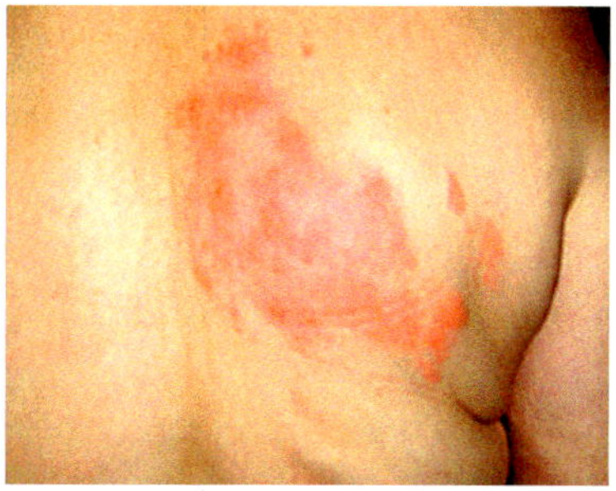

Abbildung 3.5: Hautveränderungen bei einer Gürtelrose

Venenveränderungen und Paravasate

Veränderungen an den Venen der Arme oder Hände können bei jeder **Punktion** zur Blutabnahme oder zur Gabe von Medikamenten (intravenöse Therapie) auftreten. Am häufigsten entwickeln sie sich allerdings, wenn die zur Durchführung einer Behandlung gelegte Nadel über Stunden oder Tage in der Vene belassen wird, was vor allem während einer Chemotherapie erforderlich sein kann. Die im Einstichbereich herabgesetzte Schutzfunktion der Haut kann dazu führen, dass Krankheitserreger in die Vene gelangen. Dieses führt zu einer **Entzündung** des Gefäßes, die sich durch Rötung und Schmerz bemerkbar macht. Zudem kann es auch zu einer Bildung von **Blutgerinnseln** (Thrombose) kommen, wodurch die Vene verschlossen wird und dann durch die Haut als derber Strang tastbar ist. Bei jeder Venenentzündung oder Thrombose sollte die in die Vene eingelegte Kanüle sofort entfernt werden. Anschließend reicht eine lokale **Kühlung** oft aus, um die Beschwerden zu lindern und das Problem zu beheben. Eine durch Blutgerinnsel verschlossene Vene bleibt in aller Regel verschlossen, so dass sich das Blut neue Wege über meist tiefer liegende Venen suchen muss.

Führen Entfernung der Nadel sowie Kühlung nicht zu einer raschen Besserung der Beschwerden oder kommt es zu einer zunehmenden Ausbreitung der Entzündung auf das Gewebe unter der Haut (Wundrose) oder auf Anteile der Vene im Oberarmbereich, müssen gegebenenfalls entzündungshemmende und keimtötende Medikamente (Antibiotika) verabreicht und gelegentlich der Arm sogar ruhig gestellt werden. Damit soll die weitere Verbreitung der Infektion verhindert werden, da es bei einem Einschwemmen von Bakterien in den übrigen Blutkreislauf zu dem schweren Krankheitsbild der **Blutvergiftung** (Sepsis) kommt.

Gelegentlich kann eine Entzündung der Haut oder einer darunter liegenden Vene auch noch nach bereits erfolgter Entfernung einer Kanüle auftreten. Eine solche Veränderung sollte dem behandelnden Arzt gezeigt werden, der dann entscheiden wird, ob äußerlich kühlende Maßnahmen zur Linderung ausreichen.

Neben Krankheitserregern (v.a. Bakterien) können auch Medikamente Venenveränderungen hervorrufen. So bewirkt z.B. das Zytostatikum 5-Fluorouracil (5-FU) gelegentlich eine schmerzlose, durch die Haut sichtbare, bräunlich-rötliche Verfärbung von

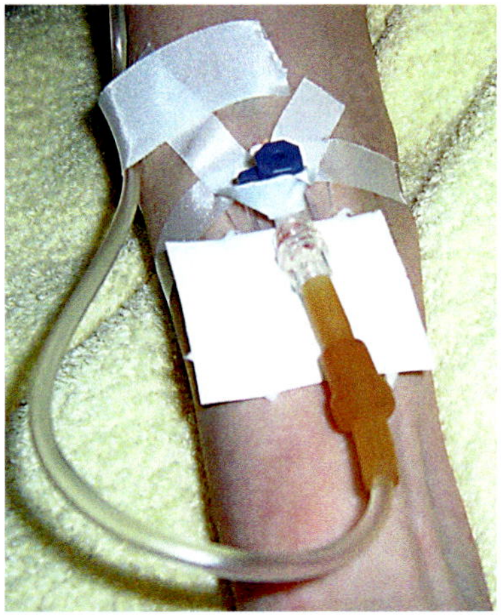

Abbildung 3.6: Eine korrekt am Unterarm zur Durchführung einer Chemotherapie angelegte Braunüle.

Venen. Der Mechanismus dieser Veränderung ist nicht bekannt und es gibt auch keine Behandlungsmöglichkeit dagegen.

Neben solchen relativ harmlosen Venenveränderungen können einige Medikamente zur Chemotherapie schwere Entzündungsreaktionen hervorrufen, wenn sie bei einer falsch angelegten Kanüle nicht in die Vene, sondern in das Gewebe um die Vene herum gelangen. Die dabei entstehende Flüssigkeitsansammlung wird als **„Paravasat"** bezeichnet. Paravasate sind nicht immer gefährlich. Le-

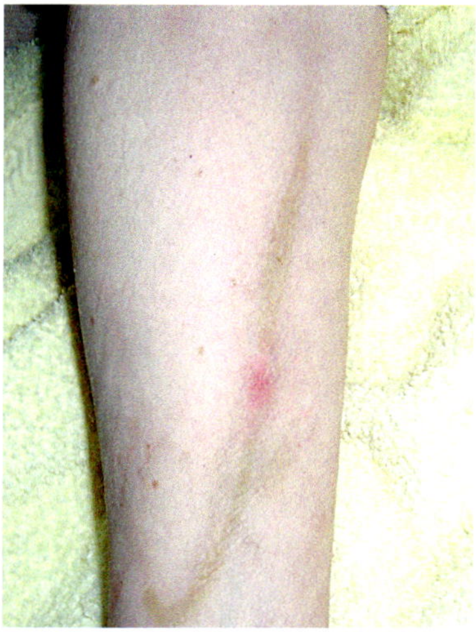

Abbildung 3.7: Bräunliche Verfärbung einer Vene nach Chemotherapie mit 5-FU sowie noch bestehende rötliche Entzündung an der ehemaligen Einstichstelle der Braunüle

diglich solche durch stark gewebereizende Medikamente (wie einige Zytostatika) rufen Schäden hervor. Harmlose Paravasate werden langsam vom Körper aufgenommen und heilen ohne Folgen ab. Andere wiederum können eine leichte Entzündungsreaktion hervorrufen, die lediglich durch lokale Maßnahmen (z. B. Kühlung) behandelt wird. Leider gibt es aber auch Medikamente, die so starke Schädigungen des Gewebes hervorrufen, dass es nicht nur zur Entzündung, sondern sogar zu einem **Absterben des Gewebes** (bis hin zu Muskeln und Sehnen) kommt. Besteht der geringste Verdacht auf ein versehentliches Einlaufen der Infusionsflüssigkeit in das Gewebe (Schwellung unter der Haut, oft mit Schmerzreiz verbunden!), muss diese sofort gestoppt werden, da das Ausmaß des eintretenden Schadens auch von der Menge des Paravasates abhängt. Je nachdem, welches Medikament unbeabsichtigt in das Gewebe unter die Haut gelangt ist, können ganz unterschiedliche Behandlungen erforderlich werden. Im schlimmsten Fall kann sogar eine operative Beseitigung des geschädigten Areals notwendig sein.

Auch wegen dieser möglichen Form der Nebenwirkung sollte eine Chemotherapie nur an onkologischen Schwerpunkten durchgeführt werden!

Vorsichtsmaßnahmen zur Vermeidung von Paravasaten:

- Das Anlegen von Braunülen (biegsamen Kunststoffkanülen) zur Chemotherapie darf nur von qualifizierten Mitarbeitern durchgeführt werden
- Es dürfen keine starren Metallnadeln (z. B. Stahlkanülen oder sogenannte „Butterfly-Systeme") verwendet werden
- Eine Braunüle zur Chemotherapie sollte möglichst nicht im Bereich eines Gelenkes (z. B. Ellenbeuge oder Handgelenk), sondern am Unterarm angelegt und dort so fixiert werden, dass sie bei Bewegung des Armes und selbst bei Ziehen am Infusionsschlauch nicht verrutschen kann
- Eine Chemotherapie darf nur über eine Braunüle durchgeführt werden, wenn über die gleiche Nadel zuvor Blut abgenommen werden konnte (als Hinweis dafür, dass sie korrekt in der Vene liegt)
- Vor Anlegen der Chemotherapie sollte eine harmlose Kochsalzlösung (z. B. 100 ml) über die Braunüle verabreicht werden (tritt eine Schwellung unter der Haut auf, liegt die Nadel nicht richtig!)
- Länger liegende Braunülen sollten regelmäßig angesehen und auf ihre korrekte Lage hin überprüft werden (Blutentnahme, Gabe einer Kochsalzlösung)
- Sind die Venen am Unterarm sehr dünn oder bereits durch vorhergehende Behandlungen zerstochen, sollte frühzeitig ein Portkatheter angelegt werden (siehe Kap. 1.6), über den dann alle weiteren Blutabnahmen und Behandlungen erfolgen

Wunden und Narben

In seltenen Fällen kann eine Krebserkrankung selbst Wunden verursachen. Dieses kommt in erster Linie bei Tumoren der Haut (z. B. Melanom, Hautmetastasen einer anderen Krebserkrankung) oder dicht unter der Haut liegenden Tumoren vor. Offene, durch Krebs verursachte **Geschwüre** reten erst im Verlauf einer fortschreitenden Erkrankung auf. Da sie für den Patienten sehr belastend sind und nicht von selber zuheilen, sollte immer eine operative Entfernung angestrebt werden, selbst wenn keine Heilung erzielt werden kann. Als Behandlungsmöglichkeiten stehen neben einer Operation noch die Bestrahlungstherapie sowie Medikamente zur Verfügung (z. B. Chemo- oder Hormontherapie).

Unabhängig von der Art einer Krebserkrankung können bettlägerige Patienten **Druckgeschwüre** entwickeln. Diese anfänglich relativ harmlos aussehenden kleinen Hautrötungen entwickeln sich nicht selten zu großen, offenen Wunden, die eitrig belegt sind und starke Schmerzen verursachen können. Ihre Behandlung ist im Kapitel 3.6 erläutert.

Wunden entstehen aber auch bei jeder Operation wegen einer Krebserkrankung. Üblicher Weise werden sie chirurgisch verschlossen und heilen relativ schnell. Nur selten kann eine Operationswunde nicht primär verschlossen werden. Dann kann es recht lange dauern, bis diese Wunde langsam aus der Tiefe heraus zuheilt. Gelegentlich werden in dieser Situation auch Hautübertragungen erforderlich.

Jede gut verheilte Operationswunde hinterlässt eine **Narbe**. Selten können Narben bei einer ungünstigen Lokalisation zu einer Bewegungseinschränkung oder Schmerzen führen. Manche Patienten verspüren diese Narbenschmerzen nur bei einem Wetterwechsel. Ein kosmetisches Problem ist die gelegentlich auftretende **Wulstbildung von Narben** (Narbenkeloid). Dabei handelt es sich um eine harmlose Bindegewebswucherung, die aber erhebliche psychische Probleme verursachen kann. Ein Abtragen dieser Wülste (z. B. mittels eines Lasers) kann das Aussehen der Narbe verbessern.

Wird eine Narbe durch Muskelzug überbelastet, kann es zu einem Auseinanderweichen der Narbenränder und zur Ausdünnung des Gewebes kommen. Es entsteht dann ein sogenannter **Narbenbruch**, der unter Umständen Schmerzen und manchmal sogar eine Einklemmung von Darmabschnitten verursachen kann. Bei anhaltenden Beschwerden muss ein solcher Narbenbruch operiert werden.

Narben können aber auch ohne Operationen bei Krebspatienten auftreten. So kann zum Beispiel die **Bestrahlung** eines Tumors zu meist flächenhaften Vernarbungen der Haut und des Unterhautbindegewebes führen. Ähnliche Veränderungen werden aber auch durch **Paravasate** (siehe Kap. 3.26) mancher Chemotherapien verursacht, bei denen der chemisch ausgelöste Entzündungsprozess die Vernarbung bewirkt.

Jede neu aufgetretene Wunde, aber auch jede auffällige Veränderung einer Narbe (Verfärbung, fleckförmige Verhärtung, Schmerz), sollte dem Arzt gezeigt werden. Narbenveränderungen sollten immer besonders kritisch untersucht und beobachtet werden. Gegebenenfalls ist die Entnahme einer Probe zur mikroskopischen Diagnostik erforderlich. Nur so kann geklärt werden, ob es sich um eine harmlose Veränderung handelt oder ob im Bereich der Narbe oder der Wunde die Krebserkrankung wieder aufgetreten ist.

Haarausfall

Haarausfall ist eine typische Nebenwirkung der **Chemotherapie.** Dabei kann der Haarausfall bereits zu Beginn der Chemotherapie oder erst in ihrem Verlauf auftreten; er kann komplett oder nur teilweise sein. In seltenen Fällen können auch Schambehaarung und sogar Wimpern und Augenbrauen von dieser Nebenwirkung betroffen sein. Unabhängig vom Ausmaß des Haarverlustes kommt es in der Regel einige Wochen nach Abschluss der chemotherapeutischen Behandlung zu einem erneuten Wachstum der Haare mit vollständiger Behebung dieses psychisch ausgesprochen belastenden Problems.

Auch eine **Bestrahlung** im Bereich des behaarten Kopfes führt üblicherweise zu einem Haarverlust, der je nach verabreichter Strahlendosis zum Teil erheblich länger als nach einer Chemotherapie dauern kann.

Nicht zuletzt kann auch eine **Hormontherapie** Haarausfall bewirken, der allerdings fast nie komplett ist. Dennoch führt auch in diesen Situation die zunehmende Ausdünnung der Kopfbehaarung und das dadurch veränderte Aussehen nicht selten zu einer starken seelischen Belastung. Da eine Hormontherapie in aller Regel langfristig erfolgt, ist nicht mit einer Besserung zu rechnen, zumal diese notwendige Krebstherapie kaum allein wegen eines verstärkten Haarausfalls abgesetzt wird.

Bei einer Chemotherapie oder bei einer Bestrahlung im Kopfbereich wird ihr Arzt ihnen bereits vorsorglich eine **Perücke** verschreiben. Die gesetzlichen Krankenkassen übernehmen die Kosten bis zu einer bestimmten Höhe, was für Perücken in „normaler" Qualität ausreichend ist. Wird eine bessere Qualität gewünscht, müssen allerdings Zuzahlungen geleistet werden. Prinzipiell können sie die Perücke bei jedem Friseur anfertigen lassen. Besser ist es im allgemeinen jedoch, einen Friseur aufzusuchen, der Erfahrung mit der Perückenversorgung von Krebspatienten hat.

Vorbeugend wurden früher während einer Chemotherapie den Patienten zum Teil über Stunden sogenannte **Kältehauben** aufgesetzt, die eine verminderte Durchblutung der Kopfhaut bewirken sollten. Abgesehen davon, dass diese Prozedur sehr unangenehm ist, führt sie in kaum einer Situation zu dem gewünschten Effekt einer Vermeidung von Haarausfall. Heute wird diese Maßnahme von den meisten Onkologen deshalb nicht mehr durchgeführt.

Prothesen und künstliche Ausgänge

Amputationen von Gliedmaßen sind in der Krebsbehandlung nur noch sehr selten erforderlich. Dementsprechend ist auch eine Versorgung von Patienten mit Prothesen nicht sehr häufig. Gelegentlich kommt sie aber in Form von **Beinprothesen** (Ober- oder Unterschenkelprothesen) vor. Zunächst muss der Patient lernen, mit einer solchen Prothese zu laufen und sich im Alltag zurechtzufinden. In dieser Phase treten nicht selten Druckbeschwerden auf, so dass die Prothese zum Teil mehrfach neu angepasst und entsprechend nachgearbeitet werden muss. Sprechen sie in einer solchen Situation ihren Arzt rechtzeitig auf die Beschwerden an, damit es nicht zur Ausbildung schlecht heilender Druckgeschwüre kommt, oder lassen sie die Prothese von einem Fachmann (Orthopädiemechaniker) überprüfen.

Viel häufiger haben Krebspatienten Probleme oder Beschwerden mit künstlichen Darmausgängen oder Blasenkathetern. Bei einem künstlichen **Darmausgang** kann es zu einer Entzündung der Bauchhaut kommen. Dabei treten Rötung, Schwellung, Juckreiz, Blutabsonderungen oder sogar Schmerzen um den Ausgang herum auf. Besonders häufig tritt dieses Beschwerdebild bei einem Dünndarmausgang auf, da der flüssige Dünndarminhalt stärker hautreizend ist als der meist breiige oder feste Inhalt des Dickdarms. Aber auch die Klebeschicht des über den künstlichen Ausgang angebrachten Versorgungssystems (siehe Abb. 1.31 und Abb. 1.32 in Kap. 1.5) kann bei einzelnen Menschen Hautreizungen hervorrufen.
Ein weiteres Problem eines Dünndarmausganges kann der erhebliche Verlust an Flüssigkeit und Salzen sein, die normalerweise erst im Dickdarm dem Stuhl entzogen werden. Deshalb müssen Flüssigkeit und Salze dem Patienten ausreichend zugeführt werden.
Bei künstlichen Darmausgängen kann es insbesondere bei einer schwachen Bauchdeckenmuskulatur zu einem starken Hervortreten des Darmes nach außen kommen, was gelegentlich die Funktion des Ausganges beeinträchtigt und eine erhöhte Verletzungsgefahr für den Darm mit sich bringt.

Ein künstlicher Darmausgang führt aber auch zu erheblichen psychischen Belastungen. Die Patienten fühlen sich in ihrer Beweglichkeit sowie in ihren sozialen Kontakten beeinträchtigt. Insbesondere das geräuschvolle und vom Patienten nicht unterdrückbare Entweichen von Darmluft führt nicht selten dazu, dass sich diese Menschen aus Scham immer mehr zurückziehen. Auch die möglichst hygienische Handhabung der Stuhlbeutel bereitet vor allem älteren Patienten nicht selten Probleme. Es ist deshalb wichtig, dass Menschen mit einem künstlichen Darmausgang im Umgang mit diesem gut geschult werden und möglichst auch die Technik der **Irrigation** erlernen. Hierunter versteht man die Säuberung größerer Darmabschnitte mittels Einläufen, die durch den künstlichen Ausgang verabreicht werden. Nach einem solchen Reinigungseinlauf tritt für einige Zeit keine spontane Stuhlentleerung mehr auf, so dass statt des Stuhlbeutels auch eine „Abdeckkappe" über dem künstlichen Ausgang angebracht werden kann, wodurch die Patienten weniger eingeschränkt sind und sogar viele Sportarten betreiben können.

Das Hauptproblem jeder Form der **künstlichen Urinableitung** nach außen ist die Infektion der ableitenden Harnwege und der Nieren vor allem durch Bakterien. Da sich Infektionen der ableitenden Harnwege zu schweren und unter Umständen lebensbedrohlichen Krankheitsbildern entwickeln können, müssen in diesen Situationen frühzeitig Antibiotika verabreicht werden.

Begleitreaktionen bei Krebserkrankungen

Unter dem Begriff der „paraneoplastischen Syndrome“ werden Begleitreaktionen des Körpers verstanden, die gelegentlich bei Vorliegen einer Krebserkrankung an ganz anderer Stelle des Organismus auftreten und vermutlich durch Substanzen, die vom Tumor oder von den Zellen des Immunsystems freigesetzt werden (z. B. hormonartige Stoffe), verursacht sind. Der genaue Entstehungsmechanismus dieser Reaktionen ist allerdings in den meisten Fällen unklar.

Werden von Tumorzellen **Hormone oder hormonartige Substanzen** gebildet und in das Blut abgegeben (siehe hierzu auch Kap. 1.4), kommt es zu Störungen der natürlichen hormonellen Stoffwechselregulation. Diese Störungen können eine breite Palette von oftmals sehr unterschiedlichen Symptomen hervorrufen. Beispiele hierfür sind unter anderem die Veränderung der Konzentration verschiedener Blutsalze, Blutzuckeranstieg, Bluthochdruck, Gewichtzunahme oder Muskelschwäche. Aber auch Durchfälle, anfallsartig auftretende Hautrötungen, Luftnot durch Verengung der Bronchien oder eine starke Wassereinlagerung im Körper können diese Stoffe bewirken.

Paraneoplastische Syndrome haben häufig Auswirkungen auf:

- Hormonelle Regulierungen des Stoffwechsels
- Das Nervensystem
- Die Haut
- Das Blut

Insbesondere bei Lymphomen sowie bei Krebserkrankungen der Lunge können Veränderungen des **Nervensystems** auftreten, die mit Gefühlsstörungen (z. B. Kribbeln in Händen und Füßen), Muskelschmerzen und Muskelschwäche bis hin zu vollständigen Lähmungen, aber auch mit Schwindel, Sprachstörungen und Gangunsicherheit einhergehen können. Auch eine gesteigerte Lichtempfindlichkeit und Sehstörungen kommen vor. Die genaue Ursache dieser Nervenschäden ist in vielen Fällen nicht zu klären. Manchmal lassen sich jedoch Fehlfunktionen des körpereigenen Abwehrsystems nachweisen, die zu diesen Problemen führen.

Bei einigen Krebspatienten lassen sich an der **Haut** unterschiedlichste Reaktionen und Veränderungen beobachten, die offenbar im Zusammenhang mit der bösartigen Erkrankung stehen. Neben dem „plötzlichen Erröten“ (medizinisch als Flush bezeichnet) können zum Beispiel auch dauerhaft gerötete Hautflächen (Erytheme) oder verschiedene Formen von fleckförmigen Verfärbungen vorkommen. So sieht man z. B. bei Patientinnen mit Brustkrebs gelegentlich zahlreiche kleine bräunliche Hautflecken am Oberkörper und am Hals. Auch Zellen und Eiweiße des **Blutes** können bei Vorliegen einer bösartigen Erkrankung verändert sein. So findet man manchmal eine leichte Vermehrung von weißen Blutkörperchen und Blutplättchen sowie nicht selten die Ausbildung einer Blutarmut (Verminderung der roten Blutkörperchen). Zudem zeigen viele Krebspatienten eine gesteigerte Anfälligkeit für Thrombosen und Embolien, gelegentlich aber auch eine verstärkte Blutungsneigung. Beides ist auf bisher nicht eindeutig geklärte Veränderungen im Gerinnungssystem zurückzuführen.

Was passiert nach der Behandlung meiner Krankheit?

Anschlussheilbehandlung und Rehabilitation

Sobald eine Krebserkrankung festgestellt worden ist, erfolgt nach Abschluss aller erforderlichen Untersuchungen die Behandlung der Krankheit. In den meisten Fällen muss zunächst eine Operation durchgeführt werden. Bei einigen Krebsformen (z. B. Brustkrebs oder Darmkrebs) schließt sich noch eine Chemotherapie und/oder eine Bestrahlung an. Dieser erste Schritt in der Behandlung der Krebserkrankung wird als **„Primärbehandlung"** bezeichnet. Bei einigen Krankheiten (z. B. Brustkrebs, Prostatakrebs) kann sich an diese Primärbehandlung noch eine langfristige **Sicherheitstherapie** in Form einer Hormonbehandlung anschließen.

Sobald die Primärbehandlung abgeschlossen ist, beginnt der Prozess der **Rehabilitation**. Hierunter versteht man alle medizinischen, beruflichen und sozialen Maßnahmen, die einem kranken Menschen helfen, seine Funktionen im Alltag wieder wahrzunehmen. Diese Rehabilitation ist insbesondere bei Krebspatienten ein kontinuierlicher und nicht selten langwieriger Prozess, der sich aus verschiedenen Einzelmaßnahmen zusammensetzt und der ganz entscheidend auf die aktive Mitwirkung des Patienten angewiesen ist.

Maßnahmen zur Rehabilitation können zum Beispiel sein:

- Anschlussheilbehandlung
- Behandlung in einer Rehabilitationsklinik
- Prothesenversorgung
- Hilfsmittelversorgung
- Ernährungsberatung
- Krankengymnastik
- Psychoonkologische Betreuung
- Familienberatung
- Umschulung
- Wiedereingliederung in das Berufsleben

Bei vielen Patienten beginnt die Rehabilitation im Anschluss an die Primärbehandlung durch Einleitung einer **Anschlussheilbehandlung** (AHB) oder einer stationären Rehabilitationsmaßnahme (**Reha**, früher auch als „Kur" bezeichnet). Sowohl AHB als auch Reha werden an hierfür spezialisierten Kliniken (Reha-Kliniken) durchgeführt. Durch beide Maßnahmen sollen insbesondere in dieser frühen Phase häufig noch vorhandene krankheits- oder therapiebedingte Beschwerden und Funktionseinschränkungen überwunden oder zumindest gelindert werden. Insgesamt soll die **Fähigkeit zur Selbstversorgung** des Patienten möglichst schnell wiederhergestellt und gesichert und nach Möglichkeit seine Arbeitsfähigkeit erhalten werden. Nach Abschluss einer solchen ersten stationären Maßnahme endet der Rehabilitationsprozess natürlich nicht, sondern geht dann in ein ambulantes Konzept über.

Während es, wie oben erwähnt, in der Zielsetzung zwischen AHB und stationärer Rehamaßnahme keinen Unterschied gibt, unterscheiden sich allerdings die Situationen, in denen diese Maßnahmen beantragt werden können ebenso wie die Antragstellung selbst.

1. Anschlussheilbehandlung (AHB):

Eine AHB muss unmittelbar im Anschluss an eine Krankenhausbehandlung erfolgen. Eine AHB kann nur nach einer **Krebsoperation oder einer Bestrahlung** (die auch ambulant erfolgen kann) beantragt werden. Die AHB wird unter Vorlage eines Befundberichtes und in der Regel eines vom Patienten auszufüllenden Bogens vom Akutkrankenhaus bei den Kostenträgern (Rentenversicherung oder Krankenversicherung) beantragt und soll innerhalb von 14 Tagen nach Krankenhausentlassung begonnen werden. Deshalb muss die Bearbeitung und Bewilligung durch den Kostenträger recht schnell erfolgen.

Die entsprechenden AHB-Anträge sind in allen Akutkrankenhäusern vorrätig, können aber auch über die gesetzlichen Renten- oder Krankenversicherungen bezogen werden.

2. Stationäre Rehabilitation

Stationäre Rehamaßnahmen können im allgemeinen **bis zu drei Jahre nach Abschluss der Primärbehandlung** der Krebserkrankung (Operation, Bestrahlung, Chemotherapie) bei den Kostenträgern vom Patienten selbst beantragt werden. Dem Antrag muss ein Bericht des behandelnden Arztes und eine Bescheinigung der Krankenkasse beigelegt werden. Bei Krebspatienten ist der Kostenträger in der Regel die Rentenversicherung, selbst dann, wenn der Patient bereits Rente wegen verminderter Erwerbsfähigkeit oder sogar Altersrente bezieht. In einigen Fällen übernehmen auch die Krankenkassen diese Kosten. Beamte müssen sich wegen der Kostenübernahme zudem mit ihrer Beihilfestelle in Verbindung setzen.
Die Antragsformulare sind bei der Rentenversicherung (BfA oder LVA), bei den Krankenkassen und vielen sozialen Beratungsstellen (z. B. in ihrem onkologischen Schwerpunkt) erhältlich.

Die gesetzlichen Rentenversicherungen können laut Sozialgesetzgebung stationäre Rehamaßnahmen im Rahmen der von ihnen für ihre Versicherten angebotenen **„onkologischen Nachsorgeleistungen"** übernehmen; sie sind aber nicht dazu verpflichtet. Insgesamt muss die Aussicht auf „positive Beeinflussung" des Beschwerdebildes sowie in der Regel eine selbstständige Reisefähigkeit des Patienten gewährleistet sein. Heute wird sehr genau geprüft, ob die persönlichen und versicherungsrechtlichen Voraussetzungen für die Kostenübernahme bestehen. Art, Dauer und Umfang einer Rehaleistung werden laut Gesetz allein vom Kostenträger festgelegt. In vielen Fällen werden die Wünsche der Patienten jedoch zumindest hinsichtlich der Rehaklinik berücksichtigt. Die üblicherweise bewilligte Dauer der stationären Maßnahme beträgt 3 bis 4 Wochen, was allerdings in einigen Fällen durch die Rehaklinik verlängert werden kann.

In Deutschland fallen AHB und stationäre Rehamaßnahmen für alle gesetzlich Versicherten unter die **Zuzahlungspflicht für stationäre Leistungen**. Ausnahmen davon gibt es nur, wenn der Patient eine Befreiung hiervon erwirkt hat. Die Höhe der Zuzahlung beträgt zur Zeit (Januar 2004) 10 Euro pro Tag. Bei einer AHB ist die Zuzahlungspflicht wie im Krankenhaus auf 28 Tage begrenzt.

Typisches Leistungsangebot einer Rehaklinik für Krebspatienten:

Medizinische Leistungen
- Krankengymnastik
- Lymphdrainage
- Rehasport
- Muskelaufbautraining
- Schwimmen
- Medizinische Bäder und Güsse
- Kneipp-Anwendungen
- Massagen und Packungen
- Elektrotherapie
- Ultraschalltherapie

Psychologische Leistungen
- Psychoonkologie
- Entspannungsverfahren
- Autogenes Training
- Progressive Muskelrelaxation
- Simonton Training
- Kunsttherapie
- Musik- und Tanztherapie
- Ergotherapie

Beratungen
- Gesundheitsberatung
- Sozialberatung
- Rentenberatung
- Berufsberatung
- Ernährungsberatung
- Stomaberatung
- Hilfsmittelberatung

Freizeitangebote
- Ausflüge
- Musik- und Tanzveranstaltungen
- Filmvorführungen
- Patientenbibliothek

Neben diesen stationären Leistungen zur medizinischen Rehabilitation benötigen viele Krebspatienten **langfristige ambulante medizinische, soziale und berufliche Hilfen.** Diese können zum Teil ebenfalls über die Rentenversicherung beantragt werden. Häufig kommen hierfür jedoch die Krankenkassen auf. Im Idealfall werden die während einer stationären Rehabilitation begonnenen Maßnahmen unter Kontrolle des behandelnden Onkologen ambulant fortgeführt und den sich ändernden Umständen und Beschwerden angepasst.

Um im Einzelfall eine möglichst weitgehende Wiederherstellung der persönlichen Leistungsfähigkeit sowie die Wiedereingliederung in das soziale und berufliche Leben zu erzielen, ist es wichtig, alle noch bestehenden Probleme und Beschwerden regelmäßig mit ihrem Hausarzt und ihrem Onkologen zu besprechen und gemeinsam mit diesen Lösungsmöglichkeiten zu entwickeln.

Nachsorge

Konnten durch die Primärtherapie zunächst alle nachweisbaren Tumormanifestationen beseitigt werden, ist damit leider noch nicht sicher gestellt, dass die Krankheit auch langfristig geheilt ist. Je länger das tumorfreie Intervall ist, desto größer wird die Wahrscheinlichkeit einer kompletten Heilung. Etwa fünf Jahre nach der Primärbehandlung sind bei vielen Krebserkrankungen kaum noch Rückfälle zu erwarten. Leider kommen bei bestimmten Tumorarten (z. B. Brustkrebs, Nierenkrebs oder Melanom) auch viele Jahre danach noch einzelne Krankheitsrückfälle vor. Ein solcher Rückfall kann entweder in Form eines **Lokalrezidivs** (an der selben Stelle, an der zuvor die Krebserkrankung vorhanden war) oder in Form einer **Metastasierung** auftreten. Hierunter versteht man das Wachstum von Tochtergeschwülsten an einer anderen Stelle des Organismus, an welche die Krebszellen über die Lymph- oder Blutbahnen hingelangt sind. Deshalb ist es unbedingt erforderlich, alle Patienten auch nach einer erfolgreichen Primärbehandlung in regelmäßigen Abständen zu untersuchen. Diese Kontrollen werden als **Nachsorgeuntersuchungen** bezeichnet und sollen helfen, einen möglichen Krankheitsrückfall frühzeitig zu erkennen. Weitere Aufgaben der Nachsorge sind die Feststellung und Behandlung eventuell aufgetretener **Spätschäden der vorausgegangen Krebstherapie**. Zudem erhält der Patient durch die Nachsorge meist auch eine höhere **psychische Sicherheit**.

Nicht zuletzt aber ist jede Art der Nachsorge immer auch zugleich eine Vorsorgeuntersuchung, denn bei jedem Krebspatienten kann eine andere Krebsform mindestens mit gleicher Wahrscheinlichkeit wie bei jedem bisher gesunden Menschen auftreten. Nachsorgeuntersuchungen sollten bei einem Onkologen oder zumindest bei einem hierfür weitergebildeten Haus- oder Facharzt erfolgen. Wenn sie unsicher sind, ob ihr Arzt für diese Untersuchungen geeignet ist, fragen sie ihn nach seiner onkologischen Qualifikation.

Mögliche Spätschäden einer Krebsbehandlung können z. B. sein:

Schädigung	Bedingt durch
Anhaltende Infektanfälligkeit	Chemotherapie, Strahlentherapie
Schilddrüsenunterfunktion	Strahlentherapie, (Operation)
Osteoporose (Minderung der Knochensubstanz)	Chemotherapie, Hormontherapie, (Strahlentherapie)
Herzschwäche, Rhythmusstörungen	Chemotherapie, Strahlentherapie
Luftnot	Strahlentherapie, (Chemotherapie), (Operation)
Entzündungen und Verengungen von Speiseröhre, Magen oder Darm	Strahlentherapie, (Chemotherapie)
Darmverschluss	Operation, (Strahlentherapie)
Nervenschäden	Strahlentherapie, Chemotherapie, Operation
Nierenfunktionsstörungen	Chemotherapie
Leberfunktionsstörungen	Chemotherapie, Hormontherapie
Zweit-Krebserkrankung	Chemotherapie, Strahlentherapie

Was ist das Ziel der Nachsorge?

- (Früh-) Erkennung von Krankheitsrückfällen (Rezidive und Metastasen)
- Nachweis und Behandlung von langfristigen Therapiefolgeschäden
- Früherkennung (Vorsorge!) von Zweit-Krebserkrankungen als Folge oder unabhängig von der Primärbehandlung

Um diese Zielsetzung zu erreichen, sollten verschiedene Untersuchungen anfangs alle 3 Monate, später halbjährlich, dann jährlich durchgeführt werden.

Die technischen und labormedizinischen Untersuchungen im Rahmen der Nachsorge können je nach Krebserkrankung, je nach Abstand zur Primärbehandlung und je nach Situation des Patienten recht unterschiedlich sein. Um die Nachsorge etwas strukturierter zu gestalten, wurden von verschiedenen medizinischen Fachgesellschaften Nachsorgepläne für die meisten Krebserkrankungen erstellt. Wichtig ist, dass es sich bei diesen Schemata immer nur um orientierende Empfehlungen handeln kann. Im Einzelfall kann sowohl der zeitliche Ablauf als auch der Inhalt der einzelnen Untersuchungstermine je nach individueller Situation des Patienten ganz anders aussehen. Dies ist ein weiterer Grund, weshalb Nachsorgeuntersuchungen möglichst von entsprechend qualifizierten Ärzten durchgeführt werden sollten, die in der Lage sind zu entscheiden, ob im Einzelfall mehr oder auch weniger an Diagnostik erforderlich ist, als in diesen Schemata angegeben.

Bestandteile der Nachsorge

- Ausführliches Gespräch (Körperliche oder seelische Beschwerden, Probleme im sozialen oder beruflichen Umfeld, u.a.)
- Komplette körperliche Untersuchung (es reicht nicht, lediglich das Operationsgebiet anzusehen!)
- Technische und labormedizinische Diagnostik (z. B. Ultraschall, Röntgen, Tumormarker)
- Beratung und Planung der weiteren Nachsorge und Rehabilitation

Sozialmedizinische Aspekte

Lohnfortzahlung und Krankengeld

Bei einer Krebserkrankung wird sie ihr Arzt entweder gleich zum Zeitpunkt der ersten Untersuchungen oder spätestens während der Behandlung krank schreiben. Die Bescheinigung, die ihr Arzt ihnen dafür ausstellt, heißt **Arbeitsunfähigkeitsbescheinigung**. Diese müssen sie möglichst schnell sowohl bei ihrem Arbeitgeber als auch bei ihrer Krankenkasse abgeben, wobei nur die Krankenkasse die Diagnose ihrer Erkrankung mitgeteilt bekommt.

Arbeitsunfähig ist, wer bedingt durch eine körperliche oder seelische Erkrankung zeitweise nicht in der Lage ist, seiner bisherigen Arbeit nachzugehen. Er darf in dieser Zeit auch keine andere Erwerbstätigkeit ausüben!

Dagegen ist **erwerbsunfähig**, wer aus gesundheitlichen Gründen auf nicht absehbare Zeit einer Erwerbstätigkeit nicht regelmäßig nachgehen kann.

Während für die **Lohnersatzzahlungen** bei einer Arbeitsunfähigkeit zunächst der Arbeitgeber (Lohnfortzahlung) und dann die Krankenkasse (Krankengeld) aufkommen müssen, ist bei einer Erwerbsunfähigkeit die Rentenversicherung zuständig. Dabei wird in der Praxis davon ausgegangen, dass bei Arbeitsunfähigkeit, die absehbar länger als 6 Monate bestehen wird, eine Erwerbsunfähigkeit vorliegt und auf Verlangen der Krankenkasse dann entsprechend eine Rente beantragt werden muss.

1. Lohn- oder Entgeldfortzahlung

Im Krankheitsfall haben alle Arbeitnehmer in der Bundesrepublik Deutschland einen gesetzlichen Anspruch auf **Lohnfortzahlung** (Entgeldfortzahlung) durch ihren Arbeitgeber für eine Dauer von **6 Wochen.** Je nach bestehenden Tarif- oder Arbeitsverträgen kann über diesen Zeitraum hinaus ein weiterer Anspruch bestehen. Sollte in ihrem Vertrag keine andere tarifliche oder für sie persönlich geltende Regelung vereinbart sein, gelten üblicherweise die gesetzlichen Fristen. Wenn sie sich unsicher sind, fragen sie ihren Arbeitgeber oder erkundigen sie sich bei ihrem Betriebsrat. Dort wird man ihnen sagen, ob sie einen über die gesetzliche Frist hinausgehenden Anspruch auf Lohnfortzahlung haben.
Die Lohnfortzahlung wird nur gewährt, wenn sie die Arbeitsunfähigkeit nicht selbst verschuldet haben und sie ihrer **Nachweispflicht** nachgekommen sind (Arbeitsunfähigkeitsbescheinigung des Arztes rechtzeitig abgeben!). Sie beträgt 100% ihres letzten Nettolohnes, allerdings ohne Überstundenzuschläge. Andere üblicherweise durch ihren Arbeitgeber gezahlte Zuschläge auf die Lohnfortzahlung werden nur angerechnet, wenn ihre Vergütung tarifvertraglich festgelegt ist und der für sie geltende Tarifvertrag keine zahlungsmindernde Vereinbarungen zu solchen Zuschüssen enthält.

Endet ihre Arbeitsunfähigkeit vor Ablauf der vereinbarten Lohnfortzahlungsfrist (was bei Krebserkrankungen selten der Fall ist) und erkranken sie, nachdem sie ihre Arbeit bereits wieder aufgenommen haben, an einer anderen Krankheit, gilt für sie erneut die volle Lohnfortzahlungsfrist von (mindestens) 6 Wochen. Tritt allerdings die gleiche Erkrankung erneut auf, so gilt diese volle Fortzahlungsfrist nur, wenn bereits 6 Monate seit der letzten Arbeitsunfähigkeit vergangen sind. Andernfalls werden die Tage der bereits geleisteten Lohnfortzahlung angerechnet. Häufig besteht dann kein Anspruch auf erneute Leistung des Arbeitgebers. Ist der ihnen zustehende Zeitraum der Lohnfortzahlung durch ihren Arbeitgeber abgelaufen und sind sie immer noch arbeitsunfähig, müssen sie als nächstes bei ihrer Krankenkasse einen **Antrag auf Krankengeld** stellen.

2. Krankengeld

Nach Ablauf der Lohnfortzahlungspflicht des Arbeitgebers stellt dieser sämtliche Zahlungen an sie ein. Deshalb muss auch ihrer Krankenkasse sofort das Eintreten der Arbeitsunfähigkeit gemeldet werden (Arbeitsunfähigkeitsbescheinigung des Arztes auch bei der Krankenkasse abgeben!). So vermeiden sie beim Übergang von der Lohnfortzahlung auf das Krankengeld unnötige Probleme.

Um ihr Krankengeld zu erhalten, benötigen sie einen sogenannten **Auszahlungsschein** der Krankenkasse. Die meisten Kassen schicken ihren Versicherten diesen Schein bereits von sich aus zu. Andernfalls holen sie sich den Auszahlungsschein persönlich ab oder fordern ihn telefonisch an. Dieser Auszahlungsschein muss jeweils nach Ablauf einer bestimmten Frist (sinnigerweise alle 4 Wochen, da auch der Arbeitslohn in aller Regel monatlich ausgezahlt wird) **von ihrem Arzt ausgefüllt und unterschrieben werden**. Den korrekt ausgefüllten Schein reichen sie dann bei ihrer Krankenkasse ein, die ihnen daraufhin das Krankengeld rückwirkend für den bescheinigten Zeitraum überweisen wird.

Anspruch auf Krankengeld haben alle Versicherten der gesetzlichen Krankenkassen, bei denen Höhe und Dauer der Zahlungen zudem weitgehend festgelegt sind. Bei privaten Krankenversicherungen kommt es dagegen immer darauf an, was sie als Versicherungsnehmer zum Zeitpunkt des Vertragsabschlusses vertraglich vereinbart haben.

Die gesetzlichen Krankenkassen zahlen Krankengeld in Höhe von meistens **70% des letzten Bruttoverdienstes**, maximal jedoch 90% des letzten Nettolohnes. Wegen ein und derselben Erkrankung besteht **Anspruch auf Krankengeldzahlung von maximal 78 Wochen** innerhalb von 3 Jahren. Kommt während einer bestehenden Arbeitsunfähigkeit eine zweite Erkrankung hinzu, verlängert sich dieser Anspruch nicht!

Nach Ablauf der 78 Wochen haben sie für die gleiche Erkrankung nur dann einen erneuten Krankengeldanspruch, wenn seit dem ersten Krankheitstag mindestens 3 Jahre vergangen sind und sie gleichzeitig bereits mindestens 6 Monate wieder erwerbstätig oder zumindest arbeitslos gemeldet waren und sie weiterhin in der gesetzlichen Krankenkasse versichert sind.

Sind sie nach Ablauf der Krankengeldzahlungen immer noch arbeitsunfähig und haben bisher noch keinen Rentenantrag gestellt, wird es jetzt aller höchste Zeit. Üblicherweise wird ihnen ihr Arzt aber in einem solchen Fall bereits vorher zu diesem Schritt geraten haben. Oder aber ihre Krankenkasse hat sie dazu aufgefordert, wozu sie immer dann das Recht hat, wenn absehbar ist, dass mit einer Genesung (Arbeitsfähigkeit) in den nächsten 6 Monaten aller Wahrscheinlichkeit nach nicht zu rechnen ist.

Sofern sie durch die Primärbehandlung ihrer Krebserkrankung sowie den anschließenden Rehabilitationsprozess jedoch wieder arbeitsfähig werden, sollte der Prozess der **Wiedereingliederung in das Berufsleben** so früh wie möglich beginnen. Je länger sie aus dem Arbeitsleben ausgeschieden waren, umso schwieriger wird sich der Wiedereinstieg gestalten.

Wiedereintritt in den Beruf

Haben sie nach Abschluss der Krebstherapie (Primärtherapie) und erfolgter stationärer Rehamaßnahme die volle **Arbeitsfähigkeit** wieder erreicht, wird ihr Arzt die Arbeitsunfähigkeitsbescheinigung bzw. den Auszahlungsschein für das Krankengeld nicht mehr verlängern. Sie nehmen dann nach Rücksprache mit Arbeitgeber und Krankenkasse wieder ihre gewohnte Berufstätigkeit auf. Solange sie während ihrer Krebserkrankung „nur“ arbeitsunfähig und nicht auf Zeit berentet waren, bleibt ihnen ihr Arbeitsplatz erhalten und ihr Arbeitgeber muss sie zu den gleichen Bedingungen wie vor ihrer Erkrankung weiter beschäftigen. Ist aber die Arbeitsunfähigkeit in eine **befristete Rente wegen Erwerbsminderung** übergegangen, so ist damit ihr Arbeitsverhältnis in der Regel beendet. Sofern diese befristete Rente nicht auf ihren Antrag hin in eine unbefristete Rente übergeht, müssen sie sich später also entweder eine neue Arbeitsstelle suchen oder aber sich beim Arbeitsamt arbeitslos melden. Heutzutage werden befristete Renten oft nicht in eine dauerhafte Berentung überführt, so dass man sich den Schritt in eine zeitweise Berentung und damit den Verlust des alten Arbeitsplatzes sehr genau überlegen muss.

Wenn nicht eindeutig eine Erwerbsunfähigkeit vorliegt, ist es aus wirtschaftlichen und psychologischen Gründen besser, den Schritt in die Berentung nicht zu tun. Allein die Tatsache, dass nach beendeter Krebstherapie ein Rückfallrisiko (unterschiedlichen Ausmaßes) besteht, ist nicht zwangsläufig ein Grund zur Berentung. Bedenken sie diesen Schritt sehr genau und lassen sie sich von kompetenter Stelle beraten.

Sollten sie sich für eine **Wiedereingliederung** in das Arbeitsleben leistungsfähig genug fühlen und von ihrem Arzt in dieser Einschätzung bestätigt werden, können sie entweder sofort wieder vollschichtig arbeiten oder aber sie können sich für eine **Übergangszeit durch Teilzeitarbeit** wieder an die Anforderungen ihres Berufsalltages heranführen lassen. Dieses Konzept des langsamen Wiedereinstiegs in das Arbeitsleben wird auch als **Hamburger Modell** bezeichnet. Einen Antrag hierfür erhalten sie bei ihrer Krankenkasse oder dem Sozialdienst ihres onkologischen Schwerpunktes. Ihr Arzt wird mit ihnen gemeinsam auf diesem Antrag einen auf ihre Leistungsfähigkeit abgestimmten **Arbeitsplan** aufstellen (z. B. im ersten Monat 4, im 2. Monat 6 Stunden Arbeit pro Tag, danach wieder volle Arbeitsfähigkeit). Die Gestaltung kann dabei recht flexibel erfolgen, sofern ersichtlich ist, dass der Plan tatsächlich ihrer Wiedereingliederung dient. Bevor sie nun aber ihren Arbeitsversuch starten, müssen ihr Arbeitgeber und die Krankenkasse dem Plan zustimmen. Zumindest der Arbeitgeber hat hiermit normalerweise keine Probleme, da sie während der Wiedereingliederung noch Krankengeld von ihrer Krankenkasse beziehen. Aber auch die Kassen akzeptieren einen von ihrem Onkologen unterzeichneten Arbeitsplan in aller Regel.

Wenn sie zwar arbeitsfähig sind, jedoch ihre bisherige Arbeit aus medizinischen Gründen nicht mehr verrichten können oder dürfen, können sie über die Renten- oder Krankenversicherungen sowie über das Arbeitsamt Hilfen zur beruflichen Rehabilitation beantragen. Solche Hilfen können zum Beispiel die **Umgestaltung** ihres alten Arbeitsplatzes, die Unterstützung bei einer **Umbesetzung** im alten Betrieb oder auch die **Umschulung** sein.

Arbeitslosengeld und Arbeitslosenhilfe

Die Anträge für das Arbeitslosengeld erhalten sie bei den **Arbeitsämtern**, wo sie immer persönlich erscheinen müssen. Allerdings haben sie nur Anspruch auf Arbeitslosengeld, wenn sie zuvor ausreichend lange (in der Regel innerhalb der letzten 3 Jahre mindestens 360 Tage) in die Arbeitslosenkasse eingezahlt haben. Arbeiter und Angestellte haben das in den meisten Fällen getan, während Selbstständige oder Beamte keinen Anspruch auf Arbeitslosengeld erwerben.
Erfüllen sie die Voraussetzungen für die Bewilligung von Arbeitslosengeld, hängt der gewährte Zeitraum von ihren persönlichen Versiche-

In folgenden Situationen müssen sie Arbeitslosengeld beantragen:

1. **Der Anspruch auf Krankengeld ist abgelaufen (78 Wochen Frist!)**
   und
   eine Erwerbsunfähigkeitsrente wurde abgelehnt
   und
   sie können ihre alte Stelle nicht mehr antreten
   (z. B. bei Kündigung ihrerseits, Auflösungsvertrag zwischen ihnen und ihrem Arbeitgeber, Firma existiert nicht mehr)
   und
   sie haben keine neue Arbeitsstelle durch eigene Initiative gefunden.
2. **Eine befristete Erwerbsunfähigkeitsrente läuft aus**
   und
   eine Verlängerung oder die Bewilligung der unbefristeten Rente wurde abgelehnt
   und
   sie haben keine Arbeitsstelle durch eigene Initiative gefunden.

rungszeiten und ihrem Alter ab und schwankt zwischen 6 und 32 Monaten. Besprechen sie dieses im Detail mit dem Sachbearbeiter des Arbeitsamtes oder mit dem Sozialdienst ihres onkologischen Schwerpunktes.

Für die **Höhe des Arbeitslosengeldes** sind ihr letztes pauschaliertes Nettoeinkommen und eventuell vorhandene Kinder von Bedeutung. Haben sie keine Kinder mehr zu versorgen, beträgt das Arbeitslosengeld 60%, sonst 67% des letzten pauschalierten Nettolohnes. Während des Bezugs von Arbeitslosengeld sind sie kranken- und rentenversichert.

Ist der Bewilligungszeitraum für Arbeitslosengeld abgelaufen, kann **Arbeitslosenhilfe** beantragt werden. Diese ist keine Versicherungsleistung, sondern wie die Sozialhilfe eine steuerfinanzierte **Fürsorgeleistung**, die eine Bedürftigkeit voraussetzt. Um diese Bedürftigkeit festzustellen, müssen sie alle Vermögenswerte offen legen. Sofern es ihnen zumutbar ist, dieses Vermögen zu veräußern, muss es zunächst aufgebraucht werden, bevor Arbeitslosenhilfe bewilligt werden kann. Zudem müssen sie (normalerweise) im letzten Jahr vor Antragstellung mindestens für einen Tag Arbeitslosengeld erhalten haben.

Erfüllen sie die Voraussetzungen für Arbeitslosenhilfe, wird dieses jeweils für 1 Jahr bewilligt, in dem sie 53% ihres letzten pauschalierten Nettolohnes erhalten (sofern sie Kinder versorgen müssen sind es 57%) und zudem kranken- und rentenversichert sind. Zwar ist die Dauer des Bezuges von Arbeitslosenhilfe nicht begrenzt, doch mindert sich deren Höhe jährlich um 3%, wenn sie bestimmte **Auflagen zu Arbeitsversuchen oder Weiterbildungsmaßnahmen** nicht erfüllen. Insgesamt ist das Regelwerk für den Bezug von Arbeitslosenhilfe sehr komplex und es kann nur unter genauer Kenntnis ihrer persönlichen Verhältnisse entschieden werden, ob sie Arbeitslosenhilfe erhalten können. Lassen sie sich diesbezüglich rechtzeitig von ihrem Arbeitsamt beraten.

Im Rahmen der zur Zeit laufenden politischen Diskussion über die Reformierung des Arbeitsmarktes sind von der sogenannten Hartz-Kommission verschiedene Änderungen der zur Zeit geltenden Vorschriften zum Arbeitslosengeld und zur Arbeitslosenhilfe gemacht worden. So soll die Bezugsdauer des Arbeitslosengeldes für Arbeitslose unter 55 Jahren auf maximal 12 Monate, für solche über 55 Jahren auf maximal 18 Monate begrenzt werden. Zudem ist beabsichtigt, die bisherige Arbeitslosenhilfe für alle erwerbsfähigen Arbeitslosen mit der Sozialhilfe zusammen zu legen. Diese neue Form der Arbeitslosenhilfe wird dann Arbeitslosengeld II heißen (das zuvor gewährte Arbeitslosengeld hieße demnach Arbeitslosengeld I). Die Höhe des Arbeitslosengeldes II soll nicht mehr nach dem in der letzten Erwerbstätigkeit erzielten Nettoarbeitslohn berechnet werden, sondern dem Sozialhilfeniveau entsprechen. Wie die bisherige Arbeitslosenhilfe wird es weiterhin nur bei Bedürftigkeit gewährt. Sozialhilfe (dann als Sozialgeld bezeichnet) sollen nach den Vorschlägen dieser Kommission nur noch erwerbsunfähige Arbeitslose bei entsprechender Bedürftigkeit erhalten. Inwieweit sich diese Vorstellungen in der von Lobbyismus und Klientelbefriedigung geprägten politischen Kultur der Bundesrepublik durchsetzen lassen, bleibt abzuwarten.

Schwerbehinderung

In vielen Fällen begründet eine Krebserkrankung die **Anerkennung als Schwerbehinderter** (siehe hierzu auch im Kapitel 2.6). Hierfür ist ein Antrag an das für sie zuständige **Versorgungsamt** zu stellen. Die Antragsformulare können sie telefonisch oder schriftlich beim Versorgungsamt anfordern oder von der Homepage ihres Versorgungsamtes über das Internet herunterladen. Aber auch bei ihrer Krankenkasse oder dem Sozialdienst ihres onkologischen Schwerpunktes können sie dieses Formular in der Regel erhalten.

Der Antrag muss von ihnen wahrheitsgemäß ausgefüllt werden. Geben sie dabei alle Erkrankungen und Beschwerden sowie alle behandelnden Ärzte an, nicht nur ihren Onkologen. Nach Eingang ihres Antrages beim Versorgungsamt wird dieses alle wichtigen medizinischen Unterlagen bei ihren Ärzten anfordern, allerdings können sie diese dem Antrag auch bereits beilegen. Diese Unterlagen sind die Grundlage für die gutachterliche Entscheidung über den bei ihnen vorliegenden **Grad der Behinderung** (GdB).

Der GdB beschreibt, inwieweit die bei ihnen vorliegenden Beschwerden und Funktionsstörungen sie nicht nur kurzfristig bei ihrer Teilnahme am Leben in der Gesellschaft einschränken. Er wird in Zehnerschritten zwischen 10% und 100% festgelegt und sagt zunächst einmal nichts über ihre Leistungsfähigkeit im Beruf aus, weshalb man von der Höhe des GdB keinen Anspruch auf eine Rente ableiten kann. Ab einem GdB von 10% gilt man als behindert, ab 50% sogar als schwerbehindert. Ein entsprechender Ausweis wird allerdings erst ausgestellt, wenn ein GdB von mindestens 20% vorliegt. Neben dem in diesem **„Schwerbehindertenausweis"** festgelegten Grad der Behinderung werden vom Versorgungsamt noch verschiedene **„Merkzeichen"** vergeben, die einen Anspruch auf Ausgleich unterschiedlicher besonderer Benachteiligungen begründen.

Welcher GdB und welche Merkzeichen bei den verschiedenen Krebserkrankungen sowie in deren unterschiedlichen Stadien anzunehmen sind, wird von einem Gutachter unter Zuhilfenahme sogenannter GdB-Tabellen

Beispiele für Merkzeichen nach dem Behindertenrecht

G	Gehbehindert
aG	Außergewöhnlich gehbehindert
Gl	Gehörlos
B	Ständige Begleitung notwendig
Bl	Blind
H	Hilflos
RF	Befreiung von Rundfunk und Fernsehgebühren
1. Kl	Benutzung der 1. Klasse mit einem Fahrschein für die 2. Klasse ist in öffentlichen Verkehrsmitteln erlaubt

festgelegt. Schwierig wird es allerdings, wenn mehrere Behinderungen gleichzeitig vorliegen. In diesen Fällen werden die aus den einzelnen Behinderungen resultierenden Prozentzahlen nicht einfach addiert, sondern es wird ein **Gesamt-GdB** vom Gutachter festgesetzt, der für Patienten meistens nicht nachvollziehbar und zudem immer niedriger als die Summe der einzelnen Behinderungen ist.

Einige Beispiele dafür, wie der Gesetzgeber Nachteile durch eine Behinderung auszugleichen versucht:

1. **Freibeträge bei der Lohn und Einkommensteuer**
   - Je nach GdB und gegebenenfalls weiteren Merkzeichen können unterschiedlich hohe Pauschalbeträge als außergewöhnliche Belastungen in der Steuererklärung geltend gemacht werden. Zur Zeit betragen diese Freibeträge zwischen 310 und 1420 Euro pro Jahr (in besonderen Fällen bei Blindheit und Schwerstpflegebedürftigkeit bis 3700 Euro pro Jahr).

2. **Vergünstigungen im Straßenverkehr**
   - Ab einem GdB von 70% (oder 50% plus Gehbehinderung) wird ihnen ein höherer Werbungskostenabzug für Fahrten zwischen Wohnung und Arbeitsstätte zugestanden.
   - Befreiung von der Kfz-Steuer bei Merkzeichen aG, Bl oder H.
   - Ermäßigung der Kfz-Steuer um 50% z. B. bei Merkzeichen G.
   - Bei Merkzeichen aG kann die Parkerlaubnis für das Parken auf Behindertenparkplätzen bei der zuständigen Stadt- oder Gemeindeverwaltung beantragt werden.
   - Unentgeltliche Nutzung von öffentlichen Verkehrsmitteln im Personennahverkehr bei Merkzeichen Bl oder H.
   - Unentgeltliche Nutzung von öffentlichen Verkehrsmitteln im Personennahverkehr nach jährlichem Erwerb einer Wertmarke (z.Z. 60 Euro) bei Merkzeichen G, aG oder Gl.
   - Kostenlose Bahnfahrten für den namentlich im Behindertenausweis eingetragenen Begleiter bei Merkzeichen B.

3. **Vergünstigungen am Arbeitsplatz**
   - Verbesserter Kündigungsschutz ab 50% GdB.
   - Zusatzurlaub von einer Woche ab 50% GdB.
   - Verminderte Pflichtstundenzahl für Lehrer.
   - Ab einem GdB von 50% ist der Eintritt in die Altersrente bereits ab 60 möglich.

4. **Vergünstigungen im Haushalt**
   - Erleichterter Bezug von Wohngeld bei einem GdB von 100% oder 80% und zusätzlicher Pflegebedürftigkeit.
   - Befreiung von den Rundfunkgebühren und Ermäßigung von Telefongebühren bei Merkzeichen RF.
   - Fördermittel für Um- oder Neubaumaßnahmen für behindertengerechtes Wohnen.

5. **Sonstige Vergünstigungen**
   - Gebührenfreie Postbeförderung für sogenannte Blindensendungen bei Merkzeichen Bl.
   - Ermäßigter oder freier Eintritt bei vielen öffentlichen (und manchen privaten) Veranstaltungen und Institutionen (z. B. Museen, Theater, Schwimmbäder, etc.)

Rente

Wenn nach der Behandlung einer Krebserkrankung der anschließende Prozess der Rehabilitation nicht zu einer Wiederherstellung der Arbeitsfähigkeit führt, muss spätestens nach Ablauf der Krankengeldzahlungen (78 Wochen), auf Verlangen der Krankenkassen oft aber bereits früher, eine **Rente wegen herabgesetzter**

oder fehlender Erwerbsfähigkeit beantragt werden.
Sofern sie Mitglied der gesetzlichen Rentenversicherungen sind (BfA oder LVA), können sie sich die entsprechenden Antragsformulare von ihrer Rentenversicherung zuschicken lassen. Viele Krankenkassen sowie der Sozialdienst ihres onkologischen Schwerpunktes haben die Antragsformulare ebenfalls vorrätig.

Während früher grundsätzlich zwischen **Berufs- und Erwerbsunfähigkeitsrente** unterschieden wurde, gibt es seit Januar 2001 nur noch **Renten wegen Erwerbsminderung**. Lediglich für Menschen, die vor dem 2. Januar 1961 geboren wurden und nur teilweise erwerbsgemindert sind, kommt auch noch der alte Begriff der Berufsunfähigkeit in etwas abgewandelter Form zur Anwendung („... berufsunfähig ist, wer aus gesundheitlichen Gründen in seinem oder einem anderen zumutbaren Beruf weniger als sechs Stunden täglich leisten kann, ...").
Bevor sie den Antrag auf **Erwerbsminderungsrente** stellen, lassen sie sich von einem Berater ihrer Rentenversicherung die zu erwartende Höhe ihrer Rente berechnen. Zudem sollten sie immer auch mit ihrem Onkologen das Vorgehen absprechen. Dieser wird, sofern er ihren Schritt für sinnvoll hält, dann auch den ärztlichen Teil des Antragformulars für sie ausfüllen. Da bei den Rentenversicherungen der Grundsatz **„Reha geht vor Rente"** gilt, kann ihre Rentenversicherung sie nach Eingang ihres Antrages zunächst auffordern, eine stationäre Rehamaßnahme anzutreten. Während dieser Maßnahme sollen die Ärzte der Rehaklinik beurteilen, ob bei ihnen tatsächlich eine Erwerbsminderung vorliegt.

Um eine Erwerbsminderungsrente zu erhalten, müssen sie insgesamt mindestens fünf Jahre lang Beiträge zur gesetzlichen Rentenversicherung gezahlt haben (allgemeine Wartezeit), davon mindestens drei Jahre in den letzten fünf Jahren vor Eintritt der Erwerbsminderung.

Eine Rente wegen Erwerbsminderung wird in der Regel zunächst für einen Zeitraum von bis zu drei Jahren bewilligt **(Zeitrente)**. Wenn allerdings absehbar ist, dass eine Steigerung der Erwerbsfähigkeit auch längerfristig nicht erwartet werden kann, wird sie auch unbefristet genehmigt.
Nach Abschluss der Primärbehandlung einer Krebserkrankung können Patienten ohne nachweisbaren Tumor eine Zeitrente über 1 bis 3 Jahre erhalten. Die Rentenversicherungen gehen davon aus, dass innerhalb dieser **„Heilgewährungsphase"** anschließend wieder eine Erwerbsfähigkeit gegeben ist. Wenn die Erwerbsminderung jedoch unverändert weiter besteht, kann auf Antrag des Patienten eine befristete Rente auch mehrfach (bis zu maximal 9 Jahren) verlängert werden. Ist die Zeit von 9 Jahren abgelaufen oder ist keine Besserung zu erwarten, wird die Rente unbefristet anerkannt.

Bei einer Rente wegen Erwerbsminderung ist es möglich, in gewissen Grenzen nebenher Geld zu verdienen, ohne dass die Rente gekürzt wird. Bei vollständiger Erwerbsminderung gilt zur Zeit eine monatliche **Hinzuverdienstgrenze** von brutto 340 Euro. Bei teilweiser Erwerbsminderung hängt diese Grenze unter anderem von ihrem persönlichen Verdienst der letzten 3 Jahre ab. Diesbezüglich müssen sie sich direkt von ihrer Rentenversicherung beraten lassen.

Wer gilt als erwerbsgemindert?

Als teilweise erwerbsgemindert gilt, wer aus gesundheitlichen Gründen auf dem allgemeinen Arbeitsmarkt täglich mindestens drei, jedoch keine sechs Stunden tätig sein kann. Für die die vollständige Erwerbsminderung darf selbst eine Tätigkeit von täglich drei Stunden nicht mehr möglich sein.

Problembewältigung

Körperliche Probleme

Nach der Behandlung einer Krebserkrankung können vielfältige körperliche Probleme verbleiben. Je nach individueller Situation sind diese entweder Folge der vorausgegangenen Erkrankung oder Folge der Behandlungsmaßnahmen. Sofern die Krebserkrankung heilbar ist und es im Laufe der Zeit nicht zu einem Rückfall kommt, bilden sich viele dieser körperlichen Beschwerden nach und nach zurück, so dass sich die **Lebensqualität** erheblich verbessert. Tritt die Krankheit jedoch erneut auf, können noch bestehende körperliche Probleme wieder zunehmen oder sich sogar neue Symptome herausbilden. In dieser Situation ist dann eine nochmalige Krebstherapie in der Regel unumgänglich.

Während man gegen einige dieser Beschwerden **aktiv vorgehen** kann (zum Beispiel durch Krankengymnastik, Lymphdrainage, Ernährungsumstellung, etc.), lassen sich andere wiederum therapeutisch nur wenig beeinflussen oder benötigen unter Umständen lange Zeit bis zu einer Besserung. Insbesondere bei lang anhaltenden körperlichen Problemen kann auch das **Akzeptieren der neuen Lebenssituation** dazu beitragen, körperliche Symptome und die daraus resultierenden Einschränkungen erträglicher zu machen.

Auf jeden Fall sollten sie bei ihren Nachsorgeterminen alle nach der Krebserkrankung sowie deren Behandlung verbliebenen oder neu aufgetretenen Beschwerden mit ihrem Onkologen besprechen. Dies ist insbesondere dann wichtig, wenn sich ihre Symptome verschlechtert haben, was in einzelnen Fällen auch einmal ein Zeichen für einen Krankheitsrückfall sein kann. In einer solchen Situation wird ihr Arzt zusätzliche, gezielte Untersuchungen einleiten, um die Ursache ihrer Beschwerden abzuklären. Liegt kein **Rezidiv der Erkrankung** vor, wird ihr Onkologe ihnen zum Beispiel physikalische Therapie und erforderliche Hilfsmittel verordnen oder eine stationäre Rehabilitation empfehlen. Aber auch die Beachtung und Behandlung möglicher seelischer Probleme ist in jedem Fall sehr wichtig, denn nicht alle körperlichen Beschwerden müssen auch eine körperliche Ursache haben!

Seelische Probleme

Die meisten Menschen, die an einer Krebsart erkranken, sind auch seelisch oder psychisch belastet. Die Diagnose Krebs ist immer eine **existentielle Bedrohung**. Plötzlich ist sein eigenes Leben zumindest gedanklich in die Nähe von Schmerz und Tod gerückt und nichts ist in dieser Situation noch so selbstverständlich wie es vorher war. Zeitspannen, Pflichten und Bedürfnisse relativieren sich, denn anders als in gesunden Tagen steht schlagartig nicht mehr das Streben nach einem möglichst guten Leben, nach Reichtum oder Erfolg an oberster Stelle unserer Lebensziele, sondern meistens wird das **Überleben** zum wichtigsten Ziel.

Auch nach einer erfolgreichen Behandlung führt jede Änderung des körperlichen Befindens, jeder auffällige Laborwert, aber auch der vermeintlich besorgte Blick des behandelnden Arztes oft zu einer erneuten Verunsicherung. Selbst wenn der Krebs irgendwann besiegt ist, hat sich der Mensch, der ihn überstanden hat, verändert. Viele Patienten empfinden diese emotionale Veränderung spätestens dann als etwas sehr Wertvolles, wenn es ihnen gelungen ist, die Angst vor der Krankheit und einem möglichen Rückfall zu überwinden und nicht nur zu verdrängen. Bei diesem Prozess der **Auseinandersetzung mit den eigenen Ängsten** ist Hilfe durch andere Menschen wichtig und nützlich. Eine intakte Familie und ein tragfähiger Freundeskreis können zwar manchmal eine ausreichende Hilfestellung sein. Häufiger sind diese vertrauten Strukturen aber nach einer gewissen Zeit überlastet. Deshalb ist es oft sinnvoll, nicht nur für die körperlichen, sondern auch für die natürlicherweise mit einer Krebserkrankung einhergehenden seelischen Probleme professionelle Hilfe in Anspruch zu nehmen.

Jeder onkologische Schwerpunkt kann ihnen eine solche Hilfestellung anbieten, entweder durch ihren behandelnden **Onkologen** selbst oder durch einen im Umgang mit Krebspatienten geschulten **Psychologen**. Unsere Erfahrung zeigt, dass viele Frauen gern bereit sind, eine solche Unterstützung anzunehmen, während Männer leider oftmals meinen, mit ihren Problemen ganz allein fertig werden zu können oder müssen. Besprechen sie also mit ihrem Onkologen bei ihren Nachsorgeuntersuchungen auch ihre Ängste und Befürchtungen, und nehmen sie die Hilfe an, die er ihnen bietet.

Familiäre Probleme

Wie viele andere Krankheiten wirkt sich auch eine Krebserkrankung auf das gesamte Familienleben aus. Während zu Anfang bei allen Angehörigen Ängste, Betroffenheit und der spontane Wille zur selbstlosen Unterstützung des erkrankten Familienmitgliedes fast immer stark ausgeprägt sind und der Patient so unweigerlich in den **Familienmittelpunkt** rückt, ändern sich Einstellung und Verhalten der Familie im weiteren Verlauf zunehmend. Der Wandel im Verhalten der Familie ist eine verständliche Reaktion, da für die gesunden Angehörigen der oftmals anstrengende Alltag recht bald weitergehen muss und jeder seine vielfältigen Pflichten zu erfüllen hat. So kann kaum jemand auf Dauer das anfängliche Maß an Betroffenheit und selbstloser Unterstützung aufrecht erhalten. Der Spagat zwischen „der Alltag muss weitergehen“ und „ich will helfen“ schafft allerdings häufig Konflikte, denn Partner und Kinder sehen mit einem schlechten Gewissen, dass sie ihrem eigenen Anspruch Hilfestellung zu leisten auf Dauer nicht gerecht werden können. Wenn der von der Krebserkrankung betroffene Angehörige dann auch noch deutlich erkennbar die ursprünglich versprochene Hilfe einfordert oder seinerseits konfliktreiche Egoismen auslebt („jetzt muss ich zu allererst an mich selber denken, ich will nicht mehr immer nur für euch da sein“), kann dieses schlechte Gewissen sogar zu **Aggressionen** und zu einem **Rückzug** von dem erkrankten Angehörigen führen.

Zwar kann es in einigen Situationen für den Patienten gut und richtig sein, mehr auf seine eigenen Bedürfnisse zu achten und diese auch auszusprechen, doch ist es kaum hilfreich, sich und seine Erkrankung auf Dauer im Mittelpunkt des familiären Lebens sehen zu wollen. Diese Art der Problembewältigung können nur die wenigsten Familien mittragen. In den meisten Fällen führt ein solches Verhalten zu gravierenden Konflikten bis hin zu Trennungssituationen.

Ein weiteres Spannungsfeld, das eine Krebserkrankung innerhalb einer Partnerschaft auslösen kann, ist der Bereich der **Sexualität**. Insbesondere Frauen nach einer kompletten Brustentfernung, aber auch Menschen mit einem künstlichen Ausgang haben nicht selten Probleme, ihr verändertes **Körperbild** für sich zu akzeptieren. Verstärkt der Partner diese Selbstunsicherheit auch noch durch einen Rückzug aus der körperlichen Zuwendung, können Minderwertigkeits- und Schuldgefühle einen ungezwungenen Umgang miteinander immer weiter erschweren.

Für viele Menschen ist es schon schwierig, über ihre seelischen Probleme zu sprechen. Noch schwerer ist es in vielen Fällen aber, über Konflikte innerhalb der eigenen Familie zu reden, bevor diese unlösbar geworden sind. Wir sind es gewohnt, die Familie nach außen hin immer möglichst positiv darzustellen und meinen, familiäre Auseinandersetzungen gingen niemand anderen etwas an. Diese Einstellung erschwert es ihrem Onkologen, ihnen und ihrer Familie rechtzeitig seine Unterstützung anbieten zu können. Da aber eine solche professionelle Hilfe es vielleicht ermöglichen kann, für alle Beteiligten akzeptable Lösungen zu finden und das **Auseinanderbrechen der Familie** zu verhindern, sollten sie unbedingt auch familiäre Probleme bei ihren Nachsorge- oder Untersuchungsterminen offen ansprechen.

Berufliche und soziale Probleme

Während nach der Diagnose einer Krebserkrankung Freunde und Nachbarn eine ehrliche Betroffenheit zeigen und manchmal sogar zu oft fragen, wie es einem denn geht, berichten viele Patienten darüber, dass sich im Laufe der Zeit all diese Menschen immer mehr zurückziehen. Sofern man als Patient nicht selbst weiterhin aktiv am sozialen Leben teilnimmt, kann es zu einer zunehmenden **Isolation** für die Betroffenen und zum Teil auch für ihre Familien kommen.

Eine ähnliche Problematik stellt sich gelegentlich auch am Arbeitsplatz ein. Hier leiden Menschen nach einer Krebserkrankung nicht nur unter einer eventuell real **verminderten Leistungsfähigkeit**, sondern manchmal auch unter dem **„Mobbing"** oder der Abwendung von Kollegen, wenn diese das Gefühl haben, Arbeit für den „Kranken" mit erledigen zu müssen. Noch schwieriger ist es sicherlich, wenn man sich durch körperliche oder seelische Überforderung bedingt häufiger als andere krank meldet und die Kollegen tatsächlich mit einer daraus resultierenden Mehrbelastung fertig werden müssen. Um ihnen auch in diesen problematischen Situationen helfen zu können, bieten viele onkologische Schwerpunkte neben der psychologischen Unterstützung auch eine **Sozialberatung** an. Insbesondere bei beruflichen Schwierigkeiten können aber auch Gespräche mit dem Arbeitgeber, dem Betriebsrat sowie kirchlichen oder anderen sozialen Beratungsstellen nützlich sein (siehe auch unter Kapitel 2.6). Es gibt sicherlich keine Patentrezepte zur Lösung dieser Probleme, doch ist es immer besser, frühzeitig Gespräche und Unterstützung zu suchen und damit nicht so lange zu warten, bis die Situation ausweglos verfahren ist.

Was ist, wenn die Krankheit nicht heilbar ist

Palliative Behandlung

Bei jeder Krebserkrankung steht der Versuch ihrer **Heilung** zunächst an oberster Stelle. Solange dieses möglich erscheint, werden dem Patienten zum Teil recht belastende Therapien zugemutet, beispielsweise große Operationen oder aggressive Chemotherapien. Wenn allerdings absehbar ist, dass das Ziel der Heilung nicht erreicht werden kann, sind solche Maßnahmen in vielen Fällen nicht sinnvoll. Das gesamte Therapiekonzept ist dann auf die möglichst langfristige Erhaltung der Lebensqualität ausgerichtet. Diese Form des Behandlungskonzeptes wird als palliative Therapie bezeichnet.

Die palliative Therapie eines Tumorpatienten ist in den meisten Fällen nicht gleichbedeutend mit dem Verzicht auf Behandlung des Tumors. In vielen Situationen kann dessen **Verkleinerung** (z.B. durch Bestrahlung oder Chemotherapie) die beste Form der Behandlung von Beschwerden darstellen. Zudem kann die spezifische Krebstherapie nicht selten über einen gewissen Zeitraum zu einem **Wachstumsstillstand** unheilbarer Tumoren führen, so dass für den Patienten dadurch lebenswerte und therapiefreie Zeit gewonnen wird.

In der Krebsmedizin reicht die Spanne bei palliativen Behandlungssituationen von der langjährigen Betreuung eines Kranken mit guter Lebensqualität und nur gelegentlichem Therapiebedarf bis hin zur direkten Begleitung eines sterbenden Menschen. Prinzipiell lassen sich drei verschiedene Phasen der palliativen Therapie unterscheiden: Zunächst steht bei den meisten Patienten trotz fehlender Heilungsmöglichkeit die Kontrolle sowie die Rückbildung des Tumors durch spezifische Maßnahmen (z.B. Operation, Strahlen-, Hormon- oder Chemotherapie) ganz im Vordergrund. Selbstständigkeit und soziale Aktivität sollen aufrecht erhalten werden. Häufig wird sogar Lebenszeit gewonnen **(Kontrollphase)**. Diese erste Phase geht Schritt für Schritt in eine **Betreuungsphase** über. In dieser ist der Patient zwar zunehmend auf fremde Hilfe angewiesen, doch können spezifische Behandlungsmaßnahmen auch jetzt noch eine zeitlich begrenzte Tumorbeeinflussung bewirken, so dass die bereits eingeschränkten Möglichkeiten des Patienten zunächst erhalten werden können. In der letzten, der sogenannten **Finalphase**, rückt dagegen das Ziel der Tumorkontrolle zunehmend zu Gunsten der alleinigen Linderung von Beschwerden in den Hintergrund. Parallel dazu werden Hinwendung zum Patienten, Mitmenschlichkeit, Nähe und schließlich Sterbebegleitung immer wichtiger. Diese insbesondere in der Finalphase veränderte Festlegung des Behandlungszieles (Verzicht auf Maßnahmen der Krankheitskontrolle zu Gunsten der Lebensqualität) hat zur Entwicklung eines relativ neuen Zweiges der Medizin geführt, der sich als **„Palliativmedizin"** bezeichnet und zunächst von Anästhesisten und Schmerztherapeuten geprägt wurde.

In der palliativen Behandlungssituation kommt es früher oder später zu einer Verschlechterung der Krankheit mit zunehmender Einschränkung der Selbstversorgung und steigendem Hilfe- und Betreuungsbedarf. Eine häusliche Versorgung von Schwerstkranken oder Sterbenden ist unter würdevollen Bedingungen nur möglich, wenn Patient und Angehörige nicht allein gelassen, sondern in einem **Netzwerk der Unterstützung** aufgefangen werden. Eingebunden in dieses Netz sollten neben dem Hausarzt und dem betreuenden Onkologen vor allem auch ein häuslicher Pflegedienst sowie ein Psychologe oder

Ziele einer palliativen Krebstherapie:

1. Erhaltung der Lebensqualität
- Linderung von Schmerzen
- Besserung der körperlichen Beweglichkeit
- Aufrechterhaltung von Selbstbestimmung und Eigenversorgung
- Eigenständige Nahrungsaufnahme und Körperpflege
- Hilfestellungen und Hilfsmittel bei Einschränkung der Eigenständigkeit

2. Gewinn von (lebenswerter) Lebenszeit
- Verkleinerung von Tumoren
- Erreichen eines Wachstumsstillstandes
- Verhinderung drohender Komplikationen bei aktiver Krebserkrankung
- Beseitigung eingetretener Komplikationen

3. Bewältigung der psychosozialen Krankheitsfolgen
- Information des Patienten in verständlicher und einfühlsamer Form
- Förderung der Teilnahme am familiären und sozialen Leben
- Psychische Krankheitsverarbeitung
- Annehmen der Erkrankung als chronisches Geschehen
- Leben mit und trotz der Erkrankung
- Annehmen des Todes als Teil des Lebens
- Krankheits- und Sterbebegleitung

Seelsorger, möglichst aber auch ehrenamtliche Hilfskräfte sein, die gemeinsam eine Begleitung des Patienten bis zum Tod sicherstellen können. Nur so können unnötige und für den Patienten belastende Krankenhauseinweisungen vermieden werden. Leider gibt es in Deutschland im ambulanten Bereich noch kein flächendeckendes ambulantes Betreuungskonzept.

Heilmittel und Hilfsmittel

Unter dem Begriff der **Heilmittel** werden physikalische oder psychologische Behandlungsformen verstanden. Von vielen Krankenkassen werden sie als „Dienstleistungen“ am Patienten interpretiert. Heilmittel, die von den gesetzlichen Krankenkassen bezahlt werden, sind in den gültigen Heilmittel-Richtlinien festgeschrieben. Andere Formen von Heilmitteln dürfen von diesen Kassen nicht erstattet werden, finden aber zum Beispiel in vielen Rehakliniken Anwendung. Heilmittel dürfen nicht mit Naturheilmitteln verwechselt werden, bei denen es sich um Medikamente oder Substanzen aus dem Bereich der Naturheilverfahren handelt.

Beispiele für Heilmittel:

- Krankengymnastik
- Bewegungstherapie
- Physikalische Therapie
- Massage
- Lymphdrainage
- Ergotherapie (Beschäftigungstherapie)
- Elektrotherapie
- Hydrotherapie (Güsse, Bäder, etc.)
- Sprachtherapie

Seit Januar 2004 sind auch Heilmittel für Patienten der gesetzlichen Krankenkassen zuzahlungspflichtig.

Im Gegensatz zu Heilmitteln sind **Hilfsmittel** Gegenstände, mit denen die Folgen einer Behinderung gelindert werden. Dem Kranken soll damit möglichst seine Eigenständigkeit erhalten oder seine Pflege erleichtert werden. Kosten für Hilfsmittel werden von den gesetzlichen Krankenkassen in vielen Fällen bis zu einer bestimmten Höchstgrenze übernommen, seit Januar 2004 ist allerdings zu jedem Hilfsmittel eine Zuzahlung von maximal 10 Euro erforderlich. Brillengläser werden für die meisten Patienten nicht mehr bezahlt.

Beispiele für Hilfsmittel:

- Brillen und Kontaktlinsen
- Hörgeräte
- Kompressionsstrümpfe
- Orthopädische Schuhe
- Prothesen (z. B. Brustprothese nach Brustkrebsoperation)
- Gehhilfen wie Unterarmgehstützen oder Gehwagen
- Rollstuhl
- Krankenbett, Lagerungshilfen und Spezialmatratzen (z. B. „Antidekubitusmatratze")
- Badezimmerhilfen wie Haltegriffe, Toilettensitzerhöhung oder Duschhocker
- Sauerstoffgerät, Luftbefeuchter, Inhalator
- Hausnotrufsystem

In der Krebsbehandlung sind sowohl Heil- als auch Hilfsmittel von großer Bedeutung, insbesondere wenn eine Heilung des Krankheitsbildes nicht erzielt werden kann oder die Folgen einer Therapie überwunden werden müssen. Oftmals werden Heil- und Hilfsmittel auch gleichzeitig verordnet. So kommen Bewegungstherapie und andere physikalische Maßnahmen in vielen Fällen nicht ohne unterstützende Hilfsmittel aus (z. B. Unterarmgehstützen oder orthopädische Schuhe).

Für eine gezielte Hilfsmittelversorgung ist es wichtig, die **persönlichen Bedürfnisse sowie die häuslichen Lebensumstände** des Patienten mit ihm und seinen Angehörigen sowie Pflegekräften und Therapeuten zu besprechen und in die Verordnung einzubeziehen. Hilfsmittel machen nur dann Sinn, wenn sie dazu beitragen, den Tag und die Nacht für den Patienten erträglicher zu gestalten.

So sollte zum Beispiel die **Verordnung eines Rollstuhls** danach bemessen sein, welche Kräfte und Fähigkeiten der Patient noch selbst besitzt (benötigt er bereits Hilfe dabei, sich in den Stuhl hinein zu setzen oder kann er diesen sogar noch selbständig bewegen?). Wichtig ist es auch, ob der Rollstuhl nur im Haus oder auch außerhalb benutzt werden soll. Gelegentlich kann eine einfache Gehhilfe im Sinne eines **Gehwagens** die sinnvollere Lösung sein.

Eine **Badewanneneinstieghilfe** oder spezielle **Toilettensitzerhöhungen** können dazu beitragen, dass sich der Patient möglichst lange seine Selbstständigkeit bei Körperpflege und Toilettengängen bewahrt. Sie sind aber auch dann eine wichtige Unterstützung, wenn Angehörige oder Pflegekräfte bei diesen Verrichtungen bereits helfen müssen.
Bei Bettlägerigkeit sind **Pflegehilfsmittel** zur Vermeidung von Druckgeschwüren (z. B. sogenannte Antidekubitusmatratzen) sowie Vorrichtungen zum **selbstständigen Aufrichten** (z. B. „Bettgalgen", Bettgitter, elektrisch verstellbare Kopfteile) oftmals eine große Erleichterung. Aber auch vermeintliche Kleinigkeiten wie ein spezielles Besteck, bruchfestes Geschirr oder auch rutschfeste Unterlagen können in einer solchen Situation wichtige Dienste leisten.

Zu erwähnen sind zudem elektrische **Umblätterhilfen**, die selbst schwerstbehinderten Menschen noch das Lesen ermöglichen. Für Patienten, die nicht durch ihre Familie rund um die Uhr betreut werden, sollte rechtzeitig ein **Hausnotrufsystem** installiert werden. In Einzelfällen können in einer solchen Situation auch so exotische Hilfsmittel wie **Umweltsteuerungsgeräte**, die mit Hilfe von Sensoren das selbständige An- und Ausschalten von Licht, Radio- und Fernsehgeräten ermöglichen, zum Einsatz kommen.

Sollte das Sprachverständnis oder - viel häufiger - die Sprachmotorik beeinträchtigt sein, sind **Zeichenhilfen** oder eine **Buchstabentafel** Möglichkeiten, die Kommunikation zu verbessern.

Die Liste möglicher Hilfsmittel ist mit diesen wenigen Beispielen bei weitem nicht vollständig. Jeder Krebspatient sollte alltägliche Verrichtungen, bei denen er auf Hilfe angewiesen ist oder die ihm ungewöhnlich schwer fallen, immer mit seinem behandelnden Arzt besprechen. Dieser wird dann unter anderem auch die Möglichkeit einer Hilfsmittelversorgung in Betracht ziehen. Bei besonders teuren Hilfsmitteln ist es sinnvoll, immer zunächst die **Kostenübernahme** mit der Krankenkasse abzusprechen. Gelegentlich können Geräte auch nur ausgeliehen werden. Die meisten Hilfsmittel lassen sich problemlos über Sanitätshäuser und zum Teil auch über Apotheken beziehen.

Lebenshilfe

Haushaltshilfen und häusliche Pflege

Im Verlauf einer Krebserkrankung können viele Situationen eintreten, in denen Patient und Familie die Hilfe und Unterstützung anderer Menschen benötigen. Dieses kann zum Beispiel während einer ambulant durchgeführten Chemotherapie der Fall sein, wenn der Partner wegen seiner Berufstätigkeit nicht zu Hause bleiben kann und man selbst zu sehr geschwächt ist, um den **Haushalt** zu versorgen. In dieser Situation kann eine Haushaltshilfe, die sich um Einkauf, Zubereitung des Essens, **Kinderbetreuung** und sonstige tägliche Probleme im häuslichen Umfeld zumindest stundenweise kümmert, solange eine große Entlastung sein, bis man diese Tätigkeiten wieder selbst übernehmen kann. Oft sind es Verwandte oder Freunde, die diese Unterstützung unentgeltlich leisten. In manchen Situationen besteht aber auch die Möglichkeit, eine vorübergehende Hilfe in der Haushaltsführung von der gesetzlichen Krankenkasse finanziert zu bekommen. Dabei sind je nach Satzung der einzelnen Krankenkassen die Bedingungen für eine solche Zuwendung sowie die mögliche Dauer der Kostenübernahme recht unterschiedlich. Im Einzelfall sollten sie immer mit ihrer Krankenkasse sprechen. Eine Kostenübernahme muss zudem immer vor Beginn der Leistung beantragt werden!

Bei vielen gesetzlichen Krankenkassen müssen folgende Voraussetzungen gleichzeitig vorliegen, um eine Haushaltshilfe gewährt zu bekommen:

- Vorübergehende Einschränkung der Leistungsfähigkeit des Versicherten im bisher von ihm geführten Haushalt zum Beispiel wegen stationärer oder ambulanter Behandlung einer akuten und schweren Erkrankung
- Versorgung mindestens eines minderjährigen (meist bis zum vollendeten 14. Lebensjahr) oder behinderten Kindes im Haushalt
- Keine andere Person im Haushalt kann diese Leistungen erbringen
- Vorlage einer ärztlichen Notwendigkeitsbescheinigung

Neben einer Haushaltshilfe können aber auch pflegerische Maßnahmen im Rahmen der Krebsbehandlung im häuslichen Umfeld erforderlich sein. Hierbei werden solche der **Behandlungspflege** von denen der **Grundpflege** unterschieden. Zur Behandlungspflege gehört zum Beispiel die tägliche Gabe von Spritzen zur Thrombosevorbeugung oder das mehrmals tägliche Messen des Blutzuckers bei einer künstlichen Ernährung über die Vene, während Grundpflege diejenigen Maßnahmen beinhaltet, die zur Sicherstellung der notwendigen Verrichtungen des täglichen Lebens erforderlich sind (Waschen, Toilettengang, Ankleiden, Nahrungsaufnahme, etc.).

Soll eine Behandlungspflege von einem **ambulanten Pflegedienst** übernommen werden, muss der behandelnde Arzt dieses auf einem dafür vorgesehenen Formular verordnen und begründen. Dabei muss er versichern, dass die Pflegeeinsätze entweder „statt einer Krankenhausbehandlung" oder zur „Sicherung der ambulanten ärztlichen Behandlung" notwendig sind.
Nach Prüfung und Genehmigung der Verordnung durch die Krankenkasse (bzw. durch Ärzte des medizinischen Dienstes der Krankenkassen) kann der beauftragte Pflegedienst seine erbrachten Leistungen dann direkt mit der Krankenkasse abrechnen. Leider werden notwendige Verordnungen gelegentlich wegen mangelnder Sachkenntnis von Kassen und Ärzten des MDK oder aber unverständlicher Antragsbegründung abgelehnt oder gekürzt. In solchen Fällen sollten sie unbedingt mit ihrem Onkologen sprechen, der sich dann nochmals mit ihrer Kasse in Verbindung setzen

wird. Die meisten Probleme lassen sich in einem direkten Gespräch ihres Arztes mit der Krankenkasse ausräumen.

Ist eine Krebserkrankung nicht heilbar und schreitet weiter voran, tritt in den meisten Fällen irgendwann eine anhaltende Pflegebedürftigkeit des Patienten ein. In solchen Situationen können Leistungen aus der **Pflegekasse** beantragt werden (Antragstellung, Geld- und Sachleistungen siehe Kap. 2.7). Allerdings muss die Leistungspflicht der Pflegekasse zunächst durch einen Gutachter des medizinischen Dienstes festgestellt werden. Dieses geschieht auf Antragstellung durch den Patienten oder seine Familie.

Auch wenn all diese Hilfestellungen zur häuslichen Pflege durch Kranken- und Pflegeversicherung durchaus zu begrüßen sind, zeigt die Realität dennoch, dass ohne die Bereitschaft der Angehörigen, einen Großteil der Verantwortung und der Belastung einer häuslichen Pflege auf sich zu nehmen, diese auf Dauer nicht in sinn- und würdevoller Weise geleistet werden kann. Ambulante Pflegedienste, die für wenige kurze Einsätze am Tag den Patienten aufsuchen, können nicht die ständige Anwesenheit von Familienangehörigen ersetzen. Ein besonderes Problem stellen dabei auch Menschen dar, die allein in ihrem Haushalt leben und niemanden haben, der z. B. nachts einfach nur für ein Glas Wasser an das Bett kommen kann. In solchen Situationen oder bei Überforderung der pflegenden Angehörigen werden die Patienten (auch unter Einsatz des Notarztwagens) häufig stationär aufgenommen. Gerade in solchen Situationen könnten **ambulante palliative Netzwerke** zukünftig eine Verbesserung der Versorgungsrealität bewirken (siehe Kap. 5.1).

Ist ein Patient in die Pflegeversicherung eingestuft, kann diese folgende Leistungen erbringen:

- Geldleistungen an den Patienten bei Pflege durch Angehörige oder Bekannte
- Sachleistungen bei Pflege durch einen Pflegedienst
- Kombinationen von Geld- und Sachleistungen
- Finanzierung einer teilstationären Pflege (je nach Kosten ganz- oder teilweise)
- Finanzierung einer vollstationären Pflege (in aller Regel nur teilweise)
- Finanzierung einer stationären Kurzzeitpflege oder einer häuslichen Ersatzpflegekraft bei Verhinderung (auch Urlaub) der Pflegeperson, wenn die Pflege bereits mindestens 1 Jahr lang erfolgte (Ganz- oder Teilfinanzierung)
- Finanzierung von Pflegehilfsmitteln (ganz oder teilweise)
- Teilweise Kostenübernahme zur Anpassung des Wohnumfeldes (z. B. pflegegerechter Umbau des Badezimmers)
- Finanzierung von Pflegekursen und Zahlung von Sozialabgaben (Renten- und Unfallversicherung) für die pflegende Person
- Einsätze zur Beratung und Überprüfung der Pflegequalität durch Angehörige

Krankenhausbehandlung

Die meisten Patienten müssen zumindest zu Beginn ihrer Krebserkrankung die **Hilfe eines Krankenhauses** in Anspruch nehmen, da zunächst eine Operation erforderlich ist. Die weiteren Therapien (einschließlich Bestrahlung und Chemotherapie) oder Nachsorgeuntersuchungen können und sollen in der Regel ambulant durchgeführt werden. Nötig werden stationäre Aufenthalte jedoch oftmals wieder, wenn die Krankheit erneut auftritt, unheilbar ist und voranschreitet. Dabei ist das Krankenhaus eine wichtige Anlaufstelle in **Notsitu-**

ationen oder zur Durchführung **komplexer medizinischer Behandlungsschritte**.
Bei den Überlegung für oder gegen eine stationäre Maßnahme muss allerdings berücksichtigt werden, dass für Patienten in fortgeschrittenen Krankheitsstadien häufig ein längerer Krankenhausaufenthalt gänzlich unangebracht sein kann. Die unweigerliche Einschränkung der Privatsphäre, der Wechsel der Bezugspersonen und selbst der vom Rhythmus des Krankenhausbetriebes aufgezwungene Tagesablauf werden als erhebliche Belastung empfunden. Dies ist umso ausgeprägter, je mehr der Patient spürt, dass er nicht mehr viel Zeit hat und diese eigentlich für andere, ihm wichtige Dinge nutzen möchte. Anders kann es allerdings für diejenigen Patienten aussehen, deren häusliche Versorgungssituation nicht gesichert ist. Sie profitieren in vielen Fällen deutlich mehr von der Sicherheit der Station als unter ihren Zwängen zu leiden. Auch wenn heute viele Schritte im Rahmen der Krebsdiagnostik, Therapie und Nachsorge von ausgebildeten Spezialisten unter ambulanten Bedingungen erfolgen können, bleibt das Krankenhaus solange als **Versorgungselement** unverzichtbar, bis für schwerstkranke Patienten eine durchgehende und tragfähige ambulante Betreuungsschiene sichergestellt ist.

Palliativstation

In den letzten Jahren sind überwiegend an großen Krankenhäusern spezialisierte **Palliativstationen** aufgebaut worden. Solche Einrichtungen pflegen und begleiten Patienten während der letzten Phase ihrer Krankheit. Im Zentrum dieses Behandlungskonzeptes steht derjenige Aspekt der Palliativmedizin, der auf die Linderung von Beschwerden, die Erhaltung der Lebensqualität und die Möglichkeit eines würdigen Sterbens ausgerichtet ist. In den meisten Krankenhäusern stehen Palliativstationen unter der ärztlichen Leitung von Anästhesisten oder spezialisierten Internisten.

Damit eine Palliativstation ihren besonderen Aufgaben bei der **Begleitung** Schwerstkranker und Sterbender gerecht werden kann, verfügt sie über eine größere Zahl pflegender Mitarbeiter als normale Krankenhausstationen. Zudem werden die Patienten mancherorts auch recht intensiv von Psychologen, Seelsorgern, Physiotherapeuten und zum Teil auch Musiktherapeuten mitbetreut. Sollten in Einzelfällen weitergehende Untersuchungen erforderlich werden (z. B. Ultraschall oder Computertomographie), kann auf die gesamte moderne Technik des Krankenhauses zurückgegriffen werden. Damit stehen Palliativstationen in ihrer Leistungsfähigkeit zwischen derjenigen einer Klinik und der eines Hospizes.

Auch die räumliche Gestaltung von Palliativstationen ist der Situation der schwerstkranken Patienten besser angepasst als diejenige auf einer Allgemeinstation. Ein- bis maximal Zweibettzimmer gehören ebenso zum Standard wie Übernachtungsmöglichkeiten für Angehörige. In aller Regel erinnert die Ausstattung der Zimmer ebenso wenig an ein Krankenhaus wie der Tagesablauf auf den Stationen. Es wird mehr als im normalen Krankenhausalltag versucht, die Bedürfnisse des Patienten in den Mittelpunkt zu stellen.

Die Kosten einer Unterbringung auf einer Palliativstation werden zur Zeit im Rahmen ausgehandelter Pflegesätze von den Krankenkassen übernommen. Wie sich die Finanzierungssituation nach der Einführung von Fallpauschalen an den Krankenhäusern darstellt, ist zur Zeit noch nicht entgültig abzusehen.

Die erste Palliativstation wurde 1983 an der Universitätsklinik Köln gegründet, Mitte 2002 existierten etwa 73 solcher Einrichtungen. Auch hier besteht also noch ein erheblicher Verbesserungsbedarf.

Hospiz

Die moderne Hospizbewegung nahm erst 1967 in London ihren Anfang und ist seit 1980 in Deutschland aktiv. 1986 wurde das erste stationäre Hospiz in Recklinghausen gegründet. Heute gibt es bei uns schätzungsweise 80 Hospize. Daneben existieren etwa 1.500 ambulante Hospiz- und Palliativdienste. Anders als Palliativstationen sind Hospize in der Regel keine ärztlich geleiteten Einrichtungen. Ihre Konzeption ist nicht mehr auf die Krankheitsbehandlung sondern auf **Sterbebegleitung** ausgerichtet. Dennoch spielt auch hier die Kontrolle belastender Symptome eine wichtige Rolle, so dass gelegentlich immer noch eine ärztliche Hilfestellung erforderlich ist. Die im Hospiz fehlende ärztliche Fachkompetenz wird in diesen Fällen entweder durch den Hausarzt, den ambulant tätigen Onkologen oder durch Ärzte eines benachbarten Krankenhauses sichergestellt.

Da die Betreuung in einem stationären Hospiz für den unheilbar Kranken in seinen letzten Wochen oder Monaten in einer möglichst wohnlichen Atmosphäre erfolgen soll, sind Hospize normalerweise bewusst von einem Krankenhausbetrieb und somit auch von einer Palliativstation getrennt. Durch diese Trennung kommt besonders den hauptamtlichen **Pflegekräften** ein hohes Maß an Verantwortung zu.

Pflege durch ausgebildetes und besonders geschultes Fachpersonal, aber auch unter Einbeziehung von ehrenamtlichen **Laienhelfern** und Angehörigen sowie psychologische und seelsorgerische Betreuung stehen im Hospiz im Vordergrund der täglichen Arbeit für den Patienten. Neben der Begleitung eines Menschen bis zu seinem Tod ist oft auch seine nur befristete Betreuung möglich, wenn beispielsweise die Familie des Patienten für eine gewisse Zeit entlastet werden muss, anschließend die weitere Pflege im häuslichen Umfeld jedoch wieder gewährleistet ist.

In der Regel sind Hospize selbstständig wirtschaftende Einheiten und werden anders als Palliativstationen nicht über Tagespflegesätze von den Krankenkassen honoriert. In den meisten Fällen erfolgt eine Mischfinanzierung aus Mitteln der Kranken- und Pflegeversicherung, Beihilfen sozialer Institutionen (z. B. Caritas oder diakonisches Werk), Spenden sowie Zuzahlungen des Patienten selbst.

Es sollte deshalb vor Aufnahme in ein Hospiz zunächst immer die Frage möglicherweise anfallender **Kosten und Selbstbeteiligungen** geklärt werden.

Im Idealfall sind Krankenhausbehandlung, Palliativstation, Hospiz und häusliche Palliativbetreuung eines krebskranken Menschen gut verzahnte Elemente einer Versorgungskette, die das Ziel hat, so viel Betreuung und Begleitung wie möglich im häuslichen Umfeld sicherzustellen, bei Überforderung der ambulanten Strukturen aber jederzeit mit geeigneten stationären Hilfestellungen überbrückend oder dauerhaft reagieren zu können.

Seelsorge

Während in früheren Zeiten die Begleitung schwerstkranker und sterbender Menschen während ihrer letzten Lebensphase durch einen **geistlichen Seelsorger** eine Selbstverständlichkeit war, ist dieses Element der Hilfestellung in der modernen Zweckgesellschaft beinahe abhanden gekommen. Ein großer Teil der „Sorge um das Wohl der Seele“ eines Schwerstkranken liegt sicherlich bei den nahen Verwandten und guten Freunden, aber auch der behandelnde Arzt trägt in dieser Hinsicht immer ein erhebliches Maß an Verantwortung. Da die Wissenschaft für viele in unserer westlichen Kultur erzogene Menschen heutzutage greifbarer erscheint als Religiosität und Glaube, fällt es uns zwar relativ leicht, auch einen **Psychologen** mit in die Betreuung des Patienten einzubeziehen, doch die Frage nach einem geistlichen Seelsorger wird nur selten gestellt. Viel zu oft wird der Seelsorger erst dann hinzugezogen, wenn ein Patient diesen Wunsch von sich aus äußert. Allerdings zeigt der tägliche Umgang mit Krebspatienten immer wieder ein erstaunliches Phänomen: Obwohl selbst am Ende ihres Lebens die wenigsten Patienten von sich aus nach dem Pfarrer fragen, nehmen dennoch die meisten von ihnen mit einer gewissen Erleichterung das an sie herangetragene Angebot an, Gespräche mit einem **Pfarrer** zu führen. Da andererseits diejenigen, die diesen Schritt ablehnen, keineswegs schockiert oder entrüstet auf die Fragestellung reagieren, gibt es kaum einen berechtigten Grund, schwerkranken Menschen diese Möglichkeit nicht zu unterbreiten.

Hat ein Mensch sich zu diesem Schritt entschieden, entwickeln sich für ihn nicht selten wertvolle Gespräche, die von vielen als erleichternd empfunden werden. Obwohl Seelsorger keine ausgebildeten Psychologen sind, gelingt es manchen Patienten, sich ihnen gegenüber unverkrampft zu öffnen und auf diese Weise ein Stückchen der Last, die ihre Seele zu tragen hat, zu teilen. Andere wiederum finden gerade in seelsorgerischen Gesprächen für sich selbst die Möglichkeit, eine Bilanz ihres Lebens zu ziehen, um danach loszulassen und den vor ihnen liegenden Weg mit weniger Ängsten beschreiten zu können.
Selbst für viele Ärzte und Pflegekräfte ist es immer wieder erstaunlich zu sehen, welche Wandlung ein Patient durch die einfühlsamen Gespräche und den Trost eines Seelsorgers durchmachen kann und wie viel leichter es ihm danach oft fällt, über sein drohendes Schicksal und sogar über seinen eigenen Tod zu reden.
Doch nicht nur für den Patienten, sondern auch für dessen Familie kann eine seelsorgerische Betreuung nicht erst nach, sondern bereits vor dem Tod des Angehörigen hilfreich sein. Auch wenn sich dadurch das persönliche Durchleben von Sorge und Schmerz nicht verhindern lässt, wird der Zuspruch durch einen anderen Menschen sowie dessen Aufmerksamkeit gegenüber den eigenen Nöten meist als Erleichterung empfunden und dankbar aufgenommen.

Seelsorge bedeutet vor allem menschliche Zuwendung, Vertrauen und Hoffnung. Ob und in welcher Form dabei auch eine Auseinandersetzung mit **Gott** stattfindet, bleibt dem persönlichen Bedürfnis jedes einzelnen Menschen überlassen. Auf der Grenze zwischen Leben und Tod kann der Seelsorger allerdings **Brücken bauen**, die durch medizinische Maßnahmen nicht zu errichten sind.

Das familiäre Umfeld

Solange es uns gut geht und wir mitten im Leben stehen, ist uns viel zu selten bewusst, wie wichtig und unersetzbar die eigene Familie ist. Spätestens jedoch wenn eine schwere Krankheit wie zum Beispiel ein Krebsleiden eingetreten ist, müssen wir mitunter recht schmerzhaft feststellen, dass wir ohne eine intakte Familie nicht mehr zurechtkommen. In diesem Moment zeigt es sich, ob die **Bindungen unseres familiären Umfeldes,** an denen wir selbst mitgeknüpft haben, tragfähig sind.

Auf die Familie eines Krebspatienten kommen viele verschiedene Probleme zu. Nach der Diagnose der Erkrankung ist es zunächst vor allem die direkte Angst und die Sorge um das **Schicksal des Angehörigen**, welche die ganze Familie in einen Zustand der meist hilflosen Fürsorglichkeit versetzt. In dieser Situation wird die familiäre Gemeinschaft von der Hoffnung getragen, dass nach Abschluss der Behandlung alles wieder so sein kann wie vorher und der Kranke seinen Platz im Leistungsgefüge der Familie wieder einnehmen wird. Demzufolge spricht man dem nicht selten zweifelnden Patienten immer wieder Mut zu, alle Therapiemaßnahmen, und seien sie noch so belastend, auf sich zu nehmen.

Wenn aber die Krebsbehandlung nicht zu einer Heilung der Krankheit führt sondern sich der Zustand zunehmend verschlechtert, kommt zu der Sorge um den Patienten recht bald auch die **Sorge um die Familie** hinzu. Arbeitsunfähigkeit und Berentung, aber auch der Wegfall der häuslichen Leistungsfähigkeit des Betroffenen (z. B. Haushaltsführung, Kinderbetreuung) bringen die fein ausgeklügelte finanzielle und soziale Lebensführung der Gemeinschaft oftmals völlig aus dem Lot. Dann müssen gesunde Familienmitglieder (meist der Ehepartner) nicht selten zusätzliche Belastungen auf sich nehmen, um den bisherigen Lebensstandard halbwegs aufrecht zu erhalten. Allein die Leistungen unserer sozialen Sicherungssysteme reichen hierfür in den meisten Fällen nicht aus!

Kommt es in der letzten Krankheitsphase zu einer zunehmenden Hilflosigkeit und Pflegebedürftigkeit des Patienten, tritt vielfach ein nahezu unlösbares Problem für die Familie des Kranken ein. Mitunter werden alle Beteiligten überfordert. In der Realität übernimmt meist der Ehepartner des Patienten die Hauptlast der Versorgung und versucht, den Bedürfnissen und Wünschen des Kranken gerecht zu werden, was trotz großer Liebe und Hingabe irgendwann dessen Kräfte überfordert. Damit genau diese vorhersehbare Problematik möglichst nicht eintritt, ist das gesamte familiäre Umfeld bei der Betreuung eines Schwerstkranken gefordert. Dieses wird aber nur in einer **intakten Familienstruktur** auch bereit sein, seinen Beitrag in der Form zu leisten, dass nicht ein Einzelner bis über den Rand seiner körperlichen und seelischen Leistungsfähigkeit hinaus belastet wird.

Für Menschen allerdings, die in ein intaktes Familienleben eingebettet sind, bedeutet dieses eine unbezahlbare Sicherheit. Zwar ist die Betreuung und Begleitung eines Sterbenden auch für diese Familien eine große Belastung, die mit vielen Einschränkungen für den Einzelnen verbunden ist, doch gelingt es hier, dem Kranken Geborgenheit zu vermitteln und ihm seinen Weg (der jetzt vielmehr ein **gemeinsamer Weg der ganzen Familie** ist) in langen Gesprächen zu erleichtern. Aber man gibt sich auch gegenseitig Kraft. Selbst wenn dadurch die finanziellen Probleme einer häuslichen Pflege noch nicht unbedingt gelöst sind, können Patienten in einem solchen Umfeld fast immer zu Hause in Würde sterben.

Die letzten Tage

Oft ist es schwer zu entscheiden, wann die letzten Tage eines Menschen beginnen. Einerseits sind sie nicht immer als solche im Voraus zu erkennen, andererseits will man sie vielleicht auch nicht erkennen müssen, um so die eigene Seele vor der Endgültigkeit des Todes zu schützen.

Bei manchen Krebspatienten kann der Tod ohne große Vorboten und **recht plötzlich** eintreten. Dies ist dann nicht selten durch Komplikationen der Krankheit wie zum Beispiel eine Lungenembolie oder eine Herzrhythmusstörung bedingt. Unter Umständen haben weder der behandelnde Arzt noch der Patient und seine Familie das Ende so Nahe gesehen und deshalb wurde manchmal überhaupt noch nicht über Sterben und Tod gesprochen. In einer solchen Situation leidet die Familie häufig besonders stark darunter, nicht liebevoll und mit ausreichend Zeit **Abschied** genommen zu haben. Das Bewusstsein, dass eine kurze Phase des Sterbens für den Kranken eine Gnade sein kann und einem längeren Siechtum vielleicht vorgezogen worden wäre, ist dann zwar ein gewisser Trost, kann aber den Schmerz des plötzlichen Verlustes nicht wirklich lindern.

Bei den meisten Patienten ist der Tod jedoch kein plötzliches Ereignis, sondern Folge eines mehr oder weniger langsamen Sterbens. In einer solchen Situation kündigen sich die letzten Tage durch viele kleine Veränderungen an. So nimmt die körperliche Schwäche des Sterbenden immer mehr zu und die Phasen eines manchmal unruhigen Schlafes werden länger. Zunehmend nimmt der Patient sein Umfeld nicht mehr in gewohnter Weise war und beginnt dadurch den Angehörigen langsam zu **entgleiten**. Treten in dieser Situation Schmerz, Luftnot oder starke Unruhe auf, müssen auch jetzt noch alle geeigneten Maßnahmen getroffen werden, um diese Beschwerden zu lindern (z. B. Gabe von Schmerzmitteln, Sauerstoffzufuhr über eine Maske, schlaffördernde Medikamente). Andere **Begleiterscheinungen des nahenden Todes**, wie etwa mangelnde Nahrungsaufnahme, ein Versiegen der Urinproduktion oder zunehmend länger werdende Atempausen belasten den Patienten in dieser Situation nicht und müssen deshalb auch nicht behandelt werden.

Auch wenn sterbende Menschen sich nicht mehr mitteilen können, ist es weiterhin eine wichtige Aufgabe, sie liebevoll und umsichtig zu pflegen. So müssen sie regelmäßig umgelagert werden, um das Auftreten von Druckgeschwüren zu verhindern. Mund und Lippen sollten ebenso feucht gehalten werden wie die Augen, da trockene Schleimhäute leicht von Keimen infiziert werden. Neben diesen pflegerischen Maßnahmen ist es jedoch auch wichtig, dass gerade die Angehören zum Beispiel durch Berührungen oder Halten der Hände immer wieder **ihre Gegenwart mitteilen**. Selbst wenn sich ein Mensch scheinbar in einem Zustand der tiefen Bewusstlosigkeit, als Übergang zwischen Leben und Tod, befindet, müssen wir immer davon ausgehen, dass seine Wahrnehmung ebenso wie sein Gefühl nicht gänzlich erloschen ist. Auf diese Weise kann die Familie weiterhin Trost spenden und Geborgenheit vermitteln.

Ist die Krankheit so weit vorangeschritten, benötigen auch die Angehörigen Unterstützung und Beistand, selbst wenn sie nach außen stark und gelassen erscheinen. Gut ist es dann, wenn in einer solchen Situation Pflegedienst, Arzt oder auch andere Helfende nicht nur telefonisch erreichbar sind, sondern von sich aus den Patienten und seine Familie immer wieder aufsuchen.

Wenn der Moment des Todes gekommen ist, werden Hände und Füße des Menschen kühl, die Hautfarbe blasst oft ab, der Atem steht still und es kann vorkommen, dass die Augen geöffnet und starr sind. Ein Puls oder Herzschlag ist nicht mehr zu fühlen. Betrachten Angehörige den **Tod als das natürliche Ende eines erfüllten Lebens**, sind sie bereit, diesen zuzulassen. Es kann ein Trost für sie sein, dass der Patient in Würde sterben konnte und dabei nicht allein war. Es gibt in dieser Situation keinen Grund, einen ärztlichen Notdienst zu rufen oder womöglich einen Krankentransport in eine Notfallambulanz zu veranlassen, sondern es sollten ohne Hast und nach ausreichender Zeit der Verabschiedung der Pflegedienst und der behandelnde Arzt informiert werden. Dieser wird dann kommen, um den Tod auch in medizinischem Sinne festzustellen und diesen zu bescheinigen während der Pflegedienst oftmals bei vielen anderen Verrichtungen, die jetzt nötig sind, hilft (z. B. Säuberung und Ankleiden des Verstorbenen). Manche Angehörige wünschen in dieser Situation den Beistand eines **Seelsorgers**, der dann ebenfalls informiert werden sollte.

Liegt der **Totenschein** vor, kann ein **Beerdigungsinstitut** informiert werden. Die meisten Dinge, die nun folgen, werden mit Sensibilität und Rücksichtnahme gegenüber den Angehörigen von den Mitarbeitern dieses Institutes geregelt. Die Familie sollte jetzt die Zeit finden, gemeinsam Abschied zu nehmen und sich gegenseitig Trost zu spenden. Tränen und Trauer sollten als eine natürliche Reaktion von allen verstanden und zugelassen werden.

Nach dem Tod eines geliebten Menschen fallen nahe Angehörige oft in ein **tiefes Loch**. Die ungeheure Anspannung der letzten Wochen und Monate, in denen nur das Wohl des Kranken wichtig war und man persönlich seine ganze Kraft gegeben hat, weicht von einem ab und hinterlässt eine schmerzhafte Leere. In dieser Situation sollten die Angehörigen keine Scheu haben, vielleicht noch einmal mit dem behandelnden Arzt und insbesondere dem Seelsorger zu reden. Gegebenenfalls ist auch eine psychologische Hilfestellung über Tage und Wochen nötig, um die **Trauerarbeit** zu bewältigen.

Und was kann ich selbst für mich tun?

Sport und Bewegung

Eine sportliche Betätigung sowie die regelmäßige Bewegung an frischer Luft können jedem von uns helfen, **Krankheiten zu verhindern**. Abgesehen davon, dass körperliche Aktivität unsere Muskulatur auf- und unsere Fettpolster abbaut und so zu einer Gewichtsnormalisierung beiträgt, wirkt sie sich günstig auf die Funktionen unseres Herz-Kreislaufsystems aus, stärkt unsere körpereigene Abwehr und fördert das psychische Wohlbefinden. Voraussetzung für diese positiven Effekte ist allerdings, dass wir den Körper nicht überlasten, sondern ihn gemäßigt und regelmäßig trainieren. Leistungssport hat dagegen keinen gesundheitsfördernden, sondern eher einen schädlichen Einfluss und sollte vermieden werden.

Sport und Bewegung sind aber nicht nur vorbeugend sinnvoll, sondern sie helfen in vielen Situationen auch, die **Folgen einer Krankheit oder ihrer Behandlung zu überwinden**. Insbesondere die Therapie einer Krebserkrankung hat in vielen Fällen zunächst einmal eine körperliche Schwächung sowie eine erhebliche seelische Belastung zur Folge. Selbst eine nur relativ kurze Zeit der Bettlägerigkeit von wenigen Tagen führt bereits zu einem spürbaren Abbau der Muskelmasse mit zunehmender Einschränkung unserer körperlichen Leistungsfähigkeit sowie nicht selten auch zu einer depressiven Stimmungslage. Gerade in diesen Situationen ist es wichtig, sich nicht weniger, sondern sogar etwas mehr zu bewegen und so die geschwächte Muskulatur wieder aufzubauen und erste Erfolgserlebnisse zur Besserung der psychischen Verfassung zu nutzen. In einer solch frühen Phase nach einer Krebsbehandlung werden sehr häufig gezielte **krankengymnastische Übungen** unter Anleitung eines Therapeuten eingesetzt, um den weiteren Verfall der Kräfte zu stoppen. Wie jede Form der körperlichen Aktivität kann auch die Krankengymnastik nur den gewünschten Erfolg erbringen, wenn sie konsequent und regelmäßig fortgeführt wird. Deshalb muss der Patient lernen, die Übungen aktiv und selbstständig auch ohne Therapeuten fortzuführen.

Ein wichtiger Schwerpunkt der auf eine Krebstherapie oftmals folgenden Anschlussheilbehandlung oder Rehabilitation (siehe Kap. 4.1) ist demzufolge die **Steigerung der Motivation** zu eigenen körperlichen Aktivitäten. Dabei wird der Patient durch positive Anleitung möglichst bis zur selbstständigen Durchführung von Sport und Bewegung geleitet. Krankengymnastik, Gymnastik, Rehabilitationssport und Sport gehen je nach erreichter Leistungsfähigkeit fließend ineinander über. Die meisten Rehakliniken verfügen deshalb sogar über kleine Fitness-Studios, die dort allerdings üblicherweise als „Sequenztrainingsräume" bezeichnet werden, um deren medizinischen Charakter hervorzuheben.

Leider enden für viele Krebspatienten nach Abschluss der stationären Maßnahmen und Wiederaufnahme ihres Alltagslebens alle zuvor gefassten guten Vorsätze relativ schnell. Die körperlichen Aktivitäten gehen zurück und auch die Ernährung passt sich schnell wieder den vorherigen, wenig gesundheitsförderlichen Gewohnheiten an. Während in der behüteten Situation des Krankenhauses oder der Rehaklinik immer jemand darauf geachtet hat, dass man in seinen eigenen Aktivitäten nicht nachlässt, reichen bei vielen Menschen die Mechanismen der Selbstkontrolle offenbar nicht aus, um an einer gesunden Lebensführung mit regelmäßiger sportlicher Betätigung festzuhalten. Es ist deshalb sehr ratsam, Sport und Bewegung nicht allein, sondern **gemeinsam mit anderen Menschen** zu betreiben, da sich so nicht nur nette Gespräche und vielleicht sogar wertvolle Freundschaften entwickeln, sondern die Gruppe in gewisser Form eine Verantwortung für den Einzelnen mit übernimmt. Auf diese Weise fällt es den meisten Patienten sehr viel leichter, nicht in alte Gewohnheiten zurückzufallen, sondern weiterhin aktiv an der eigenen Genesung und Gesundheit zu arbeiten.

Mittlerweile werden vielerorts von Vereinen oder Selbsthilfegruppen gemeinschaftliche sportliche Aktivitäten für kranke oder behinderte Menschen angeboten, was zum Teil auch finanziell von den Krankenkassen unterstützt wird. Sie sollten diesbezüglich sowohl mit ihrem Arzt als auch ihrer Krankenkasse sprechen und klären, welcher Sport für sie geeignet ist und wo dieser in ihrer Region angeboten wird. Dabei bedeutet Sport keineswegs immer nur **Gymnastik**. Es gibt viele andere für Krebspatienten sehr geeignete Möglichkeiten der körperlichen Aktivität, wie **Schwimmen, Radfahren, Wandern oder Tanzen**, so dass sie sich nach ihren persönlichen Neigungen richten sollten. Nur wenn sie Freude an ihrer Bewegung haben, werden sie diesen Beitrag zur eigenen Gesundheitsförderung langfristig erbringen.

Die wichtigsten Vorteile von Sport und Bewegung sind:

- Aufbau der Muskulatur
- Abbau der Fettpolster
- Beitrag zur Gewichtsnormalisierung
- Stärkung von Herz- und Kreislauf
- Beitrag zur Blutdrucknormalisierung
- Steigerung der Leistungsfähigkeit
- Stärkung der körpereigenen Abwehr
- Verbesserung des seelischen Wohlbefindens
- Beitrag zum Abbau von Depressionen
- Besserung von Schlafstörungen
- Steigerung der sozialen Kontakte und Bindungen

Ernährung und Nahrungsergänzung

Viele Erkrankungen werden durch eine langjährige **Fehlernährung** begünstigt. Typische Beispiele hierfür sind der hohe Blutdruck, der Herzinfarkt oder die Zuckerkrankheit. Eine Reihe wissenschaftlicher Untersuchungen lässt vermuten, dass unsere Ernährungsgewohnheiten auch einen Einfluss auf die Entstehung von Krebserkrankungen haben können. Man geht davon aus, dass neben den verschiedenen Genussmitteln (vor allem Zigaretten und Alkohol) auch die Art unserer Ernährung für viele Krebserkrankungen mitverantwortlich ist.

Neben krebsfördernden Einflüssen kann unsere Ernährung aber auch einen **schützenden Effekt** ausüben. So scheinen ein hoher Anteil an Ballaststoffen sowie reichlich Obst und Gemüse auf dem Speisezettel das Risiko für verschiedene Krebserkrankungen (z. B. Darmkrebs, Brustkrebs) zu senken. Ob dabei vor allem den pflanzlichen Vitaminen eine Schutzwirkung zukommt, ist allerdings sehr umstritten. Obst und Gemüse enthalten viele weitere Inhaltsstoffe, so dass vielleicht eher deren ausgewogene Mischung Krebs verhindern hilft. Dieses würde erklären, warum die in **Nahrungsergänzungsmitteln** angebotenen Vitamine weniger schützenden Einfluss zu haben scheinen als eine natürliche Ernährung, die reich an pflanzlichen Produkten ist.

Vermutete krebsfördernde Einflüsse der Ernährung

Fördernde Einflüsse	Einfluss z. B. auf folgende Krebserkrankungen
Überernährung, Übergewicht	Brustkrebs, Darmkrebs, Prostatakrebs, Nierenkrebs, Gebärmutterkrebs
Fettreiche Ernährung	Darmkrebs, Brustkrebs
Fleischreiche Kost (rotes Fleisch und Wurstwaren)	Darmkrebs
Gepökeltes oder geräuchertes Fleisch	Magenkrebs
Frittierte oder stark gebratene Lebensmittel	Magenkrebs, Darmkrebs
Mangel an Ballaststoffen	Darmkrebs
Hoher Alkoholkonsum (v.a. zusammen mit Zigaretten)	Krebs im Mund und Rachenbereich, Speiseröhrenkrebs, Magenkrebs, Lungenkrebs, Harnblasenkrebs
Verzehr verschimmelter Lebensmittel	Leberkrebs

Um als gesunder Mensch selbst einen Beitrag zur Vermeidung von Krebs oder anderen Krankheitsbildern zu leisten, sollte man zunächst immer versuchen, sein **Normalgewicht** (Faustregel: Körpergröße minus 100) oder besser das **Idealgewicht** (Faustregel: Körpergröße minus 100 minus 10 %) anzustreben. Solange keine krankhafte Wassereinlagerung im Körper stattfindet, kommt es immer zu einer Gewichtsreduktion, wenn der Körper mehr Kalorien pro Tag verbraucht als er zu sich nimmt. Allerdings muss dieses ein **anhaltender Prozess** sein. Es nützt wenig, einige Tage zu hungern, um sich dann wieder den gewohnten Portionen hinzugeben.

Während man für das Erreichen des Normalgewichtes die Aufnahme von sogenannten Makronährstoffen (vor allem von Fett als wichtigstem Energieträger) herabsetzen muss, sollte man gleichzeitig ein Unterangebot an Mikronährstoffen vermeiden.

Mikronährstoffe nehmen wir in vielen Fällen mit pflanzlicher Nahrung

Makronährstoffe:
Dieses sind v.a. Zucker (Kohlenhydrate), Eiweiße (Proteine) und Fette, die der Körper in relativ großen Mengen als Bau- und Brennstoffe benötigt. Sie liefern Energie und dienen zum Aufbau und zur Aufrechterhaltung der Körperfunktionen. Auch Ballaststoffe, die zwar vom Körper nicht aufgenommen werden, für eine normale Darmfunktion aber erforderlich sind, zählen zu den Makronährstoffen.

Mikronährstoffe:
Hierunter werden unter anderem Vitamine, Mineralstoffe, Spurenelemente und verschiedene andere Pflanzeninhaltsstoffe verstanden, die zwar nur in geringen Mengen benötigt werden, dennoch aber für die verschiedenen Funktionen unseres Körpers unbedingt erforderlich sind.

zu uns. Um den Bedarf an allen notwendigen Mikronährstoffen zu decken, ist jedoch auch tierische Kost erforderlich, so dass eine rein vegetarische Lebensführung nicht zu empfehlen ist. Wenn der tägliche Bedarf an Mikronährstoffen nicht auf natürliche Weise gedeckt werden kann, kann man zusätzlich **Nahrungsergänzungsmitteln** (z. B. Vitamine und Spurenelemente in Tablettenform) einnehmen. Dabei sollte darauf geachtet werden, dass es nicht zu Überdosierungen kommt (z. B. bei den Vitaminen A, C, D, E und K oder Mineralien und Spurenelementen). Grundsätzlich sollten allerdings Mikronährstoffe immer besser über eine ausgewogene Ernährung zugeführt werden.

Eine anhaltende Gewichtsnormalisierung sowie die Vermeidung „ungesunder“ Ernährungsgewohnheiten und Genussmittel senkt nicht nur das Risiko einer Krebserkrankung, sondern fördert die Funktion unseres **Immunsystems** und steigert unser gesamtes Wohlbefinden. Trotz einer noch so gesundheitsbewussten Lebensweise kann man allerdings nicht darauf vertrauen, bösartige Erkrankungen vollständig zu verhindern.

Während die meisten Gesunden sich viel zu selten Gedanken über ihr tägliches Essen machen, entwickeln an Krebs erkrankte Patienten oftmals ein starkes Interesse an allen Fragen der Ernährung. Normalerweise gelten für sie genau die gleichen Empfehlungen wie für gesunde Menschen, doch gibt es Situationen, in denen spezifische

Wichtige Empfehlungen zur Gewichtsreduktion sowie für eine gesunde Ernährung:

- Streben sie wenigstens ihr Normalgewicht an (Körpergröße minus 100)
- Reduzieren sie ihre Kalorienaufnahme langfristig (Reduktion insbesondere von Fett auf weniger als 30% der täglichen Energiezufuhr, ungesättigte Fettsäuren bevorzugen)
- Essen sie weniger rotes Fleisch, dafür mehr Fisch und Geflügel
- Nehmen sie ausreichend Mikronährstoffe zu sich, also viel Obst, viel Gemüse und zusätzlich Milchprodukte
- Nehmen sie ausreichend Ballaststoffe zu sich, ohne dabei das Trinken zu vergessen
- Reduzieren sie ihre Zufuhr an Kochsalz
- Lassen sie sich gegebenenfalls über eine sinnvolle Zusammensetzung der Ernährung beraten (Ernährungsberatung)
- Trinken sie, wenn überhaupt, nur wenig Alkohol und rauchen sie nicht
- Meiden sie unausgewogene Diäten
- Steigern sie ihre körperlichen Aktivitäten

Krankheitsprobleme berücksichtigt werden müssen. So wird man einem Patienten mit einer fortgeschrittenen Krebserkrankung trotz Übergewicht kaum anraten, eine Gewichtsnormalisierung anzustreben. Und wenn eine ausreichende Zufuhr an Nährstoffen auf natürlichem Wege nicht mehr gewährleistet ist, können frühzeitig die zusätzliche Einnahme von Nahrungsergänzungsmitteln oder auch die Einleitung einer Ernährungstherapie sinnvoll sein (siehe Kap. 1.5).

Von der Durchführung einer sogenannten **Krebsdiät** ist in jedem Fall abzuraten. Als Krebsdiäten werden die unterschiedlichsten Nahrungsmittel und Essgewohnheiten angepriesen. Es wird behauptet, dass sie für Patienten mit einem Krebsleiden hilfreich und heilsam seien. Gelegentlich wird sogar empfohlen, den Tumor durch radikales Fasten auszuhungern. Nicht selten werden aber auch Nahrungsergänzungsmittel in zum Teil aberwitzigen Dosen als Mittel gegen die Krankheit angepriesen.
Keine dieser Methoden hat bisher in wissenschaftlichen Untersuchungen irgendeinen Effekt gegen Krebs gezeigt. Insbesondere **Fastenkuren** oder **unausgewogene Krebsdiäten** beinhalten zudem ein hohes Risikopotenzial, da sie den Patienten nur unnötig schwächen.

Für Krebspatienten gilt deshalb wie für jeden anderen Menschen auch die Empfehlung zu einer gesunden und ausgewogenen Ernährung. Wenn sie unsicher sind, ob ihr täglicher Bedarf an Makro- und Mikronährstoffen abgedeckt ist, sollten sie unbedingt mit ihrem Arzt sprechen. Dieser wird sie gegebenenfalls zu einer **Ernährungsberatung** schicken und sie zudem über sinnvolle Nahrungsergänzungsmittel informieren.

Was sind die wichtigsten Bestandteile einer ausgewogenen Ernährung?

Um unsere Leistungsfähigkeit sowie unsere Gesundheit aufrecht zu erhalten, ist die tägliche Aufnahme von **Wasser, Makro- und Mikronährstoffen** erforderlich. Die Bedeutung der einzelnen Bestandteile unserer Ernährung sollen im Folgenden kurz dargestellt werden. Die vor allem bei den Mikronährstoffen angegebenen empfohlenen Tagesdosen orientieren sich an den Empfehlungen der Deutschen Gesellschaft für Ernährung für Jugendliche und Erwachsene.

Wasser und Säure-Basen-Haushalt

Etwa 60 % des Körpergewichts besteht aus Wasser, das von allen in unserem Körper ablaufenden Stoffwechselprozessen benötigt wird. Es dient zudem als Transport- und Lösungsmittel und ist wichtig für die Regulation der Körpertemperatur. Ein Mensch sollte täglich etwa **zwei bis drei Liter Flüssigkeit** zu sich nehmen. Leider ist diese Menge im Alter häufig nicht mehr gewährleistet, da das Durstgefühl reduziert ist. Durchfälle, Erbrechen oder auch Blutverluste können zu einer raschen Reduktion des Wassergehalt des Körpers führen, wodurch einer weiteren Krankheitsverschlechterung Vorschub geleistet wird.
Die im Körperwasser gelösten Säuren, Basen und Salze sowie dessen pH-Wert (ein Maß für das Gleichgewicht von Säuren und Basen) müssen möglichst konstant gehalten werden, da es andernfalls sehr schnell zu lebensbedrohlichen Störungen der biochemischen Reaktionen in unserem Körper kommt. Damit solche Probleme nicht auftreten, verfügt unser Organismus über mehrere Regulationssysteme (z. B. Blut, Lunge und Nieren), doch auch die Ernährung kann auf dieses Gleichgewicht Einfluss nehmen.

Fette

Fette sind wichtige **Energielieferanten.** Jedes Gramm Fett liefert unserem Körper mehr Energie (Kalorien) als die gleiche Menge an Zucker, Eiweiß und sogar Alkohol. Daneben dienen sie als Bausteine für Zellwände. Der tägliche Anteil an der Gesamtenergiezufuhr sollte 25-30% nicht überschreiten. Neben der aufgenommenen Menge an Fett ist allerdings auch dessen Zusammensetzung von großer Bedeutung. Sogenannte **gesättigte Fettsäuren**, die vor allem aus Produkten tierischer Herkunft stammen, sollten zu Gunsten von **ungesättigten Fettsäuren** (z. B. in Fisch-, Nuss- oder Olivenöl enthalten) reduziert werden. Kaltgepresstes Olivenöl beispielsweise gehört zu den wertvollsten pflanzlichen Nahrungsfetten überhaupt. Daneben kennt man noch sogenannte **mehrfach ungesättigte Fettsäuren**. Hierzu gehören die Omega-3- und Omega-6-Fettsäuren, beides ebenfalls wichtige Bausteine aller Zellwände und zudem für die Regeneration von Zellen erforderlich. Gleichzeitig greifen sie in den Stoffwechsel von Gewebshormonen ein, die ihrerseits wichtige Funktionen im Nervensystem, im Immunsystem und bei Entzündungsreaktionen ausüben. Es gibt Hinweise dafür, dass ein zu geringer Omega-3-Anteil verschiedene Erkrankungen wie Gefäßverkalkungen bis hin zum Herzinfarkt, Bluthochdruck oder Rheuma begünstigen kann. Umstritten ist der Einfluss dieser Fettsäuren bei der Entstehung von Krebskrankheiten.

Beispiele für Nahrungsmittel, die reich an mehrfach ungesättigten Fettsäuren sind:

Omega-6-Fettsäuren

- Linolsäure, vorwiegend in Sonnenblumen-, Soja- und Distelöl
- Arachidonsäure, vorwiegend in Sojaöl
- γ-Linolensäure, vorwiegend in Borretsch- und Nachtkerzenöl

Omega-3-Fettsäuren

- α-Linolensäure, vorwiegend in Leinsamen-, Soja- und Rapsöl
- Eicosapentaensäure, vorwiegend in Fisch

Zucker (Kohlenhydrate)

Die Bezeichnung Kohlenhydrate ist ein Sammelbegriff für verschiedene Zuckerarten, die je nach chemischem Aufbau entweder als sogenannte einfache oder komplexe Zuckerverbindungen vorliegen können. Unter den komplexen Kohlenhydraten (Mehrfachzucker) ist **Stärke** der für uns wichtigste Zucker.

Der Organismus braucht Zucker vor allem für die **Energieversorgung** des zentralen Nervensystems und den Stoffwechsel der roten Blutkörperchen, ferner kennen wir Kohlenhydrate als Bausteine von Zellwänden und vieler anderer lebenswichtiger Verbindungen unseres Organismus.

Mindestes 50% der täglichen Energiezufuhr sollte aus Kohlenhydraten stammen. Viele Menschen nehmen jedoch deutlich weniger Kohlenhydrate auf als empfohlen und decken statt dessen einen viel zu hohen Anteil ihres Energiebedarfes durch den Konsum von Fett, Alkohol und tierischem Eiweiß.

Haushaltszucker und Süßigkeiten enthalten einfache Kohlenhydrate. Sie führen dem Körper zwar Energie zu, enthalten aber sonst kaum weitere Nährstoffe. Man sagt deshalb auch, dass sie eine geringe **„Nährstoffdichte"** besitzen. Dies ist anders bei Nahrungsmitteln, die komplexe pflanzliche Kohlenhydrate enthalten. Bei diesen findet sich neben dem Energielieferant „Zucker" immer auch ein hoher Gehalt an anderen Nährstoffen (man spricht dann von einer hohen Nährstoffdichte). Deshalb ist es empfehlenswert, Kohlenhydrate vorwiegend in Form von **Mehrfachzuckern** aufzunehmen, die sich z. B. in Getreide, Hülsenfrüchten, Kartoffeln oder Reis finden. Neben einer hohen Nährstoffdichte weisen sie gleichzeitig einen hohen Ballaststoffanteil auf.

Eiweiße (Proteine)

Proteine sind für alle wichtigen biologischen Prozesse im Körper lebensnotwendig. So sind sie z. B. für die Bewegung unserer Muskeln verantwortlich, werden in Form von Enzymen oder Hormonen zur Steuerung von Stoffwechselvorgängen benötigt, schützen uns als Antikörper vor Krankheitskeimen und lassen unser Blut bei Verletzungen gerinnen. Es gibt keine andere Stoffgruppe in unserem Körper, die eine derartige **Vielseitigkeit** aufweist.

Proteine sind aus sogenannten **Aminosäuren** aufgebaut, die mit der Nahrung zugeführt werden. Einen Teil der benötigten Aminosäuren kann unser Körper jedoch auch aus anderen Substanzen selbst herstellen. Diejenigen Aminosäuren, die wir nicht selbst bilden können, werden als **essentielle Aminosäuren** bezeichnet.

Etwa 10–15% der täglichen Energiezufuhr sollte aus Eiweißen stammen. Die meisten Menschen nehmen allerdings viel mehr und dabei vor allem tierisches Eiweiß auf.

Da es in der Natur viele verschiede Proteine gibt, die nicht alle gleichermaßen als Aminosäurelieferanten für uns wertvoll sind (man spricht von einer unterschiedlichen biologischen Wertigkeit der Eiweiße), sollte darauf geachtet werden, eine abwechslungsreiche Kost aus verschiedenen pflanzlichen und tierischen Produkten aufzunehmen. Einseitige Ernährung ist ebenso schädlich wie Überernährung.

Empfehlungen zur täglichen Energiezufuhr über eine gesunde Ernährung:

▪ Fette	maximal 30%
mit folgender Aufteilung:	
gesättigte Fettsäuren	maximal 10%
einfach ungesättigte Fettsäuren	mindestens 10%
mehrfach ungesättigte Fettsäuren	etwa 10%
▪ Zucker (vor allem Mehrfachzucker)	mindestens 50%
▪ Eiweiße	etwa 10–15%

Ballaststoffe

Ballaststoffe sind pflanzliche Nahrungsbestandteile, vorwiegend komplexe Kohlenhydrate, die von uns **nicht verdaut** und nicht als verwertbare Stoffe aufgenommen werden können. Sie haben für eine normale Darmtätigkeit große Bedeutung. Sie verkürzen die Verweildauer der Nahrung im Darm, regen dessen Durchblutung an und binden die in den Darm ausgeschütteten Gallensäuren, wodurch eine übermäßige Aufnahme von Nahrungsfetten in das Blut verhindert wird. Zusammen mit genügend Flüssigkeit haben sie eine abführende Wirkung, während sie bei Flüssigkeitsmangel eine Verstopfung verursachen.

Wichtige Ballaststoffe wie Zellulose oder Lignin sind in Kleie, Weizen und Roggen enthalten, ferner finden sie sich in vielen Früchten. Die Aufnahme von mindestens 30 g pro Tag wird von Ernährungswissenschaftlern empfohlen. Es gibt gute Hinweise dafür, dass eine langfristig hohe Aufnahme an Ballaststoffen bei gleichzeitig ausreichender Flüssigkeitszufuhr das Risiko vermindert, an einem **Darmkrebs** zu erkranken.

Vitamine

Vitamine sind für eine Reihe von Stoffwechselprozessen im Körper, meist als Hilfsstoffe für Eiweiße erforderlich, damit diese ihre vielfältigen Aufgaben erfüllen können. Abgesehen vom Vitamin D, welches unter der Mithilfe von Tageslicht in gewissen Umfang in den Zellen unserer Haut gebildet werden kann, müssen sie alle mit der Nahrung aufgenommen werden. Fehlen sie oder ist ihre Aufnahme vermindert, kommt es im allgemeinen schleichend zu Mangelerscheinungen. Jede einseitige oder unzureichende Ernährung, aber auch ein erhöhter Bedarf wie Schwangerschaft, Alter oder Krankheit, kann zu einem Vitaminmangel führen.

Die Vitamine werden je nach ihrer „Löslichkeit" in **wasserlösliche** und **fettlösliche** Vitamine unterschieden. Deshalb muß für eine möglichst vollständige Aufnahme von Vitaminen bei einigen **Wasser**, bei anderen wiederum **Nahrungsfett** gleichzeitig in ausreichender Menge im Darm vorhanden sein.

Wasserlösliche Vitamine

➢ Vitamin C
(Empfohlener Tagesbedarf
ca. 100 mg)

Jeder kennt den immer wieder in den Medien hergestellten Zusammenhang zwischen Vitamin C und Erkältungskrankheiten. Die meisten haben zudem schon einmal von Skorbut gehört, jener typischen Seemannskrankheit aus den Zeiten wochen- und monatelanger Segelschiffreisen. Skorbut stellte sich ein, wenn nicht genug frisches Obst oder Gemüse für die Versorgung der Mannschaft mit Vitamin C an Bord war.

Ein Vitamin-C-Mangel führt neben einer leichten Infektanfälligkeit zu Abgeschlagenheit und Muskelschwäche, ferner zu Haut- und Gefäßschäden, u. a. mit Schleimhautblutungen und schlecht heilenden Wunden. Auch Einblutungen in Gelenke und

Was bewirkt Vitamin C in unserem Körper?

- Es wirkt als Hilfssubstanz im Stoffwechsel verschiedener Hormone sowie des Muskel- und Bindegewebes
- Es fördert die Eisenaufnahme aus dem Dünndarm
- Es ist an der Entgiftung gefährlicher Stoffwechselprodukte beteiligt
- Es spielt eine wichtige Rolle in unserer Immunabwehr
- Es schützt unsere Zellwände vor schädlichen Sauerstoffverbindungen und inaktiviert sogenannte freie Radikale

Beispiele für Obst- und Gemüsesorten, die viel Vitamin C enthalten:

Obst:
- Hagebutten
- Acerola
- Schwarze Johannisbeeren
- Orangen
- Zitronen
- Grapefruit
- Kiwi
- Sanddornbeeren

Gemüse:
- Paprika
- Rosenkohl
- Broccoli
- Grünkohl
- Blumenkohl
- Kartoffel

der Verlust von Zähnen kommt vor. Kinder können zudem Wachstumsstörungen der Knochen aufweisen.

Um einen Vitaminmangel zu verhindern, sollten etwa 100 mg Vitamin C über den Tag verteilt und möglichst in Form von Obst und Gemüse aufgenommen werden. In Krankheitssituationen oder bei Stress werden manchmal auch höhere Dosen empfohlen, obwohl nicht nachgewiesen ist, dass eine gesteigerte Aufnahme wirklich sinnvoll ist.

Der Gehalt an Vitamin C in Obst und Gemüse kann durch Kochen oder falsche Zubereitung sowie durch Vorbehandlung mit Chemikalien deutlich reduziert sein! Wird Vitamin C in Form von Nahrungsergänzungsmitteln aufgenommen, können durch zu hohe Dosierung auch Nebenwirkungen (Magenbeschwerden, Nierensteine) verursacht werden. Da es keinerlei ernsthafte Hinweise dafür gibt, dass große Mengen Vitamin C einen vor Krebs schützenden Effekt haben, kann vor solch hohen Dosierungen nur gewarnt werden.

➢ Vitamin B1 (Thiamin)
(Empfohlener Tagesbedarf
ca. 1,0-1,3 mg)

Vitamin B1 ist eine wichtige Hilfssubstanz im Energiestoffwechsel, insbesondere bei der Verbrennung von Kohlenhydraten. Ferner spielt es im Nervensystem eine Rolle bei der Übertragung von Nervenimpulsen. Mangelerscheinungen gehen mit neurologischen Störungen einher (Schwäche der Beine, Lähmungen). Bei uns sieht man sie nur bei schweren Fehlernährungen, wobei das Krankheitsbild dann nicht nur durch einen Mangel an Vitamin B1 gekennzeichnet ist. Es treten in dieser Situation oft Gedächtnisstörungen, Verwirrtheit und Depressionen, aber auch Magen-Darm-Beschwerden auf.

Thiamin findet sich z. B. in:

- Bierhefe
- Weizenkeimen
- Sonnenblumenkernen
- Kartoffeln
- Fisch (Flunder, Scholle)
- Fleisch
- Innereien (v.a. Leber)
- Milch

➢ Vitamin B2 (Riboflavin)
(Empfohlener Tagesbedarf
ca. 1,2–1,5 mg)

Dieses Vitamin wird in unserem Stoffwechsel für den Abbau von Eiweißen, Fetten und Kohlehydraten benötigt und führt auf diese Weise unseren Zellen Energie zu.
Ein Mangel an Vitamin B2 ist extrem selten und tritt vorwiegend bei einer einseitigen Ernährung mit Mais als Hauptnahrungsmittel auf. Er kann neben rissiger Haut und einer leichten Blutarmut auch Schleimhautentzündungen und allgemeine Abgeschlagenheit hervorrufen.

Riboflavin findet sich z. B. in:

- Vollkornprodukten
- Milch
- Spinat
- Obst (v.a. Birnen, Bananen)
- Fisch (Seelachs, Makrele)
- Fleisch
- Leber
- Eiern

➢ Vitamin B3 (Niacin)
(Empfohlener Tagesbedarf
ca. 13–17 mg)

Wie Riboflavin ist auch Niacin für den Energiestoffwechsel unserer Zellen wichtig. Zudem fördert es die Regeneration von Haut- und Schleimhautzellen und ist an der Bildung von Signalstoffen von Nervenzellen beteiligt. Ein Mangel kann Hautveränderungen, Magen-Darm-Beschwerden sowie neurologische Störungen (Schlaflosigkeit, Depressionen, Verwirrtheit) bewirken.

Niacin findet sich z. B. in:

- Weizenkleie
- Kalbs- und Schweineleber
- Erdnüssen
- Rindfleisch
- Milch

➢ Vitamin B5 (Pantothensäure)
(Empfohlener Tagesbedarf
ca. 6 mg)

Vitamin B5 ist am Abbau von Fetten, Aminosäuren und Kohlenhydraten sowie am Aufbau wichtiger Hormone (v.a. Kortison und Sexualhormone) beteiligt.
Ein Mangel an Pantothensäure ist extrem selten und kommt nur in Verbindung mit diversen anderen Mangelerscheinungen vor.

Medizinisch findet Pantothensäure bei der Behandlung von Schleimhautentzündungen der Mund- und Nasenhöhle (z. B. nach einer Chemotherapie) aber auch des Genitaltraktes Anwendung. Auch bei Wunden, wie z. B. Druckgeschwüren, soll es die Neubildung von Gewebe und damit den Wundheilungsprozess fördern. Einen sicheren wissenschaftlichen Beweis hierfür gibt es allerdings nicht.

Pantothensäure findet sich z. B. in:

- Kalbsleber
- Bierhefe
- Fisch
- Milch
- Getreideprodukten

➢ Vitamin B6 (Pyridoxin)
(Empfohlener Tagesbedarf
ca. 1,2–1,6 mg)

Pyridoxin ist an der Blutbildung ebenso beteiligt wie an der Funktion unseres Immunsystems sowie unserer Nervenzellen.
Mangelerscheinungen gehen mit Leistungsschwäche, rissiger Haut (v.a. eingerissene Mundwinkel), Infektanfälligkeit und leichter Blutarmut einher. Auch Magen-Darm-Beschwerden können auftreten.

Vitamin B6 findet sich z. B. in:

- Fleisch (Huhn, Schwein)
- Gemüse (z. B. Kartoffeln)
- Leber
- Bananen
- Weizenkeimen

➢ Vitamin B7 (Folsäure) (Empfohlener Tagesbedarf ca. 400–600 µg)

Folsäure wird im Organismus unter Beteiligung von Vitamin C und Vitamin B12 zu Tetrahydrofolsäure umgewandelt. Diese nimmt eine wichtige Stellung im Proteinstoffwechsel sowie bei der Bildung und Reparatur der Erbsubstanz im Zellkern ein. Sie ist damit an allen wichtigen Wachstums- und Zellteilungsvorgängen beteiligt. Dies betrifft vor allem die sich häufig teilenden Zellen der Haut- und Schleimhäute sowie des Knochenmarkes (Blutbildung). Folsäure ist aber auch für eine korrekte Funktion unseres Nervensystems erforderlich. Bei Mangelerscheinungen treten neben einer Blutarmut insbesondere Schäden an Haut und Schleimhäuten auf.

Folsäure findet sich z. B. in:

- Bierhefe
- Gemüse
- Leber
- Nüssen
- Eiern

➢ Vitamin B8 (Biotin) (Empfohlener Tagesbedarf ca. 30–60 µg)

Biotin ist bei der Umwandlung von Fett in Zucker und an der Bildung von Erbsubstanz im Zellkern beteiligt. Ferner spielt es eine Rolle im Immunsystem.
Mangelerscheinungen sind extrem selten. Sie können mit Haarausfall, Depressionen und einer verminderten Leistungsfähigkeit einhergehen.

Biotin findet sich z. B. in:

- Sojabohnen
- Erdnüssen
- Erbsen
- Pilzen
- Leber

➢ Vitamin B12 (Cobalamin) (Empfohlener Tagesbedarf ca. 3–4 µg)

Besondere Bedeutung hat Vitamin B12 zusammen mit Folsäure bei der Bildung und Erneuerung des Erbgutes im Zellkern. Deshalb spielt es für die sich schnell teilenden Zellen der Blutbildung und von Haut und Schleimhäuten eine wichtige Rolle. Auch für die Funktion einiger Nervenzellen ist es wichtig.
Ein Mangel an Vitamin B12 führt zu einer ausgeprägten Blutarmut, zu Schleimhautschädigungen und nicht selten zu Nervenstörungen mit Bewegungs- und Gefühlsstörungen vor allem in den Beinen.
Bei entzündlichen Erkrankungen im unteren Dünndarm, aber auch nach einer operativen Entfernung dieses Darmabschnittes oder des Magens kann es aus der Nahrung nicht mehr aufgenommen werden und muss dann lebenslang in Form von Injektionen zugeführt werden.

Vitamin B12 findet sich z. B. in:

- Fleisch
- Leber
- Fisch
- Milch
- Eiern

Fettlösliche Vitamine

> ➢ Vitamin A (Retinol) und Provitamin A (Carotinoide) (Empfohlener Tagesbedarf Vitamin A ca. 0,8–1,1 mg (oder ca. 3000–4000 IE), Provitamin A ca. 10–15 mg)

Vitamin A wird einerseits direkt über die Ernährung aufgenommen, andererseits aber auch aus einer in der Nahrung enthaltenen Vorstufe (dem Provitamin A) in unserer Leber gebildet. Während Vitamin A nur in tierischen Nahrungsprodukten enthalten ist, stammt das Provitamin A aus Pflanzen. Hauptbestandteil dieser auch als Carotinoide bezeichneten Mischung ist das Beta-Carotin. Zu den Carotinoiden gehören einige der stärksten **Antioxidantien** die wir kennen (z.B. Lycopen). Die Aufnahme sowohl von Vitamin A als auch von Provitamin A aus dem Dünndarm wird durch gleichzeitigen Verzehr von Fetten gesteigert.

Vitamin A ist im Kindesalter besonders für das Wachstum von Knochen und Zähnen erforderlich. Auch später noch ist es für die normale Entwicklung vieler Zellen, vor allem derjenigen von Haut und Schleimhäuten sowie unserer Netzhaut erforderlich (es wird zur Bildung der Sehpigmente unserer Netzhaut benötigt und ist damit am Sehprozess beteiligt). Auch bei der Regulation der Sexualhormone und des Immunsystems spielt es eine Rolle.

Ein Mangel von Vitamin A kann sich bei erheblicher Fehlernährung aber auch bei Leberschäden (z.B. durch Alkoholismus) einstellen. Er äußert sich durch Sehstörungen (Nachtblindheit), Haut- und Schleimhautschäden sowie Haarausfall. Überdosierungen bei Einnahme von Nahrungsergänzungsmitteln können nur durch Vitamin A selbst, nicht jedoch durch Provitamin A ausgelöst werden. Solche Überdosierungen gehen vor allem mit Übelkeit, Erbrechen und Störungen des Nervensystems einher.

In der Medizin wird Vitamin A erfolgreich zur Behandlung einer speziellen Form der akuten Leukämie eingesetzt. Bei anderen bösartigen Krankheiten besitzt es dagegen keine gesicherte Wirkung.

Vitamin A findet sich z. B. in:

- Leber
- Butter
- Milch

Provitamin A findet sich z. B. in:

- Aprikosen
- Möhren
- Tomaten
- Grünkohl
- Spinat

> ➢ Vitamin D (Empfohlener Tagesbedarf ca. 5–10 µg, entsprechend 200–400 IE)

Dieses Vitamin kann der Körper in den Zellen der Haut unter Einwirkung des UV-Lichtes der Sonne aus Cholesterin selbst bilden. Fehlt ausreichend Sonnenlicht, muss es dagegen mit der Nahrung aufgenommen werden. Vitamin D selbst ist eigendlich ein Provitamin, denn es muss in unserem Körper zunächst in mehreren Schritten in das aktive Vitamin D3 (Cholecalciferol) umgewandelt werden. Besonders wichtig ist dieses Vitamin für den Kalzium- und Phosphatstoffwechsel und somit für den gesunden Aufbau unserer Knochen. Andere Wirkungen werden vermutet, sind aber bisher nicht sicher bewiesen.

Ein Mangel an Vitamin D kann bei einseitiger Ernährung und zu geringer Sonnenexposition eintreten. Er führt zu „weichen, brüchigen“ Knochen. Bei Kindern entstehen zusätzlich Verformungen der Knochen, was als Rachitis bezeichnet wird.

Vitamin D findet sich z. B. in:

- Fisch (Hering, Lachs)
- Butter
- Milch
- Leber
- Eiern
- Käse

➢ Vitamin E (Tocopherol) (Empfohlener Tagesbedarf ca. 12–15 mg)

Wie die Vitamine A und C ist auch das Vitamin E als Antioxidant an der Unschädlichmachung von freien Radikalen beteiligt. So ist es vor allem für die Aufrechterhaltung der Struktur und Funktion gesunder Zellwände wichtig, in denen es die mehrfach ungesättigten Fettsäuren vor einer chemischen Veränderung (Oxidation) schützt. Aber auch die Erbsubstanz der Zellen wird durch Vitamin E vor der chemischen Veränderung durch freie Radikale geschützt. Nicht zuletzt hat es eine Bedeutung für die natürliche Funktion der Keimdrüsen und den Verlauf einer Schwangerschaft. Ein Mangel an Vitamin E ist extrem selten, da es in sehr vielen Nahrungsmitteln enthalten ist. Er zeigt sich durch Störungen am Nervensystem und an der Muskulatur. Überdosierungen durch Einnahme von Nahrungsergänzungsmitteln können Magen-Darm-Beschwerden, allgemeine Schwäche und eine Infektneigung verursachen.

Vitamin E findet sich z. B. in:

- Weizenkeimöl
- Sonnenblumenöl
- Sojaöl
- Fleisch
- Eidotter
- Getreidekeimlingen

➢ Vitamin K (Empfohlener Tagesbedarf ca. 60–80 µg)

Vitamin K spielt eine große Rolle bei der Bildung von Blutgerinnungsfaktoren. Dies sind Substanzen, die für die normale Funktion der Blutgerinnung und damit für ein Stoppen von Blutungen erforderlich sind. Zusätzlich wird dem Vitamin K eine Bedeutung im Knochen- und Bindegewebsstoffwechsel zugeschrieben.
Da Vitamin K in sehr vielen Nahrungsmitteln enthalten ist, gibt es bei Erwachsenen kaum Mangelerscheinungen. Bei Säuglingen, die über längere Zeit nur gestillt werden, kann ein Mangel auftreten, da Muttermilch nur wenig Vitamin K enthält. Der Mangel geht mit einer Neigung zu Blutungen (auch ohne Verletzung) einher.
Ein künstlicher Vitamin K-Mangel kann durch Medikamente erzeugt werden, die nach Thrombosen (Blutgerinnseln innerhalb von Gefäßen) oder Embolien (im Gefäßsystem verschleppten Blutgerinnseln) zur Herabsetzung der Gerinnbarkeit des Blutes eingesetzt werden.

Vitamin K findet sich z. B. in:

- Gemüse (v.a. Grünkohl, Spinat, Blumenkohl, Rosenkohl, Tomaten)
- Fleisch
- Milch
- Obst

➢ Vitaminoide

Neben den Vitaminen nehmen wir mit der Nahrung weitere Substanzen auf, die ebenfalls eine wichtige Bedeutung in unserem Stoffwechsel haben, allerdings anders als Vitamine auch von unserem Körper selbst hergestellt werden können. Diese Mikronährstoffe werden als Vitaminoide bezeichnet. Beispiele hierfür sind α-Liponsäure, Carnitin, Coenzym Q10 und Orotsäure. Im Körper haben sie vielfältige Effekte, nicht zuletzt als Antioxodantien.

Mineralstoffe und Spurenelemente

Mineralstoffe und Spurenelemente sind für uns ebenso lebensnotwendig wie die bereits beschriebenen Vitamine. Sie sind für praktisch alle Funktionen des Organismus erforderlich. Die meisten komplexen Verbindungen (Eiweiße, Hormone, Enzyme, Gene, u.a.) können ihre Funktion nur mit Hilfe dieser Substanzen erfüllen. Da wir ständig Mineralstoffe und Spurenelemente über Urin, Stuhl und Schweiß verlieren, müssen sie täglich in ausreichender Menge mit der Nahrung zugeführt werden. Ihr Bedarf steigt bei erhöhtem Verlust zum Teil erheblich an (bei Durchfall, Erbrechen, Fieber, oder vermehrter Urinproduktion). In solchen Fällen kann es unter Umständen sehr schnell zu bedrohlichen Mangelzuständen kommen, die nicht allein über Essen und Trinken ausgeglichen werden können. Sie müssen dann gegebenenfalls über die Vene zugeführt werden.

Normalerweise aber nehmen wir genügend Mineralien und Spurenelemente mit einer ausgewogenen Ernährung zu uns. Lediglich die Zufuhr von **Jod** ist in manchen Regionen zu gering, insbesondere wenn nur selten Fisch verzehrt wird. Dieses kann man durch die Verwendung von mit Jod versetztem Speisesalz ausgleichen.

Natrium ist vor allem in Kochsalz und damit in nahezu allen Lebensmitteln (insbesondere in Wurstwaren und geräucherten Fleischsorten) enthalten. Auch der Natriumgehalt in Fertiggerichten ist zum Teil sehr hoch. Kalium findet sich in größeren Mengen in Spinat, Broccoli, Kartoffeln und Bananen. Einen hohen Gehalt an Kalzium haben insbesondere Milch und Käse (besonders Emmentaler und Parmesan).

Auf die Spurenelemente Selen und Zink soll exemplarisch eingegangen werden, da sie wegen ihrer angeblichen Bedeutung für Krebspatienten in vielen Nahrungsergänzungsmitteln enthalten sind.

➢ Selen
(Empfohlener Tagesbedarf ca. 30–70 µg)

In unserem Organismus gibt es eine Vielzahl von Stoffwechselvorgängen für die Selen benötigt wird. Eine besondere Rolle scheint es als Hilfsfaktor bei Entgiftungsreaktionen (z. B. gegenüber Schwermetallen) und zum Schutz gesunder Zellen vor freien Radikalen zu spielen. Auch für die Wirkung mancher Hormone (Schilddrüsenhormone) sowie unseres körpereigenen Abwehrsystems ist es erforderlich.

Die Selen-Konzentration in Lebensmitteln in Deutschland ist nicht sehr hoch, so dass bei normaler Ernährung der tägliche Bedarf gerade so gedeckt wird. Es wird angenommen, dass in manchen Situationen (Schwangerschaft, Stillzeit, höheres Lebensalter) eine gesteigerte Zufuhr sinnvoll ist. Ob zur Vermeidung von

Zu den Mineralstoffen werden gerechnet:

- Natrium
- Kalium
- Kalzium
- Magnesium
- Phosphor

Zu den Spurenelementen werden gerechnet:

- Selen
- Zink
- Eisen
- Jod
- Fluor
- Kupfer

Selen findet sich z. B. in:

- Sesam
- Fisch
- Fleisch
- Leber
- Eiern
- Getreide
- Nüssen

Krebserkrankungen oder zu deren positiver Beeinflussung eine zusätzliche Selenaufnahme in Form von Nahrungsergänzungsmitteln hilfreich sein kann, ist dagegen sehr umstritten. Wird Selen ergänzend in Tablettenform zugeführt, erfolgt dies üblicher Weise durch Gabe der chemischen Verbindung Natriumselenit. Hiervon sollte eine Tagesdosis von 200–300 µg nicht überschritten werden. **Zudem ist die gleichzeitige Einnahme mit Vitamin C zu vermeiden**, da dieses das Natriumselenit in reines Selen umwandelt, was unser Darm nicht aufnehmen kann. Organisch gebundenes Selen aus der natürlichen Nahrung wird dagegen nicht durch Vitamin C umgewandelt.

➢ Zink
(Empfohlener Tagesbedarf ca. 7–10 mg)

Zink ist ein wichtiger Bestandteil vieler komplexer Verbindungen unseres Körpers (z.B. Eiweiße, Enzyme, Hormone, Gene), die nur in Anwesenheit dieses Spurenelementes ihre Funktionen normal ausführen können. So ist es unter anderem für die Wirkungen des Vitamin A, für den Kohlenhydrat- und Fettstoffwechsel, die Funktion unserer Gene sowie unseres Immunsystems wichtig. Zink muss täglich mit der Nahrung zugeführt werden, da es vom Körper kaum gespeichert werden kann. Ob bei ausreichender Aufnahme mit dem Essen seine zusätzliche Gabe über Nahrungsergänzungsmittel Sinn macht, ist dagegen umstritten. Dieses kann aber erfolgen, wenn der Tagesbedarf nicht auf natürlichem Weg gedeckt werden kann. Dann sollte es wegen seiner vielen Wechselwirkungen mit anderen Nahrungsbestandteilen getrennt von den Mahlzeiten mit reichlich Flüssigkeit eingenommen werden.

Zink findet sich z. B. in:

- Austern
- Krabben
- Getreide
- Kalbsleber
- Hülsenfrüchte
- Nüssen
- Hartkäse

Freunde, Gespräche, soziale Kontakte

Für jeden ernsthaft erkrankten Menschen ist es wichtig, sich solange es die Krankheit erlaubt, **aktiv** am gemeinschaftlichen Leben zu beteiligen.
Insbesondere wenn man auf Grund der Erkrankung frühzeitig berentet wird, verliert man zwangsläufig einen wichtigen Teil seiner Kontakte zu anderen Menschen. Zunächst kommt es einem zwar als große Entlastung vor, sich nicht mehr dem Stress des Arbeitsalltags und den gelegentlich missgelaunten Kollegen aussetzen zu müssen. Schon nach kurzer Zeit spüren allerdings viele Patienten, dass der Wegfall der Berufstätigkeit eine Lücke hinterlässt. Diese Lücke sollte durch neue Kontakte und Interessen ausgefüllt werden, um nicht in eine Isolation zu geraten. Dies gilt insbesondere für Menschen, die nicht in einem tragfähigen familiären Umfeld leben.

Im Falle einer Krebserkrankung benötigen wir mehr Unterstützung als sonst, um unsere Ängste in den Griff zu bekommen und das Schicksal annehmen zu können. Reichen die Gespräche mit Familienangehörigen und guten Freunden nicht aus, können Gespräche mit dem behandelnden Arzt sowie der Anschluss an eine **Selbsthilfegruppe** manchmal ein Ausweg sein.

Selbst bei engen und intakten sozialen Bindungen ist zu berücksichtigen, dass Familienangehörige oder Freunde nicht unbegrenzt Zuspruch und Kraft geben können. Es ist deshalb für jeden Patienten wichtig, die eigene Krankheit nicht zum alleinigen Thema seiner Gespräche und zum Lebensmittelpunkt werden zu lassen. Eventuell sollte man lieber die professionelle Hilfe durch einen Psychologen in Anspruch nehmen. Hat man es dagegen geschafft, die Krankheit als sein persönliches Schicksal anzunehmen und kann man trotz Krebs Freude empfinden und diese mit anderen teilen, wird es allen Mitmenschen sehr viel leichter fallen, die Kontakte aufrecht zu erhalten.

Denken sie vor allem aber bereits in gesunden Zeiten daran, dass Menschen in ihrem Umfeld, Nachbarn, Bekannte und auch Freunde, krank sein und ihre Hilfe benötigen könnten. Öffnen sie diesen ihre Tür, denn die Hilfe, die sie anderen freiwillig geben, ist immer auch ein Stückchen Selbsthilfe.

Reisen und Lebensqualität

An Krebs erkrankt zu sein und dennoch Lebensqualität zu verspüren, geht das überhaupt? Die Erfahrung im Umgang mit betroffenen Patienten zeigt ganz eindeutig, dass es sich nicht gegenseitig ausschließt. Dank der Hilfe von Familie, Freunden, Arzt und Pflegepersonal gibt es immer wieder trotz der Erkrankung auch gute und **lebenswerte Zeiten**.

Allerdings muss man als Patient offen und bereit sein, die schönen Augenblicke des Alltags auch zu sehen. Solange die eigenen Gedanken um Krankheit und Tod kreisen, wird man keinen Blick für einen Sonnenaufgang oder für das Lachen des eigenen Enkelkindes haben. Die Qualität im Leben eines Kranken wird nicht von außen an ihn herangetragen, sondern dieser muss in sich selbst die Bereitschaft finden, **Freude wieder zuzulassen**. Lachen können, trotz Krankheit, bedeutet, dass man die Krankheit als das angenommen hat, was sie ist, nämlich ein Stück des eigenen Lebens, das sich durch sie zwar verändert, aber das keineswegs nur noch freudlos sein muss.

Es ist deshalb gut und empfehlenswert, an den Dingen, die einem immer wertvoll waren, trotz der Krebserkrankung festzuhalten. In manchen Situationen muss man sicherlich Kompromisse eingehen. Es kann durchaus sein, dass die Kräfte nicht mehr für all das ausreichen, was vor der Krankheit und vor ihrer Therapie möglich war. Andererseits kann aber gerade jetzt auch die Zeit dafür gekommen sein, endlich mit dem zu beginnen, was man sich schon immer für später vorgenommen hatte. Selbst Reisen sind trotz Krebs möglich. Viele Patienten nutzen sogar die Zeit zwischen zwei Chemotherapien, um durch die Eindrücke einer **Reise** auf andere Gedanken zu kommen. Zu verreisen und einige Tage Urlaub zu machen ist eine gute Möglichkeit, sich selbst zu zeigen, dass es nicht nur ein Leben für die Krankheit gibt. Sollte zwischendurch ärztliche Hilfe, zum Beispiel für die Kontrolle von Blutwerten, erforderlich sein, wird man sie an den meisten Urlaubsorten ohne Probleme erhalten. Sie sollten in jedem Fall Unterlagen über die eigene Krankheit sowie die aktuelle Therapie mit sich zu führen (z.B. einen aktuellen **Arztbrief**). Ist ein Patient auf die Einnahme starker **Schmerzmedikamente** angewiesen, sollte bei einer Reise ins Ausland immer auch eine Bescheinigung des behandelnden Arztes (möglichst in der Landessprache oder zumindest auf englisch) mitgenommen werden, aus der hervorgeht, dass die Medikamente wegen einer Krebserkrankung unbedingt erforderlich sind. So vermeiden sie Probleme bei den Zollbehörden.

Lebensplanung

Solange wir gesund sind, planen wir die berufliche Karriere, den Hausbau und die Ausbildung unserer Kinder. Doch in dem Moment, in dem wir die eigene **Krankheit** und sogar unseren eigenen **Tod** mit in unsere Überlegungen einbeziehen müssen, sind viele von uns nicht mehr in der Lage, zu planen. Allerdings wäre gerade dann eine Planung besonders wichtig. Die Angst vor dem, was die neue Lebenssituation mit sich bringen kann, behindert nicht selten den vorausschauenden Blick in die eigene Zukunft.

Eine Krebserkrankung stellt nicht nur alles aus unserem bisherigen Leben in Frage, sondern sie wirft auch viele Überlegungen für das weitere Leben auf. Dabei stellen sich jedem von uns insbesondere zwei Fragen:

1. Was wird aus mir persönlich?
2. Was wird aus meiner Familie?

Letztendlich haben wir alle zwar nur begrenzte Möglichkeiten, Einfluss auf unser Schicksal und das unserer Familie zu nehmen, doch diese Möglichkeiten sollte man gerade dann nutzen, wenn man ernsthaft erkrankt ist.

1. Was wird aus mir persönlich?

Während die Antwort auf diese Frage in körperlicher Hinsicht zunächst einmal davon abhängt, wie weit die Krebserkrankung fortgeschritten ist und ob sie adäquat behandelt wird **(suchen sie neben ihrem Hausarzt unbedingt auch einen Spezialisten auf!)**, können sie selbst gar nicht so selten Einfluss darauf nehmen, wie es seelisch, sozial und beruflich mit ihnen weiter geht.
Wenn sie die Krankheit nicht zu ihrem Lebensmittelpunkt werden lassen und auch weiterhin aktiv am Leben teilnehmen (Reisen, soziale Aktivitäten, etc.) und sich nicht unnötiger Weise zum Frührentner machen lassen (was nicht selten mit sozialem Abstieg und Vereinsamung einher geht), verhindern sie eine unnötige Isolation. Allerdings bedeutet die weitere aktive Teilnahme am Leben für einen krebskranken Menschen auch Planung. Es muss zum Beispiel geplant werden, wie viele Stunden man noch einer beruflichen Tätigkeit nachgehen kann und ob vielleicht der Arbeitsplatz behindertengerecht umgestaltet werden muss. Mögliche finanzielle Einbußen müssen ebenso eingeplant werden, wie eine eventuelle Verschlechterung der Krankheit.

Tritt eine solche Verschlechterung ein, sollte rechtzeitig überlegt werden, wie und durch wen **Pflege und häusliche Versorgung** sicher gestellt werden können. Leider sind die eigenen Kinder heutzutage oftmals nicht in der Lage oder aber nicht Willens, diese Verantwortung mit zu übernehmen, und der eigenen Partner ist nicht unbegrenzt belastbar. **Fremde Hilfe** ist fast immer erforderlich. Gestehen sie sich diese Notwendigkeit rechtzeitig ein, so dass sie selbst noch mitentscheiden können!

Man sollte sich jedoch auch **Gedanken über den eigenen Tod** machen und einige Dinge planen. Viele Krebspatienten sagen uns, dass sie nicht durch intensivmedizinische Maßnahmen künstlich am Leben erhalten werden wollen, wenn absehbar ist, dass eine echte Verbesserung der Situation nicht mehr möglich ist. Sie können gemeinsam mit ihrem Hausarzt oder ihrem Onkologen eine sogenannte **Patientenverfügung** (früher auch Patiententestament genannt) ausfüllen, die rechtzeitig ihren eigenen Willen festlegt. Auch wenn die Rechtsverbindlichkeit einer solchen Verfügung nicht zweifelsfrei geklärt ist, helfen sie damit denjenigen, die im Falle ihrer späteren eigenen Entscheidungsunfähigkeit für sie entscheiden sollen (Ärzte und Familienangehörige). In aller Regel wird der von ihnen festgelegte persönliche Wille auch respektiert.

2. Was wird aus meiner Familie?

Viele Patienten quält dieser Gedanke noch mehr als die Frage nach ihrem persönlichen Schicksal, besonders wenn die Kinder noch nicht auf eigenen Beinen stehen. Deshalb sollten sie auch in dieser Hinsicht immer rechtzeitig versuchen, gemeinsam mit ihrer Familie zu planen. Eine solche gemeinsame Planung bedeutet grundsätzlich, dass sie zunächst einmal offen und ehrlich mit ihrem Partner und den Kindern ihre Krankheitssituation und auch ihre Ängste besprechen müssen. Leider kommt es auch heute immer wieder vor, dass zwar jedes Familienmitglied irgendwie Bescheid weiß, doch auf Grund der unterschiedlichsten Bedenken und Ängste jedoch kein ehrliches Gespräch miteinander geführt wird. Solche Ängste, seien sie nun auf der Seite des Patienten oder bei der Familie vorhanden, sind praktisch immer unbegründet. Denn innerhalb einer intakten Familie werden auch die unausgesprochenen Ängste registriert. Bleiben sie jedoch unausgesprochen, verhindert dies die gemeinsame Verarbeitung ebenso wie eine reale Zukunftsplanung für die ganze Familie. Deshalb verschweigen sie weder ihre Krankheit noch ihre Befürchtungen, sondern sprechen sie darüber!

Alternative/komplementäre Behandlungsmethoden

Obwohl weit verbreitet, ist der Begriff „alternative Behandlungsmethoden" recht unglücklich gewählt. Die Therapieverfahren, die hierunter zusammengefasst werden, stellen nämlich **in keinem Fall eine echte Alternative** zu einer wissenschaftlich begründeten Krebsmedizin dar, sondern können diese in einigen Situationen allenfalls ergänzen. Besser ist es deshalb von „komplementären" oder „ergänzenden Behandlungsmethoden" zu sprechen.

Allen alternativen/komplementären Behandlungsverfahren gemeinsam ist, dass sie nicht durch ausreichende und wissenschaftlich anerkannte **Studien** in ihrer behaupteten Wirksamkeit abgesichert sind. Deshalb werden sie von der erkenntnisorientierten Onkologie üblicher Weise nicht eingesetzt. Da aber viele Patienten (viel häufiger übrigens Frauen als Männer!) das durchaus verständliche Bedürfnis haben, zusätzlich zur „normalen" Krebsbehandlung auch „erfahrungsbasierte" oder **„unkonventionelle" Methoden** für sich in Anspruch zu nehmen, gibt es ein großes, leider nicht immer seriöses Angebot an alternativen/komplementären Therapieverfahren. Dieses Bedürfnis, auch im „unkonventionellen" Bereich etwas für sich selbst tun zu wollen, ist nicht nur zwischen Männern und Frauen verschieden stark ausgeprägt, sondern hängt auch ganz entscheidend von der Qualität der Betreuung durch den behandelnden Arzt ab. So wird es in vielen Fällen um so größer, je mehr sich der Patient mit seiner Erkrankung **allein gelassen** fühlt. Andererseits kann ein enger Kontakt, die konsequente Begleitung selbst in schwierigen Situationen und auch ein wiederholtes Gespräch mit dem betreuenden Onkologen oftmals die gleiche Sicherheit vermitteln, die andere Patienten im Einsatz alternativer/komplementärer Verfahren suchen.

Typische alternative/komplementäre Behandlungsmethoden sind:

1. **Behandlung mit pflanzlichen Produkten (Phytotherapie)**
Relativ häufig wird Krebspatienten, z. B. von Ärzten für Naturheilverfahren oder Anthroposophen, der Einsatz von **Mistelpräparaten** empfohlen. Diese Extrakte aus dem als Schmarotzerpflanze auf verschiedenen Bäumen wachsenden Mistelstrauch werden von mehreren Herstellern angeboten und müssen in der Regel zwei bis dreimal wöchentlich unter die Haut gespritzt werden. Es wird behauptet, dass die verschiedenen Inhaltsstoffe der Mistel das Immunsystem stärken und so einen positiven Einfluss auf den Verlauf einer Krebserkrankung haben sollen. Obwohl gezeigt werden kann, dass unser **Immunsystem** auf die Gabe von Mistelspritzen reagiert (eine solche Reaktion sieht man allerdings auf alle möglichen anderen Fremdeiweiße ebenfalls), gibt es keine Beweise dafür, dass dieses einen immunstärkenden Effekt oder gar einen günstigen Einfluss auf Krebs hat. Auch die Behauptung, dass eine Chemotherapie unter gleichzeitiger Applikation von Mistelpräparaten besser vertragen wird, ist keineswegs allgemein akzeptiert.
Dennoch werden Mistelpräparate relativ häufig eingesetzt, wohl auch deshalb, weil sie wenig Schaden anrichten, zumindest solange keine Allergie gegen sie besteht. Zwar gibt es zumindest theoretische Erwägungen bei einigen Krebserkrankungen Vorsicht gegenüber der Mistel walten zu lassen (Lymphome, Leukämien, Melanome, Eierstockkrebs), doch auch

Beispiele für phytotherapeutische Präparate:

- Mistel
- Aloe Vera
- Ananas-Enzyme
- Lapacho-Tee
- Grüntee oder Grüntee-Extrakte

bei diesen Erkrankungen gibt es bisher keinen gesicherten Nachweis einer schädlichen Wirkung der Mistel.

In letzter Zeit werden auch Bestandteile der **Aloe Vera** (ein kakteenartiges Liliengewächs) als Krebsmittel angepriesen, nachdem diese Pflanze zuvor schon bei vielen anderen Erkrankungen sowie in der Kosmetikindustrie eingesetzt wurde. Wissenschaftlich bewiesen ist lediglich eine milde abführende Wirkung einzelner Inhaltsstoffe der Aloe Vera.

Auch bestimmte **Eiweiße aus Bromelien** (z.B. Ananas) werden als sogenannte **Enzymtherapie** verkauft. Diese Präparate fallen in vielen Fällen durch ihren oft unverständlich hohen Preis auf. Sie werden in Tablettenform eingenommen, so dass dadurch zumindest ihre Unschädlichkeit sicher gestellt ist. Eiweiße, also auch pflanzliche Enzyme, werden im Magen-Darm-Trakt von unseren Verdauungsenzymen sowie der Magensäure gespalten und letztendlich in ihre Bestandteile zerlegt. Diese Bestandteile sind Aminosäuren, also durchaus wertvolle Nährstoffe. Der behauptete heilsame Effekt der Pillen wird auf diese Weise allerdings völlig unglaubhaft und ist wissenschaftlich nicht belegt.

Grüntee und auch dem koffeinfreien **Lapacho-Tee** werden günstige Effekte bei Krebserkrankungen nachgesagt. Zumindest als Bestandteil einer gesunden Lebensführung kann vor allem Grüntee in der Krebsvorbeugung durchaus Sinn machen. Inwieweit sich eine bereits bestehende Krebserkrankung positiv beeinflussen lässt, ist dagegen völlig ungeklärt.

2. **Behandlung mit tierischen Produkten (Organotherapie)**

Die Behandlung von Krebserkrankungen mit pflanzlichen Präparaten (Phytotherapie) erfolgt zwar in den allermeisten Fällen auf einer wissenschaftlich nicht gesicherten Basis, ist aber zumindest in der Regel als ungefährlich einzustufen und kann in einigen Fällen durchaus zur Steigerung der Lebensqualität beitragen.

Dagegen ist die wissenschaftlich mindestens ebenso **fragwürdige Behandlung mit Tierbestandteilen oder Tierextrakten**, zumindest immer dann, wenn die Produkte nicht über den Magen-Darm-Trakt aufgenommen, sondern gespritzt werden, zusätzlich auch noch **potentiell riskant.** So können die injizierten Milz-, Leber- oder Thymuspräparate und auch die verschiedenen „Frischzellen“ nicht nur allergische Reaktionen auslösen, sondern theoretisch auch Krankheitserkeime (wie den BSE-Erreger oder Viren) übertragen.

Beispiele für Tiere und Tierorgane (Organotherapie), die als „Krebsmittel" verkauft werden:

- Thymusdrüse z.B. von Kälbern oder Schafen
- Milz z.B. von Rindern, Schweinen oder Schafen
- Leber z.B. von Rindern, Schweinen oder Schafen
- Knorpel von Haifischen oder Rindern
- Lebende Zellen von verschiedenen Tierembryonen oder Tierorganen („Frischzellen")
- Fleisch von Schildkröten (V.a. Scharnier-Schildkröten)

3. **Behandlung mit Nahrungsergänzungsmitteln**

Nahrungsergänzungsmittel sind in angemessenen Dosierungen unschäd-

Zu den Nahrungsergänzungsmittel gehören zum Beispiel:

- Vitamine
- Mineralstoffe
- Spurenelemente
- Aminosäuren
- Fettsäuren
- Mikronährstoffe

lich und können in einigen Situationen sogar sinnvoll und hilfreich sein. Krebspatienten verwenden am häufigsten die **Vitamine A, C und E sowie die Spurenelemente Zink und Selen**. Eine ausreichende Zufuhr dieser Stoffe über eine ausgewogene und gesunde Ernährung ist der Tablettengabe zwar vorzuziehen, doch insbesondere bei Krebserkrankungen ist diese nicht immer gewährleistet. Im Kapitel 6.2 wird auf die Bedeutung von Ernährung und Nahrungsergänzungsmitteln näher eingegangen.

4. Sonstige Behandlungsmethoden

Die **Homöopathie** geht davon aus, dass Substanzen, die uns in hohen Dosen krank machen, in sehr geringen Dosen Krankheiten heilen können. Dabei werden sogar so hohe Verdünnungen einzelner Ausgangsstoffe verwendet, in denen kein Molekül der angeblichen Wirksubstanz mehr enthalten ist. In solchen Fällen soll deren, durch die Art der Zubereitung im Lösungsmittel verbliebene Energie heilsam wirken.

Beispiele für sonstige alternative/komplementäre Behandlungsmethoden:

- Homöopathie
- Aromatherapie
- Ayurveda (Traditionelle indische Medizin)
- TCM (Traditionelle chinesische Medizin)
- Eigenblutbehandlung
- Eigenzytokintherapie
- Kristalltherapie
- Sauerstoffmehrschritt-Therapie
- Ozontherapie
- Geistheilungen

Die **Aromatherapie** kann über die Stimulation des Geruchsinnes ohne Zweifel auch bei Krebspatienten einen Beitrag zur Verbesserung der Lebensqualität leisten. Auch **Ayurveda und TCM** können als ergänzende Maßnahmen durchaus das Wohlbefinden durch den Einsatz verschiedenster Entspannungstechniken fördern (Bäder, Öle, etc.). Einige andere Elemente insbesondere der traditionellen chinesischen Medizin sind dagegen wissenschaftlich nicht haltbar und für rational denkende Menschen kaum nachzuvollziehen. Alle anderen hier erwähnten Therapieformen sind in ihrer Wirksamkeit nicht nur umstritten, sondern zum Teil eindeutig widerlegt.

Im allgemeinen kann man aus wissenschaftlicher Sicht zu keiner der oben aufgeführten Formen der alternativen/komplementären Behandlungsmethoden als Bestandteil einer Krebstherapie raten.

Sollten sie sich jedoch aus ihrer eigenen Überzeugung heraus für eine zusätzliche Behandlung mit alternativen/komplementären Verfahren entschließen, sollten sie unbedingt folgendes beachten:

Besprechen sie ihre Absicht vor Behandlungsbeginn mit ihrem Onkologen!

Meiden sie alle potentiell schädlichen oder überteuerten Präparate!

Relativ unproblematisch sind Phytotherapie, Nahrungsergänzung, Aromatherapie, Ayurveda und Homöopathie!

Geschäfte mit der Krankheit und dem Leid

Geschäfte zu machen und Geld zu verdienen ist an sich nichts anrüchiges und rechtfertigt im allgemeinen keine Kritik. Wir alle müssen unseren Lebensunterhalt Tag für Tag verdienen, was vor allem in letzter Zeit für die meisten Menschen alles andere als einfach ist. Frag- und kritikwürdig wird es allerdings immer dann, wenn findige und skrupellose Mitmenschen die Notlage anderer lediglich zur Befriedigung ihrer eigenen **Profitsucht** ausnutzen. Und eine Krebserkrankung ist nun einmal unzweifelhaft eine solche Notlage.

Viele Patienten mit unheilbaren Erkrankungen sind bereit, vielversprechende Therapien auch selber zu bezahlen. Wo aber Geld zur Verfügung steht, finden sich immer auch Menschen, die nichts unversucht lassen, um an dieses Geld heran zu kommen. So werden die verschiedensten Präparate und Methoden mit vollmundigen Versprechen angepriesen und Hoffnungen durch Berichte von angeblichen Besserungen und sogar Heilungen geschürt. Es werden große Zahlen von Patienten genannt, denen man helfen konnte, obwohl die „Schulmedizin“ sie bereits aufgegeben hatte. Oft fehlt dabei auch nicht der Hinweis, dass man gerade an einer Veröffentlichung dieser bahnbrechenden Ergebnisse in einer renommierten wissenschaftlichen Zeitschrift arbeite. Da man jedoch so viele Anfragen von hilfesuchenden Menschen erhalten habe, um die man sich kümmern muss, sei es, wie sicher jeder verstehen wird, bisher noch nicht möglich gewesen, die guten Behandlungserfolge (außer in einem **Hochglanzprospekt**) der Öffentlichkeit zu präsentieren.

Ebenfalls eine beliebte und recht verbreitete Methode, mit Krebspatienten Geld zu verdienen, ist der Hinweis, dass ein angepriesenes Mittel die **körpereigene Abwehr** in die Lage versetze, endlich selbst mit der Krankheit fertig zu werden. Zwar steht außer Frage, dass wir durch immunologische Methoden verschiedene Krebserkrankungen beeinflussen können, doch sollte eine solche Therapie (wie auch jede andere) immer erst in wissenschaftlichen Studien überprüft werden, bevor sie unkontrolliert zum Einsatz kommt. Im Rahmen einer ordentlichen Studie aber ist derjenige, der das Medikament oder die Methode entwickelt hat und verbreiten möchte, verpflichtet, es nach ausführlicher Aufklärung dem Patienten **kostenfrei** zur Verfügung zu stellen! Bewährt sich das Mittel dann in dieser Prüfung, so wird es anschließend nach arzneimittelrechtlicher Zulassung in das Behandlungsrepertoire aller seriösen Onkologen aufgenommen und zudem auch von den Krankenkassen bezahlt.

Seien sie also immer dann besonders vorsichtig, wenn eine nicht zugelassene Behandlung ihnen nicht kostenfrei, sondern zu einem in der Regel ganz erheblichen Preis angeboten wird.

Grundsätzlich sollten sie alle Methoden und Medikamente, die ihre Krankenkasse nicht bezahlt und die ihnen nicht von ihrem Onkologen empfohlen wurden, kritisch hinterfragen.

Bedenken sie, dass sie solche Produkte nicht nur im ambulanten Bereich, sondern zum Teil sogar in Krankenhäusern oder Reha-Kliniken angeboten bekommen, was sie nicht unbedingt besser macht.

Andererseits ist nicht alles, was außerhalb der wissenschaftlich begründeten Medizin empfohlen wird, unbedingt schlecht und nicht alles ist reine Geschäftemacherei, doch je teurer die angebotenen Produkte sind, umso skeptischer sollten sie sein. Besprechen sie die Dinge, die ihnen an zusätzlichen Behandlungen angeraten werden, zunächst mit ihrem Onkologen, bevor sie viel Geld ausgeben. Ihr Onkologe wird ihnen offen und ehrlich seine Meinung sagen und ihnen, soweit möglich und erforderlich, sinnvolle Alternativen nennen. Entscheiden müssen jedoch letztendlich sie selbst. Haben sie umgekehrt aber auch keine Angst davor, dass ihr Onkologe sie nicht mehr betreuen wird, sollten sie sich einmal gegen seinen Rat entscheiden. Er wird das selbstverständlich auch weiterhin tun, **denn es geht um ihre Lebensqualität**!

Wichtige Adressen

Selbsthilfegruppen

Eine vollständige Angabe aller Krebsselbsthilfegruppen in Deutschland würde die Möglichkeiten dieses Ratgebers weit übersteigen. Ende September 2003 enthielt die Datenbank des „Onkologischen Forums“ 2631 Einträge zu Selbsthilfegruppen und Hospizvereinen. Diese Liste erhebt nicht einmal Anspruch auf Vollständigkeit!
Wir haben uns deshalb entschlossen, an dieser Stelle lediglich die uns bekannten, bundesweit arbeitenden „Dachverbände“ der Selbsthilfegruppen aufzunehmen. Diese Liste wurde uns freundlicher Weise vom „Onkologischen Forum“ zur Verfügung gestellt.

Arbeitskreis der Pankreatektomierten e.V.

Adresse: Krefelder Straße 3
41539 Dormagen
Telefon: 02133 / 42329
Telefax: 02133 / 42691
Homepage: http://www.adp-dormagen.de

Bundesverband Prostatakrebs Selbsthilfe e.V.

Adresse: Alte Straße 4
30989 Gehrden
Telefon: 05108 / 926646
Telefax: 05108 / 926647
Homepage: http://www.prostatakrebs-bps.de

Bundesverband der Kehlkopflosen e.V.

Adresse: Annaberger Straße 231
09120 Chemnitz
Telefon: 0371 / 221118
Telefax: 0371 / 221125
Homepage: http://www.kehlkopflosenbundesverband.de

Deutsche ILCO e.V.

(Selbsthilfeverband für Menschen mit künstlichem Darmausgang)
Adresse: Landshuter Straße 30
85356 Freising
Telefon: 08161 / 934301
Telefax: 08161 / 934304
Homepage: http://www.ilco.de

Deutsche Leukämie und Lymphomhilfe e.V.

Adresse: DLH e.V.
Thomas-Mann-Straße 40
53111 Bonn
Telefon: 0228 / 390440
Telefax: 0228 / 3904422
Homepage: http://www.leukaemie-hilfe.de

Deutsche Schmerzhilfe e.V.

Adresse: Sietwende 20
21720 Grünendeich
Telefon: 04142 / 810434
Telefax: 04142 / 810435
Homepage: http://www.schmerzhilfe.de

Deutsche Kinderkrebsstiftung

und

Deutsche Leukämie-Forschungshilfe (DLFH)
Aktion für krebskranke Kinder e.V.

(die DLFH ist ein Projekt der Kinderkrebsstiftung)
Adresse: Joachimstraße 20
53113 Bonn
Telefon: 0228 / 9139430
Telefax: 0228 / 9139433
Homepage: http://www.kinderkrebsstiftung.de

Frauenselbsthilfe nach Krebs e.V.

Adresse:	B6, 10-11 68159 Mannheim
Telefon:	0621 / 24434
Telefax:	0621 / 154877
Homepage:	http://www.frauenselbsthilfe.de

MAMAZONE e.V.

Adresse:	Max-Hempel-Straße 3 86063 Augsburg
Telefon:	0821 / 5213144
Telefax:	0821 / 5213143
Homepage:	http://www.mamazone.de

Nationale Kontakt- und Informationsstelle zur Anregung und Unterstützung von Selbsthilfegruppen

Adresse:	NAKOS Wilmersdorfer Straße 39 10627 Berlin
Telefon:	030 / 31018960
Telefax:	030 / 31018970
Homepage:	http://www.nakos.de

Selbsthilfe-Vereinigung zur Unterstützung erwachsener Leukämie und Lymphom Patienten e.V.

Adresse:	S.E.L.P. e.V. Herrenstraße 34 48167 Münster
Telefon:	02506 / 6768
Telefax:	02506 / 85559
Homepage:	http://www.selp.de

Niedergelassene Onkologen

Es kursieren unterschiedliche Listen niedergelassener Onkologen sowohl im Internet als auch in Form verschiedener gedruckter Broschüren. Keine dieser Listen ist vollständig und bei vielen ist zudem nicht gewährleistet, dass die angegeben Ärzte tatsächlich schwerpunktmäßig onkologisch tätig sind. Wir haben uns deshalb entschlossen, hier die Liste des „Berufsverbandes der niedergelassenen Hämatologen und Internistischen Onkologen in Deutschland e.V." (BNHO) abzudrucken. Diese enthält zwar ebenfalls nicht alle niedergelassenen Onkologen, gewährleistet aber zumindest, dass der Tätigkeitsschwerpunkt der aufgeführten Ärzte im Bereich der Krebsmedizin liegt! Nicht alle Mitglieder des BNHO führen zudem die Zusatzbezeichnung „Hämatologie und Internistische Onkologie", der Berufsverband achtet aber auf eine vergleichbare Qualifikation bei Aufnahme dieser Mitglieder. Wir danken dem BNHO für die Überlassung dieser Adressen.

Die Liste ist aufsteigend nach Postleitzahlen sortiert.

Praxis:	Dipl.-Med. S. Dörfel, Dr. T. Göhler
Adresse:	Leipziger Straße 120 01127 Dresden
Telefon:	0351 / 4895071

Praxis:	Dr. M. Mölle
Adresse:	Altstrehlen 3 01219 Dresden
Telefon:	0651 / 4721374

Praxis:	Dipl.-Med. A. Freidt, PD Dr. H. Wolf
Adresse:	Blumenstraße 70 01307 Dresden
Telefon:	0351 / 4419725

Praxis:	Dr. K.-U. Däßler
Adresse:	Krönerstraße 20 01705 Freital
Telefon:	0351 / 4760203

Praxis:	Dr. R. Dwordzanski
Adresse:	Molchgrund 37 01762 Schmiedeberg/Erzgebirge
Telefon:	035052 / 65308

Praxis:	Dr. J. Papke
Adresse:	Rosa-Luxemburg-Straße 6 01844 Neustadt
Telefon:	03596 / 58530

Praxis:	Dr. K. Werner
Adresse:	Taucherstasse 26 02625 Bautzen
Telefon:	03591 / 40424

Praxis:	Dr. M. Schulze
Adresse:	Görlitzer Straße 10a 02763 Zittau
Telefon:	03583 / 696554

Praxis:	Dipl.-Med. N. Dobberstein
Adresse:	Maria-Grollmuß-Straße 10 02977 Hoyerswerder
Telefon:	03571 / 924009

Praxis:	Dr. U. von Grünhagen
Adresse:	Bahnhofstraße 63 03046 Cottbus
Telefon:	0355 / 797170

Praxis:	Dr. F. A. Hoffmann
Adresse:	Rosa-Luxemburgstraße 18 04103 Leipzig
Telefon:	0341 / 6880210

Praxis:	Dr. B. Peuser
Adresse:	Georg-Schwarz-Straße 53 04179 Leipzig
Telefon:	0341 / 4420740

Praxis:	Dr. E.-M. Schwabe
Adresse:	Lütznerstraße 164 04179 Leipzig
Telefon:	0341 / 4772310

Praxis:	Dr. A. Aldaoud, Dr. A. Schwarzer
Adresse:	Strümpellstraße 41 04289 Leipzig
Telefon:	0341 / 9616126

Praxis:	Dr. E. Schwittay
Adresse:	August-Bebel-Straße 51 04571 Rötha
Telefon:	034206 / 2485

Praxis:	Dr. J. Uhlig
Adresse:	Leipziger Straße 9 04683 Naunhof
Telefon:	034293 / 29405

Praxis:	Dr. B. Waberzeck
Adresse:	Franz-Mehring-Straße 7 04746 Hartha
Telefon:	034328 / 41326

Praxis:	Dr. R. Behrens
Adresse:	Kleine Markt Straße 3 06108 Halle
Telefon:	0345 / 299760

Praxis:	Dr. C. Spohn
Adresse:	Ludwig-Wucherer-Straße 10 06108 Halle
Telefon:	0345 / 2900306

Praxis:	Dr. M. Schmidt, Dr. H.-J. Hurtz, PD Dr. R. Rohrberg
Adresse:	Niemeyerstraße 23 06110 Halle
Telefon:	0345 / 219853

Praxis:	Dr. S. Gerhardt
Adresse:	Wiesenstraße 22 07548 Gera
Telefon:	0365 / 824180

Praxis:	PD Dr. K. Ruffert
Adresse:	Ernst-Abbe-Straße 15 07743 Jena
Telefon:	03641 / 425084

Praxis:	Dr. S. Hahnfeld
Adresse:	Lassallestraße 8 07743 Jena
Telefon:	03641 / 56246

Praxis:	Dipl.-Med. M.-L- Müller
Adresse:	Am Kurpark 11 08301 Schlema
Telefon:	03772 / 381933

Praxis:	Dipl.-Med. M. Egert
Adresse:	Rathausstraße 1c 08412 Werdau / Leubnitz
Telefon:	03761 / 183640

Praxis:	Dipl.-Med. L. Renziehausen
Adresse:	Bahnhofstraße 52 09111 Chemnitz
Telefon:	0371 / 381220

Praxis:	Dr. M. Grundeis
Adresse:	Stollberger Straße 131 09119 Chemnitz
Telefon:	0371 / 225124

Praxis:	Dr. C. Diener
Adresse:	Lugauer Straße 1 09376 Oelsnitz / Erzgebirge
Telefon:	037298 / 12546

Praxis:	Dr. C. Sperling
Adresse:	Friedrichstraße 113a 10117 Berlin
Telefon:	030 / 28041960

Praxis:	Dr. H. Matthes
Adresse:	Rummelsburger Straße 13 10315 Berlin
Telefon:	030 / 51065281

Praxis:	Dr. S. Nawka
Adresse:	Wotanstraße 16 10365 Berlin
Telefon:	030 / 5519510

Praxis:	Dr. H. Lenk
Adresse:	Ostseestraße 107 10409 Berlin
Telefon:	030 / 42858143

Praxis:	Dipl.-Med. N. Wiener
Adresse:	Ostseestraße 107 10409 Berlin
Telefon:	030 / 4458201

Praxis:	Dr. D. Kingreen, Dr. A. Koschuth
Adresse:	Rathenowstraße 5 10559 Berlin
Telefon:	030 / 3942003

Praxis:	Dr. B.-R. Suchy
Adresse:	Johann-Georg-Straße 3 10709 Berlin
Telefon:	030 / 4535053

Praxis:	Dr. I. Schwaner
Adresse:	Kurfürstendamm 96 10709 Berlin
Telefon:	030 / 3275755

Praxis:	Dr. C. Schelenz
Adresse:	Mehringplatz 11 10969 Berlin
Telefon:	030 / 2511098

Praxis:	Dr. F. Ludwig, Dr. K. Ulbrich
Adresse:	Ringbahnstraße 76 - 80 12103 Berlin
Telefon:	030 / 75704720

Praxis:	Dr. U.-M. Schmidt, Dr. J. Schneider-Obermeyer
Adresse:	Hellerdorferstasse 237 12672 Berlin
Telefon:	030 / 9929550

Praxis:	Dr. F. Strohbach
Adresse:	Seestraße 64 13347 Berlin
Telefon:	030 / 4550950

Praxis:	Dr. J. Reichert
Adresse:	Müllerstraße 51 13349 Berlin
Telefon:	030 / 4535053

Praxis:	Dr. I. Blau, Dr. H. Ihle
Adresse:	Badstraße 57 13357 Berlin
Telefon:	030 / 4614857

Praxis:	Dr. B. Mohr
Adresse:	Breite Straße 52/53 13597 Berlin
Telefon:	030 / 35303366

Praxis:	Dr. H. Seibt-Jung
Adresse:	Reichstraße 103 14052 Berlin
Telefon:	030 / 3069890

Praxis:	Dr. C. Keitel-Wittig, Dr. A. Kirsch, Dr. J. Herrenberger
Adresse:	Clayallee 225a 14169 Berlin
Telefon:	030 / 8116060

Praxis:	Dr. G. Günther, Dr. A. Sauer
Adresse:	Kurfürstenstraße 20 14467 Potsdam
Telefon:	0331 / 2803935

Praxis:	Dr. C. Saati
Adresse:	Hochstraße 29 14770 Brandenburg
Telefon:	03381 / 411220

Praxis:	Dr. B. Meyer
Adresse:	Lange Reihe 89a 17489 Greifswald
Telefon:	03834 / 509308

Praxis:	Dr. M. Kairies
Adresse:	Markt 3 17489 Greifswald
Telefon:	03834 / 799062

Praxis:	Dr. V. Lakner
Adresse:	Wismarsche Straße 32 18057 Rostock
Telefon:	0381 / 4997999

Praxis:	Dr. H. Eschenburg
Adresse:	Am Wall 1 18273 Güstrow
Telefon:	03843 / 681052

Praxis:	Dr. T. Bock
Adresse:	Bahnstraße 108 19322 Wittenberge
Telefon:	03877 / 68666

Praxis:	Dr. K. Verpoort, Dr. W. Zeller
Adresse:	Ballindamm 3 20095 Hamburg
Telefon:	040 / 324343

Praxis:	Dr. I. von Graefe
Adresse:	Speersport 8 20095 Hamburg
Telefon:	040 / 335560

Praxis:	Dr. T. A. Walter
Adresse:	Rothenbaumchaussee 26 20148 Hamburg
Telefon:	040 / 41468484

Praxis:	Dr. M. Begemann
Adresse:	Eppendorfer Landstraße 42 20249 Hamburg
Telefon:	040 / 4602001

Praxis:	Dr. B. Goldmann
Adresse:	Schießgrabenstraße 5 21335 Lüneburg
Telefon:	04131 / 855688

Praxis:	Dr. M. Mucha, Dr. S. Vintila
Adresse:	Hamburger Straße 70a 21493 Schwarzenbek
Telefon:	04151 / 2330

Praxis:	Dr. A. Scherpe
Adresse:	Harsefelder Straße 8 21680 Stade
Telefon:	04141 / 604100

Praxis:	Dr. H. Horst, Dr. B. Luhn, Dr. A. Mohr, Dr. W. Weber, Dr. K. Becker
Adresse:	Lerchenfeld 14 22081 Hamburg
Telefon:	040 / 2271800

Praxis:	Dr. T. Langenbuch
Adresse:	Haselkamp 33 22359 Hamburg
Telefon:	040 / 64533900

Praxis:	Dr. M. Bertram
Adresse:	Pinneberger Straße 25 22457 Hamburg
Telefon:	040 / 5935340

Praxis:	Dr. S. Müller-Hagen
Adresse:	Pinneberger Straße 25 22457 Hamburg
Telefon:	040 / 55505888

Praxis:	Prof. Dr. U. R. Kleeberg, Dr. E. Engel, Dr. L. Reichel
Adresse:	Max Brauer Allee 52, 22765 Hamburg
Telefon:	040 / 3802120

Praxis:	Dr. R. Hoffmann, Dr. J. Heßling
Adresse:	Langenharmerweg 19 22844 Norderstedt
Telefon:	040 / 5265060

Praxis:	Dr. Y. Rodemer
Adresse:	Preußenstraße 46a 23388 Wilhelmshaven
Telefon:	04421 / 51240

Praxis:	Dr. D. Uthgenannt
Adresse:	Osterweide 10 23562 Lübeck
Telefon:	0451 / 5021000

Praxis:	Dr. L. Plaumann
Adresse:	Ringstraße 13 24114 Kiel
Telefon:	0431 / 677060

Praxis:	Dr. G. Baake
Adresse:	Fahltskamp 74 25421 Pinneberg
Telefon:	04101 / 217140

Praxis:	Dr. B. Otremba, Dr. H. F. Hinrichs
Adresse:	Auguststraße 22 26121 Oldenburg
Telefon:	0441 / 9736229

Praxis:	Dr. L. Müller
Adresse:	Annenstraße 11 26789 Leer
Telefon:	0491 / 987910

Praxis:	Dr. F. Müller
Adresse:	Anita August Platz 14 27285 Verden
Telefon:	04231 / 932549

Praxis:	Dr. H.-J. Igelmann
Adresse:	Parkallee 41-45 28203 Bremen
Telefon:	0421 / 320464

Praxis:	Dr. G. Doering
Adresse:	Bismarckstraße 430 28205 Bremen
Telefon:	0421 / 4985058

Praxis:	Dr. R. Weiß
Adresse:	Kirchbachstraße 110 28211 Bremen
Telefon:	0421 / 792980

Praxis:	Dr. F. Marquard
Adresse:	Neumarkt 1d 29221 Celle
Telefon:	05141 / 951616

Praxis:	PD Dr. P. von Wussow
Adresse:	Georgstraße 46 30159 Hannover
Telefon:	0511 / 3069998

Praxis:	Dr. R. Mao
Adresse:	Raschplatz 5 30161 Hannover
Telefon:	0511 / 311660

Praxis:	Dr. J. Wysk, Dr. B. Gaede, Dr. H. U. Ehlers
Adresse:	Calenberger Esplanade 1 30169 Hannover
Telefon:	0511 / 302650

Praxis:	Dr. F. Winkler
Adresse:	Necomcenter, Würzburger Straße 13 30880 Laatzen
Telefon:	0511 / 9822454

Praxis:	Dr. W. Freier
Adresse:	Bernwardstraße 6 31134 Hildesheim
Telefon:	05121 / 516950

Praxis:	Dr. H. Hülsheger
Adresse:	Schwarzer Weg 1 31224 Peine
Telefon:	05171 / 76730

Praxis:	Dr. B. Tschechne, Dr. S. Luft
Adresse:	Iltener Straße 46 31275 Lehrte
Telefon:	05132 / 83330

Praxis:	Dr. S. Trapp-Dammaschke 12
Adresse:	Wettorstraße 31785 Hameln
Telefon:	05151 / 41694

Praxis:	Dr. R. Weinert
Adresse:	Grabenstraße 12 32105 Bad Salzuflen
Telefon:	05222 / 58502

Praxis:	Dr. C. Kreisel-Büstgens, Dr. M. Becker
Adresse:	Königstraße 69 32427 Minden
Telefon:	0571 / 29222

Praxis:	Dr. P. Harms
Adresse:	Brucher Straße 17 32545 Oeynhausen
Telefon:	05731 / 790210

Praxis:	Dr. F. Kleinsorge
Adresse:	Lemgoerstraße 2 32756 Detmold
Telefon:	05231 / 21238

Praxis:	Dr. F. Hegemann, Dr. W. Pape
Adresse:	Westernstraße 7 33098 Paderborn
Telefon:	05251 / 18800

Praxis:	Dr. M. Walter
Adresse:	Detmolder Straße 8 33102 Paderborn
Telefon:	05251 / 55900

Praxis:	Dr. S. Rösel
Adresse:	Reckenberger Straße 19 33332 Gütersloh
Telefon:	05241 / 832170

Praxis:	Dr. E. Schäfer, Dr. M. Just
Adresse:	Welle 20 33602 Bielefeld
Telefon:	0521 / 137930

Praxis:	Dr. S. Siehl, Dr. U. Söling
Adresse:	Jordanstraße 6 34117 Kassel
Telefon:	0561 / 7393372

Praxis:	Dr. J. Stahl
Adresse:	Gustav-Görner-Allee 2 34537 Bad Wildungen
Telefon:	05621 / 1041

Praxis:	Dr. W. Weber
Adresse:	Melsunger Straße 11 34616 Homburg/Efze
Telefon:	05681 / 989480

Praxis:	PD Dr. A. Käbisch, Dr. G. C. Schliesser
Adresse:	Wingertshecke 6 35392 Gießen
Telefon:	0641 / 9203190

Praxis:	Dr. D. Meyer, Dr. A. Ammon
Adresse:	Nikolausberger Weg 36 37073 Göttingen
Telefon:	0551 / 485925

Praxis:	Dr. S. Detken
Adresse:	Sturmbäume 8-10 37145 Northeim
Telefon:	05551 / 914190

Praxis:	Dr. M. Adler, Dr. O. Marschal
Adresse:	Auguststraße 21 38100 Braunschweig
Telefon:	0531 / 2406640

Praxis:	Dr. J. Brock
Adresse:	Lange Straße 3 38100 Braunschweig
Telefon:	0531 / 14751

Praxis:	Dr. K. Heine
Adresse:	Kaufhofpassage 5-7 38440 Wolfsburg
Telefon:	05361 / 881515

Praxis:	Dr. H. W. Tessen
Adresse:	Köslinerstraße 10b 38642 Goslar
Telefon:	05321 / 686102

Praxis:	Dr. H. Kröning, Dr. G. Müller, Dr. R. Uhle
Adresse:	Hasselbachplatz 2 39104 Magdeburg
Telefon:	0391 / 5616568

Praxis:	Dr. R. Machura
Adresse:	Dr.-Lohmeyer-Straße 13 39218 Schönebeck
Telefon:	03928 / 65746

Praxis:	Dr. M.-L. Plingen
Adresse:	Jacobistraße 3-5 40211 Düsseldorf
Telefon:	0211 / 5560128

Praxis:	Prof. Dr. R. Ihle
Adresse:	Schadowstraße 80 40212 Düsseldorf
Telefon:	0211 / 9357000

Praxis:	Dr. G. Schmutz
Adresse:	Grafenberger Allee 128a 40237 Düsseldorf
Telefon:	0211 / 2395520

Praxis:	Dr. A. Tsamaloukas
Adresse:	Schulstraße 16-18 40721 Hilden
Telefon:	02103 / 95720

Praxis:	Dr. M. Kurnoth
Adresse:	Dömgesstraße 1b 41238 Mönchengladbach
Telefon:	02166 / 88880

Praxis:	Dr. U. Grabenhorst
Adresse:	Wildstraße 11 41239 Mönchengladbach
Telefon:	02166 / 934360

Praxis:	Dr. C. Losem, Dr. D. Plewe
Adresse:	Hammerlandstraße 1a 41460 Neuss
Telefon:	02131 / 101206

Praxis:	Dr. W. W. Reiter
Adresse:	Willy-Brand-Ring 33 41747 Viersen
Telefon:	02162 / 106100

Praxis:	Dr. R. Janz
Adresse:	Aachener Straße 75 41812 Erkelenz
Telefon:	02431 / 806047

Praxis:	Dr. W. Fett
Adresse:	Bergstraße 5-11 42105 Wuppertal
Telefon:	0202 / 449232

Praxis:	Dr. N. Kalhori
Adresse:	Friedrichstraße 311 42551 Velbert
Telefon:	02051 / 312511

Praxis:	Dr. T. Hohagen
Adresse:	Bergstraße 24 42651 Solingen
Telefon:	0212 / 2241196

Praxis:	Dr. M. Klee, Dr. J. Kohnke
Adresse:	Rosenhügelerstraße 4a 42859 Remscheid
Telefon:	02191 / 5926337

Praxis:	PD Dr. B. Lathan, Dr. J. Lipke
Adresse:	Westenhellweg 95-101 44137 Dortmund
Telefon:	0231 / 9140920

Praxis:	Dr. L. Hahn
Adresse:	Dornstraße 11 44629 Herne
Telefon:	02323 / 17990

Praxis:	Dr. U. Bückner
Adresse:	Kurt-Schumacher-Platz 4 44787 Bochum
Telefon:	0234 / 9620390

Praxis:	Dr. U. Enser-Weis
Adresse:	Brückstraße 48 44787 Bochum
Telefon:	0234 / 588310

Praxis:	Dr. R. Rudolph
Adresse:	Kettwigerstraße 64 45127 Essen
Telefon:	0201 / 223638

Praxis:	Dr. B. Schramm-Groß
Adresse:	Gelsenkirchener Straße 2 45141 Essen
Telefon:	0201 / 211208

Praxis:	Dr. J. Schröder
Adresse:	Aktienstraße 277 45473 Mühlheim a.d.R.
Telefon:	0208 / 76981

Praxis:	Dr. F. Overkamp, Dr. L. Heflik
Adresse:	Springstraße 24 45657 Recklinghausen
Telefon:	02361 / 24202

Praxis:	Dr. C. Schardt
Adresse:	Bahnhofstraße 19 45879 Gelsenkirchen
Telefon:	0209 / 1479870

Praxis:	Dr. D. Pott
Adresse:	Neustraße 17a 46236 Bottrop
Telefon:	02041 / 709590

Praxis:	Dr. R. Kellner
Adresse:	Probst-Sievert-Weg 9 46325 Borken
Telefon:	02861 / 974480

Praxis:	Dr. C. Schadeck-Gressel
Adresse:	Victoriastraße 9 46483 Wesel
Telefon:	0281 / 3008830

Praxis:	Dr. M. Schaefers
Adresse:	Mercatorstraße 58 47051 Duisburg
Telefon:	0203 / 284177

Praxis:	Dr. J. Selbach
Adresse:	Schreckerstraße 16 47166 Duisburg
Telefon:	0203 / 555950

Praxis:	Dr. J. Wiegand
Adresse:	Wilhelm-Schröder-Straße 7 47441 Moers
Telefon:	02841 / 921660

Praxis:	Dr. M. Neise
Adresse:	Marktstraße 186 47798 Krefeld
Telefon:	02151 / 978673

Praxis:	Dr. R. Kriebel-Schmitt, Dr. V. Burstedde
Adresse:	Hohenzollernring 37 48145 Münster
Telefon:	0251 / 35021

Praxis:	Dr. K. Kratz-Albers, Dr. C. Lerchenmüller, Dr. J. Wehmeyer
Adresse:	Sentmaringer Weg 55 48151 Münster
Telefon:	0251 / 620080

Praxis:	Dr. M. Glados
Adresse:	Südring 15 48653 Coesfeld
Telefon:	02541 / 971893

Praxis:	Dr. L. Domagalski
Adresse:	Moeserstraße 52-54 49074 Osnabrück
Telefon:	0541 / 29555

Praxis:	Dr. F. Breuer
Adresse:	Hauptstraße 1-7 50226 Frechen
Telefon:	02234 / 14020

Praxis:	Dr. I. Katay
Adresse:	Richard-Wagner-Straße 13-17 50674 Köln
Telefon:	0221 / 9233910

Praxis:	PD Dr. R. Zankovich
Adresse:	Josef-Haubrich-Hof 5 50676 Köln
Telefon:	0221 / 2037120

Praxis:	PD Dr. S. Schmitz, Dr. H. T. Steinmetz
Adresse:	Sachsenring 69 50677 Köln
Telefon:	0221 / 9318220

Praxis:	Dr. G.-R. Farrokh
Adresse:	Ludwig-Erhardt-Platz 1 51373 Leverkusen
Telefon:	0214 / 3107474

Praxis:	Dr. L. Habets
Adresse:	Blondelstraße 9 52062 Aachen
Telefon:	0241 / 470970

Praxis:	Dr. D. Tummes, Dr. R. Weinberg
Adresse:	Adalbertsteinweg 12 52070 Aachen
Telefon:	0241 / 500051

Praxis:	Dr. C. Maintz
Adresse:	Mauerfeldchen 72 52146 Würselen
Telefon:	02405 / 421422

Praxis:	Dr. K. Grips
Adresse:	Römerstraße 118 53117 Bonn
Telefon:	0228 / 673800

Praxis:	PD Dr. H. Vaupel
Adresse:	Spessartstraße 9 53119 Bonn
Telefon:	0228 / 9081900

Praxis:	Dr. M. Esser
Adresse:	Europaring 42 53123 Bonn
Telefon:	0228 / 644546

Praxis:	Dr. P. F. Schwindt
Adresse:	Herzogsfreudenweg 3a 53125 Bonn
Telefon:	0228 / 254745

Praxis:	Dr. F.-J. Heidgen, Dr. I. Hasan
Adresse:	Humperdinckstraße 10-12 53721 Siegburg
Telefon:	02241 / 59540

Praxis:	Dr. H. Forstbauer
Adresse:	Schlossstrasse 18 53840 Troisdorf
Telefon:	02241 / 975422

Praxis:	Dr. M. Grundheber
Adresse:	Friedrich-Wilhelm-Straße 23 54290 Trier
Telefon:	0651 / 47479

Praxis:	Dr. B. Rendenbach, Dr. H. Laubenstein
Adresse:	Kutzbachstraße 7 54290 Trier
Telefon:	0651 / 49392

Praxis:	Dr. O. Klein
Adresse:	Hauptstraße 99 55246 Mainz-Kostheim
Telefon:	06134 / 3535

Praxis:	Dr. K. Majer
Adresse:	Kapuzinerstraße 15 55411 Bingen
Telefon:	06721 / 16398

Praxis:	Dr. G. Hermesdorf
Adresse:	Bahnhofstraße 37 56068 Koblenz
Telefon:	0261 / 34876

Praxis:	PD Dr. H. Köppler, PD Dr. R. Weide, Dr. J. Heymanns, Dr. J. Thomalla
Adresse:	Nevers-Straße 5 56068 Koblenz
Telefon:	0261 / 304930

Praxis:	Dr. M. Hoffknecht
Adresse:	Südring 8 56428 Dernbach
Telefon:	02602 / 1065882

Praxis:	Dr. M. Maasberg
Adresse:	Siegfriedstraße 20 56727 Mayen
Telefon:	02651 / 905018

Praxis:	Dr. E.-U. Müller
Adresse:	Elberfelder Straße 20 58095 Hagen
Telefon:	02331 / 90150

Praxis:	Dr. J. Gutsch
Adresse:	Wittener Straße 41 58285 Gevelsberg
Telefon:	02332 / 3990

Praxis:	Dr. D. Kämpfe
Adresse:	Rathausplatz 3-7 58507 Lüdenscheid
Telefon:	02351 / 6643640

Praxis:	Dr. B. Bechtel, Dr. H. Weischer
Adresse:	Knappenstraße 19a 59071 Hamm
Telefon:	02381 / 374444

Praxis:	Dr. E. Böcher
Adresse:	Im Stiftsfeld 1 59494 Soest
Telefon:	02921 / 3610034

Praxis:	Prof. Dr. M. Fischer, Prof. Dr. H. Tesch, PD Dr. R. Grunewald, Dr. T. Klippstein
Adresse:	Im Prüfling 17-19 60389 Frankfurt/Main
Telefon:	069 / 451080

Praxis:	Dr. H.-J. Cordes
Adresse:	Stresemannallee 3 60596 Frankfurt/Main
Telefon:	069 / 695930

Praxis:	Dr. E.-B. Rohwedder
Adresse:	Dietigheimer-Straße 21 61350 Bad Homburg
Telefon:	06172 / 21345

Praxis:	Dr. H. P. Böck
Adresse:	Marktplatz 11 63065 Offenbach
Telefon:	069 / 812626

Praxis:	Dr. G. Lautenschläger
Adresse:	Krämerstraße 22a 63450 Hanau
Telefon:	06181 / 255535

Praxis:	Dr. M. Klausmann, Dr. M. Welslau
Adresse:	Weissenburger Straße 30 63739 Aschaffenburg
Telefon:	06021 / 34270

Praxis:	Dr. G. Kojouharoff
Adresse:	Eschollbrücker Straße 26 64295 Darmstadt
Telefon:	06151 / 3018030

Praxis:	Dr. M. Klein
Adresse:	Dotzheimer Straße 20 65185 Wiesbaden
Telefon:	0611 / 39493

Praxis:	Dr. K. M. Josten
Adresse:	Aukammallee 33 65191 Wiesbaden
Telefon:	0611 / 577474

Praxis:	Dr. M. Baldus
Adresse:	August Bebel Straße 52 65428 Rüsselsheim
Telefon:	06142 / 94030

Praxis:	Dr. O. Burkhard, Dr. B. Reimann
Adresse:	Martingasse 1 65747 Worms
Telefon:	06241 / 6606

Praxis:	Dr. G. Seipelt, Dr. U. Koch
Adresse:	Kronberger Straße 38 65812 Bad Soden
Telefon:	06196 / 657660

Praxis:	Prof. Dr. H. Daus, Dr. G. Jacobs, Dr. J. Schimke
Adresse:	Am Ludwigsberg 78 66113 Saarbrücken
Telefon:	0681 / 473575

Praxis:	Dr. P. Schmidt
Adresse:	Hebbelstraße 2 66538 Neunkirchen
Telefon:	06281 / 1491111

Praxis:	Dr. J. Franz-Werner
Adresse:	Hildegardstraße 26 67346 Speyer
Telefon:	06232 / 604460

Praxis:	Dr. R. Hansen
Adresse:	Stiftsplatz 5 67655 Kaiserslautern
Telefon:	0631 / 4145284

Praxis:	Dr. G. Burghardt
Adresse:	Stiftsplatz 5 67655 Kaiserslautern
Telefon:	0631 / 66099

Praxis:	Dr. J. Brust, Dr. D. Schuster
Adresse:	Q5 14-22 68161 Mannheim
Telefon:	0621 / 22430

Praxis:	Dr. M. Klein
Adresse:	Dotzheimer Straße 20 68185 Wiesbaden
Telefon:	0611 / 39493

Praxis:	Dr. L. Kredel
Adresse:	Friedrichstraße 18 68199 Mannheim
Telefon:	0621 / 856333

Praxis:	Dr. S. Fuxius, Dr. A. Karcher
Adresse:	Handschuhsheimer Landstraße 36 69120 Heidelberg
Telefon:	06221 / 453281

Praxis:	Dr. G. Springer, Dr. H. Fiechtner
Adresse:	Königstraße 1B 70173 Stuttgart
Telefon:	0711 / 2220244

Praxis:	Dr. E. Höring, Dr. M. Respondek
Adresse:	Schloßstrasse 100 70176 Stuttgart
Telefon:	0711 / 3514570

Praxis:	Dr. J. Meinshausen
Adresse:	Wolframstraße 60 70191 Stuttgart
Telefon:	0711 / 250120

Praxis:	Dr. T. Ulshöfer
Adresse:	Friedrichstraße 124 71638 Ludwigsburg
Telefon:	07141 / 2982525

Praxis:	Dr. S. H. Jacki
Adresse:	Kelternstraße 2 72027 Tübingen
Telefon:	07071 / 567888

Praxis:	Dr. M. Haen
Adresse:	Pappelweg 1 72076 Tübingen
Telefon:	07071 / 5060

Praxis:	Dr. T. Kamp
Adresse:	Weberstraße 16 73240 Wendlingen
Telefon:	07024 / 2331

Praxis:	Dr. S. Koniczek, Dr. P. Porowski
Adresse:	Allee 40 74072 Heilbronn
Telefon:	07131 / 85244

Praxis:	Dr. H. Rieß
Adresse:	Am Eichhof 75223 Niefern-Öschelbronn
Telefon:	07233 / 68125

Praxis:	Dr. F.-A. Mosthaf, Dr. M. Procaccianti, Dr. Zutavern-Bechthold
Adresse:	Bettina-von-Arnim-Weg 3 76135 Karlsruhe
Telefon:	0721 / 853505

Praxis:	Dr. A. Lindemann
Adresse:	Schöllbronner Straße 2 76275 Ettlingen
Telefon:	07243 / 374650

Praxis:	Dr. G. Isele
Adresse:	Kaiserstraße 65/1 76437 Rastatt
Telefon:	07222 / 938877

Praxis:	Dr. K. Huntenburg, Dr. E. Waletzko-Niederbräing
Adresse:	Bornbachstraße 18a 76829 Landau
Telefon:	06341 / 51060

Praxis:	Dr. E. Noah
Adresse:	Klosterring 15 78050 Villingen-Schwenningen
Telefon:	07721 / 845058

Praxis:	Dr. T. Reiber, Dr. D. Semsek
Adresse:	Schreiberstraße 20 79098 Freiburg
Telefon:	0761 / 2921787

Praxis:	Dr. N. Marschner
Adresse:	Breisacher Straße 117 79106 Freiburg
Telefon:	0761 / 386870

Praxis:	Dr. J. Knoblich
Adresse:	Senser Platz 2 79539 Lörrach
Telefon:	07621 / 1619100

Praxis:	Dr. P. Hoffmeister
Adresse:	Schützenstraße 14 79713 Bad Säckingen
Telefon:	07761 / 3535

Praxis:	PD Dr. F.-J. Tigges, Dr. L. Böhning, Dr. W. Abenhardt
Adresse:	Prielmayerstraße 1 80335 München
Telefon:	089 / 595191

Praxis:	Dr. S. Völkl
Adresse:	Dachauer Straße 146 80637 München
Telefon:	089 / 155200

Praxis:	PD Dr. C. Salat, Dr. O. Stötzer
Adresse:	Winthirstraße 7 80639 München
Telefon:	089 / 557272

Praxis:	Dr. A. Wohlrab
Adresse:	Bodenstedtstraße 58 81241 München
Telefon:	089 / 8201313

Praxis:	Dr. H.-D. Schick
Adresse:	Offenbacherstraße 8 81245 München
Telefon:	089 / 8299660

Praxis:	Dr. T. Lorenz
Adresse:	Schönchenstraße 5 81545 München
Telefon:	089 / 64266510

Praxis:	Prof. Dr. C. Clemm
Adresse:	Ismaningerstraße 22 81675 München
Telefon:	089 / 45709960

Praxis:	Dr. M. Fromm
Adresse:	Richard-Strauss-Straße 55 81677 München
Telefon:	089 / 9984180

Praxis:	Dr. H. Hitz
Adresse:	Oberföhringer Straße 2 81679 München
Telefon:	089 / 99720275

Praxis:	PD Dr. J. Mittermüller
Adresse:	Schillerstraße 15 82110 Germering
Telefon:	089 / 842910

Praxis:	Dr. M. Perker
Adresse:	Alpenstraße 3 82362 Weilheim
Telefon:	0881 / 4179430

Praxis:	Dr. S. Gabius, Dr. J. Stein
Adresse:	Sternstraße 12 83002 Rosenheim
Telefon:	08031 / 12361

Praxis:	PD Dr. R. Pihusch
Adresse:	Rathausstraße 14 83022 Rosenheim
Telefon:	08031 / 34511

Praxis:	Dr. U. Kronawitter
Adresse:	Wasserburger Straße 29 83278 Traunstein
Telefon:	0861 / 7087930

Praxis:	Dr. U. Vehling-Kaiser
Adresse:	Heilig-Geist-Gasse 411 84028 Landshut
Telefon:	0871 / 275381

Praxis:	Prof. Dr. P. A. Maubach
Adresse:	Krumenauer Straße 42 85049 Ingolstadt
Telefon:	0841 / 484755

Praxis:	Dr. P. Schmidkonz
Adresse:	Thomas-Wimmer-Straße 23B 85435 Erding
Telefon:	08122 / 1640

Praxis:	Dr. O. Brudler, Dr. B. Heinrich
Adresse:	Halderstraße 29 86150 Augsburg
Telefon:	0821 / 344650

Praxis:	Dr. D. Hempel
Adresse:	Bergstraße 9a 86508 Rehling
Telefon:	08237 / 959690

Praxis:	Dr. G. Mahl
Adresse:	Lenbachstraße 15 86529 Schrobenhausen
Telefon:	08252 / 1042

Praxis:	Dr. D. Ellbrück
Adresse:	Donaustraße 78 87700 Memmingen
Telefon:	08331 / 834300

Praxis:	Dr. H. Feyen
Adresse:	Werastraße 33 88045 Friedrichshafen
Telefon:	07541 / 92180

Praxis:	Dr. M. Hebrik-Zipp
Adresse:	Waldseer Straße 6 88250 Weingarten
Telefon:	0751 / 552300

Praxis:	Dr. A. Port
Adresse:	Waldseestraße 46 88400 Biberach / Riß
Telefon:	07351 / 23535

Praxis:	Dr. W. Hansi
Adresse:	Wengengasse 21-25 89073 Ulm
Telefon:	0731 / 619019

Praxis:	Dr. W. Schneider-Kappus
Adresse:	Magirushof 23 89077 Ulm
Telefon:	0731 / 63323

Praxis:	Dr. V. Petersen
Adresse:	Iglauerstraße 2 89518 Heidenheim
Telefon:	07321 / 34280

Praxis:	Dr. M. Schauer
Adresse:	Spitalgasse 2-4 90403 Nürnberg
Telefon:	0911 / 238880

Praxis:	Dr. J. Zimber
Adresse:	Weiltingerstraße 11 90449 Nürnberg
Telefon:	0911 / 9968750

Praxis:	Dr. J. Wilke
Adresse:	Jakob-Henle-Sraße 1 90766 Fürth
Telefon:	0911 / 9761474

Praxis:	Dr. M. Eckart
Adresse:	Nägelsbacherstraße 49C 91052 Erlangen
Telefon:	09131 / 76250

Praxis:	Dr. R. Thiemann
Adresse:	Mozartstraße 1 91301 Forchheim
Telefon:	09191 / 2075

Praxis:	Dr. M. Hahn, Dr. S. Müller
Adresse:	Endresstraße 14 91522 Ansbach
Telefon:	0981 / 970790

Praxis:	Dr. B. Göttler
Adresse:	Kirchplatz 2 91735 Muhr am See
Telefon:	09831 / 9051

Praxis:	Dr. E. Ladda
Adresse:	Bahnhofstraße 4 92318 Neumarkt
Telefon:	09181 / 464526

Praxis:	Dr. M. Grüner
Adresse:	Mooslohstraße 53 92367 Weiden / Oberpfalz
Telefon:	0961 / 670640

Praxis:	Dr. M. Demandt
Adresse:	Wittelsbacherstraße 11 94315 Straubing
Telefon:	09421 / 90777

Praxis:	Dr. A. Hübner
Adresse:	Rosestraße 24 95448 Bayreuth
Telefon:	0921 / 726690

Praxis:	Dr. M. Stauch
Adresse:	Niederborner Straße 2 96317 Kronach
Telefon:	09261 / 62480

Praxis:	Dr. C. Müller
Adresse:	Rosenstraße 50 99310 Arnstadt
Telefon:	03628 / 48171

Praxis:	Dr. U. Keppler
Adresse:	Badestraße 23a 99762 Neustadt / Südharz
Telefon:	036331 / 49676

Sonstige Adressen

Wichtige Institutionen

Berufsverband der niedergelassenen Hämatologen und Internistischen Onkologen

Adresse:	BNHO e.V. Geschäftsstelle Köln Sachsenring 69 50677 Köln
Telefon:	0221 / 4736898
Telefax:	0221 / 4736897
Homepage:	http://www.bnho.de

Caritasverband

Adresse:	Deutscher Caritasverband Karlstraße 40 79104 Freiburg im Breisgau
Telefon:	0761 / 200418
Telefax:	0761 / 200541
Homepage:	http://www.caritas.de

Deutsche Krebsgesellschaft

Adresse:	Deutsche Krebsgesellschaft e.V. Steinlestrasse 6 60596 Frankfurt am Main
Telefon:	069 / 6300960
Telefax:	069 / 63009666
Homepage:	http://www.krebsgesellschaft.de

Deutsche Krebshilfe

Adresse:	Deutsche Krebshilfe e.V. Thomas-Mann-Strasse 40 Postfach 1467 53111 Bonn
Telefon:	0228 / 29900
Telefax:	0228 / 299011
Homepage:	http://www.krebshilfe.de

Deutsche Gesellschaft für Ernährung

Adresse:	Deutsche Gesellschaft für Ernährung e.V. Godesberger Allee 18 53175 Bonn
Telefon:	0228 / 3776600
Telefax:	0228 / 3776800
Homepage:	http://www.dge.de

Diakonisches Werk

Adresse:	Diakonisches Werk der EKD e.V. Hauptgeschäftsstelle Stafflenbergstraße 76 70010 Stuttgart
Telefon:	0711 / 21590
Telefax:	0711 / 2159288
Homepage:	http://www.diakonie.de

Krebsinformationsdienst des deutschen Krebsforschungszentrums Heidelberg (KID)

Adresse: Krebsinformationsdienst KID
Deutsches Krebsforschungszentrum
Im Neuenheimerfeld 280
69120 Heidelberg
Telefon: 06221 / 410121
Telefax: 06221 / 401806
Homepage: http://www.krebsinformation.de

Paritätischer Wohlfahrtsverband (Landesverband Niedersachsen)

Adresse: Paritätischer Niedersachsen e.V.
Gandhistraße 5a
30559 Hannover
Telefon: 0511 / 524860
Telefax: 0511 / 52486333
Homepage: http://www.paritaetischer.de

Robert Koch Institut

Adresse: Robert Koch Institut
Nordufer 20
13353 Berlin
Telefon: 01888 / 7540
Telefax: 01888 / 7542328
Homepage: http://www.rki.de

Informative Internetseiten zum Thema Krebs

Das Internet ist ein sich ständig wandelndes Informationsmedium. Es kann deshalb vorkommen, dass die hier angegebenen Adressen nicht dauerhaft verfügbar sind, oder aber die erwähnten Informationen nicht langfristig bereit gestellt werden. Auch können wir keine Garantie für die Richtigkeit der auf den genannten Seiten dargestellten Inhalte übernehmen. Wer sich dennoch im weltweiten Datennetz umsehen möchte, wird neben reichlich fragwürdigem auch viele wertvolle Hinweise zum Thema Krebs finden!

Brustkrebs-Info

Informationen zum Thema Brustkrebs, Brustkrebslexikon.
http://www.brustkrebs.de

Deutsche Krebshilfe e.V.

Vielfältige Informationen zum Thema Krebs.
http://www.krebshilfe.de

Felix-Burda-Stiftung für Darmkrebs

Informationen zum Darmkrebs sowie zur Darmkrebsprävention.
http://www.darmkrebs.de

Gesellschaft zur Förderung der ambulanten Krebstherapie e.V. (Gefak)

Informationen zur ambulanten Krebstherapie, Adressen von Schwerpunktpraxen.
http://www.forum-krebstherapie.de

Kompetenznetz Maligne Lymphome
Informationen zu verschiedenen Lymphomen und zur chronisch lymphatischen Leukämie.
http://www.lymphome.de

Krebsinformationsdienst des deutschen Krebsforschungszentrums Heidelberg (KID)
Allgemeine Informationen zum Thema Krebs, Adressen von Tumorzentren.
http://www.krebsibformation.de

Krebs-Kompass der Volker Karl Oehlrich-Gesellschaft e.V.
Allgemeine Informationen zu verschiedenen Krebserkrankungen.
http://www.krebs-kompass.de

Krebs & Leben
Allgemeine Informationen zum Thema Krebs
http://www.krebsundleben.de

Onkologisches Forum gemeinnützige GmbH (OF)
Täglich aktualisierte Informationen zu verschiedenen Krebserkrankungen, diverse Adressenlisten.
http://www.onkologisches-forum.de

Anhang

Neuregelung der Zuzahlungen und Belastungsgrenzen ab 01.01.04

(Abdruck mit freundlicher Genehmigung der ärztlichen Apparategemeinschaft Göttingen)

1. Zuzahlungen:

• ärztliche und zahnärztliche und psychotherapeutische Behandlung	Praxisgebühr von 10 €/Quartal beim Arzt, Zahnarzt, Psychotherapeuten. Wer einen Arzt mit einer Überweisung aufsucht, zahlt keine Praxisgebühr. Kontrollbesuche beim Zahnarzt, Vorsorge- und Früherkennungstermine beim Arzt sowie Schutzimpfungen und Schwangerenvorsorge sind von der Praxisgebühr ausgenommen.
• Arznei- und Verbandmittel	10 % des Abgabepreises je Arznei- oder Verbandmittel, jedoch mind. 5 €, max. 10 €, aber nicht mehr als die Kosten des Mittels. Hinweis: Sollte der Abgabepreis des Arzneimittels den Festbetrag übersteigen, können zusätzliche Kosten entstehen. Eine Befreiung von diesen Kosten ist nicht möglich, sie werden auch nicht auf die Belastungsgrenze angerechnet.
• Stationäre Krankenhausbehandlung	10 €/Tag, auf 28 Tage/Kalenderjahr begrenzt
• Heilmittel und häusliche Krankenpflege	10 % der Kosten je Anwendung zzgl. 10,00 €/Verordnungsblatt (Rezept). Die Zuzahlungen sind bei häuslicher Krankenpflege auf 28 Tage/Kalenderjahr beschränkt.
• Hilfsmittel	Je Hilfsmittel 10 % der Kosten, mind. 5 €, max. 10 €, nicht mehr als die Kosten des Hilfsmittels. Hilfsmittel, die zum Verbrauch bestimmt sind wie z.B. Inkontinenzwindeln: 10 % je Verbrauchseinheit, max. 10 €/Monat.
• Stationäre Vorsorge und Rehabilitation	10 €/Kalendertag, bei Anschlussheilbehandlungen begrenzt auf 28 Tage im Kalenderjahr
• medizinische Rehabilitation für Mütter und Väter	10 €/Kalendertag
• Soziotherapie und Haushaltshilfe	10 % der kalendertäglichen Kosten, mind. 5 €, max. 10 €
• Fahrtkosten	Fahrtkosten zur ambulanten Behandlung werden nur noch in Ausnahmefällen und nur nach vorheriger schriftlicher Genehmigung von der Krankenkasse übernommen. Ausnahmen sind z.B.: Chemotherapie, Strahlentherapie, zwingende medizinische Notwendigkeit.

2. Belastungsgrenzen:

Befreit von den gesetzlichen Zuzahlungen sind Patienten, deren Kosten getragen werden von:

- **Sozialhilfeträgern, Bundeswehr u. Bundesgrenzschutz,**
- **Postbeamte A, Zivildienst, Polizeibeamte,**
- **Kinder und Jugendliche bis zum vollendeten 18. Lebensjahr.**

Beispiel:	
Versicherter	40.000,00 €
Ehegatte	18.000,00 €
Zwei Kinder	0,00 €
Zwischensumme	58.000,00 €
Abschlag für Ehegatte	4.347,00 €
1.Kind	3.648,00 €
2. Kind	3.648,00 €
Endsumme	**46357,00 €**
(maßgebundene Jahres-Bruttoeinnahmen)	
Belastungsgrenze 2%	**927,14 €**

Ab dem 1.1.2004 müssen die Patienten alle Belege über gesetzliche Zuzahlungen sammeln. Die jeweilige Krankenkasse erstattet am Ende des Jahres die Zuzahlungen, welche die Belastungsgrenze des Patienten überschreiten. Erreichen die Patientenzuzahlungen bereits im Laufe des Jahres die Belastungsgrenze, können die Krankenkassen die Patienten bis zum Jahresende von weiteren Zuzahlungen befreien. Folgende Angaben müssen die Zuzahlungsbelege enthalten:

- *Vor- und Zuname des Versicherten,*
- *Bezeichnung der Leistung,*
- *Zuzahlungsbetrag,*
- *Abgabedatum,*
- *abgebende Stelle (Stempel)*

Die Belastungsgrenze errechnet sich aus dem Jahresbruttoeinkommen, mit dem der Lebensunterhalt bestritten wird (z.B. Arbeitsentgelt – auch Sonderzahlungen –, Arbeitseinkommen aus selbstständiger Arbeit, Arbeitsamtleistungen, Renten, Pensionen, Unterhalt, Mieteinnahmen, Zinserträge etc.).
Alle oben genannten Zuzahlungen werden für das Erreichen der Belastungsgrenze berücksichtigt. Die jährlichen Zuzahlungen sollen 2 % des Jahresbruttoeinkommens nicht übersteigen.
Bei schwer chronisch Kranken beträgt die Belastungsgrenze 1 % des Bruttojahreseinkommens. Die Jahresbruttoeinnahmen und die Zuzahlungen aller Angehörigen in einem gemeinsamen Haushalt werden zusammengerechnet. Angehörige sind der Ehe- oder Lebenspartner (nach dem Lebenspartnerschaftsgesetz) und familienversicherte Kinder.

Vom Jahres-Familieneinkommen werden folgende Beträge abgezogen:

- **für den 1. Angehörigen 4.347,00 € (voraussichtlicher Betrag für 2004)**
- **für jedes familienversicherte Kind 3.648,00 €**

Schwer chronisch kranke Versicherte:
Schwer chronisch Kranke müssen nur 1% der Jahres-Bruttoeinnahmen an Zuzahlungen aufbringen.

Diese Grenze gilt auch für die anderen im Haushalt lebenden Familienangehörigen. Welche Erkrankungen als schwere chronische Krankheiten eingestuft werden, ist in einer Richtlinie des Bundesausschusses der Ärzte und Krankenkassen festgelegt worden. Der behandelnde Arzt muss das Vorliegen einer chronischen Krankheit gegenüber den Krankenkassen bescheinigen.

Es gibt eine besondere Regelung für folgende Personen:

- Empfänger von Sozialhilfe und Kriegsopferfürsorge
- Heimbewohner, deren Unterbringung von einem Träger der Sozialhilfe bzw. Kriegsopferfürsorge getragen wird.

Die Belastungsgrenze berechnet sich bei diesen nach dem Regelsatz für einen Haushaltsvorstand. Dieser Betrag ist regional unterschiedlich. Die Belastungsgrenze wird etwa 70,00 €/Jahr betragen, 35,00 € für schwer chronisch Kranke.